기쁨나라경
(極樂經)
sukhāvatī-vyūha sūtras

기쁨나라경

1판 1쇄 펴낸날 2025년 2월 1일

옮긴이 서길수
펴낸이 이은금
펴낸곳 맑은나라
출판등록 2014년 4월 28일 (105-91-93194)
주소 서울시 마포구 신촌로2안길 47
전화 02-337-1661
전자우편 kori-koguri@naver.com

책값: 18,000원

편집/제작처   (주)북랩 www.book.co.kr

ISBN   979-11-87305-51-4 03220 (종이책)   979-11-87305-52-1 05220 (전자책)

새로 옮긴 무량수경 無量壽經

미래 세대를 위한 산스크리트 대조 해설

기쁨나라경

서길수 옮김

불교의 유토피아 기쁨나라(極樂)
어떤 곳이고, 어떻게 갈 수 있나?

맑은
나라

2025

머리말

1. 『무량수경(無量壽經)』을 왜 『기쁨나라경(極樂經)』 이라고 했는가?

1) 『무량수경』은 여러 가지 이름이 있었다.

『무량수경』 한문 번역은 모두 12번 이루어졌는데, 7가지는 없어 지고 지금 남은 것은 5가지이다. 지금까지 『무량수경』 해설서에 나온 것을 종합하고, 몇 가지 연대를 더 명확히 하고, 옮긴이의 산스크리트 이름을 곁들여 〈표 1〉을 작성해 보았다.

〈표 1〉 무량수경 한문 번역본

	옮긴 해	옮긴 사람	책 이름	권수	현황
1	148년 (後漢 建和 2년)	安世高	無量壽經[1]	2	안 남음
2	147~186년 (後漢)	Lokaṣema 支婁迦讖	無量淸平等覺經	2	남아있음
3	222~229년 (삼국시대 吳, 黃武)	支謙 居士	佛說阿彌陀三耶三佛薩 樓佛壇過度人道經(略: 大 阿彌陀經)	2	남아있음

---

1) 안세고의 『무량수경』은 『출삼장기집(出三藏記集)』에 나온 안세고 번역 45부 목록에 없고, 『정매록(靖邁錄)』 이후에는 빠진 책(缺本)으로 나온다. 그러므로 현재 학자들은 대부분 안세고가 옮겼다는 『무량수경』은 없었던 것으로 보고 있다. (稻城選惠, 『淨土三部經譯經史の硏究』, 百華苑, 1978, 111쪽)

4	252년 (삼국시대, 魏, 嘉平 2년)	Saṃghavarman 康僧鎧	佛說無量壽經	2	남아있음
5	258년 (삼국시대, 魏, 甘露 3년)	帛延	無量淸淨平等覺經	2	안 남음
6	308 西晉, 永嘉 2년	Dharmarakśa 竺法護	無量壽經	2	안 남음
7	419 東晉 元熙 원년	竺法力	無量壽至眞等正覺經	1	안 남음
8	421 東晉 永初 2년	Buddhabhadra 佛陀跋陀羅	新無量壽經	2	안 남음
9	420~449[2)] 남북조시대 송(劉宋)	寶雲	新無量壽經	2	안 남음
10	420~442[3)] 남북조시대 송(劉宋)	Dharmamitra 曇摩密多	新無量壽經	2	안 남음
11	706~713년 (唐)	Bodhiruci 菩提流志	無量壽如來會	2	남아있음
12	991년 (北宋 淳化 2년)	法賢	佛說大乘無量壽莊嚴經	3	남아있음

　　12가지 번역본 가운데 현재 남은 5가지를 연대순으로 정리하면 다음과 같다.

　　(1) 로까세마(Lokaṣema, 支婁迦讖) 옮김, 『붇다가 말씀하신)[4)] 헤아 릴 수 없이 맑고 깨끗하고 빈틈없이 깨달은 분 경(佛説 無量

---

2)　보운(寶雲, 376~449)은 동진(東晉) 융안(隆安, 397~401) 초 천축으로 구법 행각을 떠나, 후에 돌 아와 남북조시대 남조의 송나라(420~478)에서 역경에 전념하였다. 그래서 연대를 송나라가 건국된 420년부터 입적한 449년으로 한다.

3)　송나라 건국에서 다르마미뜨라(Dharmamitra, 曇摩密多, 356~442)의 입적한 해까지를 연대로 잡았다.

4)　경전 이름에 「붇다가 말씀하신(佛説)」이란 문구는 초기 경전에는 없다. 경전이란 당연히 붇 다가 말씀하신 것이므로 따로 붙일 필요가 없었던 것이다. 1세기 이후 형성된 대승경전에서 는 그 경전의 권위를 세우기 위해서 이 문구를 붙였다고 볼 수 있다.

清淨平等覺 經)』[5], 147~186년.

(2) 지겸(支謙) 옮김, 『붇다가 말씀하신 끝없는(阿彌陀) 바르고 빈틈없이 깨달은(三耶三佛) 모든 붇다(薩樓佛壇) 과도인도(過度人道) 경』[6] (줄임: 큰 아미따경(大阿彌陀經)[7], 222~229년.

(3) 쌍가바르만(康僧鎧) 옮김, 『붇다가 말씀하신) 끝없는 목숨 붇다 경(佛說無量壽佛經)』, 252년(삼국시대, 魏).

(4) 보리류지(菩提流志) 옮김, 「끝없는 목숨 여래의 모임(無量壽如來會)」, 『대보적경(大寶積經)』(17), 713년(唐).

(5) 법현(法賢) 옮김, 『붇다가 말씀하신) 큰 탈것 끝없는 목숨으로 꾸민 경(佛說大乘無量壽莊嚴經)』, 991년(宋).[8]

위에서 본 바와 같이 지금까지 우리가 간단히 『무량수경』이라고

---

5) 후지타는 Amitābha-samyaksaṃbuddha-sūtra라고 산스크리트로 되 옮겼다. (『원시정토사상 연구』 33쪽).

6) 산스크리트로 완전히 되 옮기는 것이 어렵다. 아미따(amitā)는 확실한데 그것이 아미따바(amitābha)인지 아미따윳(amitāyus)인지, 그냥 아미따(amitā)인지 확실하지 않다. 삼야삼불(三耶三佛)은 싸먁-쌈붇다(samyak-saṃbuddha)로 '바르고 빈틈없이 깨달은'이라고 옮길 수 있다. 모든 붇다(薩樓佛壇)는 sarva buddha라고 되 옮길 수 있는데 확실하지 않다. 과도인도(過度人道)는 지금까지 누구도 번역하지 않았다. 억지로 옮긴다면 "인간의 길을 벗어난"이라고 할 수 있으나 자연스럽지 못해 그냥 '과도인도'라고 놔두었다. 본디 산스크리트 원문에는 없는 것을 옮긴이가 덧붙였을 것이라고 보는 견해도 있다. (『원시정토사상 연구』 33쪽).

7) 경전의 이름이 너무 길어서 나중에 큰 아미따경이라는 다른 이름이 붙었는데, 지금은 이 이름이 본디 이름처럼 쓰인다.

8) 쌍가바르만의 『무량수경』을 바탕으로 옮기면서, 산스크리트본과 한문으로 옮겨진 나머지 4개 번역본을 견주어 가며 옮기려 한다. 초기에 옮겨진 두 경과 산스크리트본에는 없는 것이 꽤 많다. 그때마다 긴 경전 이름을 모두 쓰기 번거로우므로 다음과 같이 줄여서 쓰려고 한다. (1) 『평등각경』 AD 147~186, 『佛說無量淸平等覺經』, (2) 『큰아미따경』 AD 222~229, 『佛說阿彌陀三耶三佛薩樓佛壇過度人道經』, (3) 『무량수경』 AD 252, 『佛說無量壽佛經』, (4) 『여래회』 AD 713 『無量壽如來會』, 『大寶積經』, (5) 『장엄경』 AD 991 『佛說大乘無量壽莊嚴經』, (6) 『산스크리트본』

했지만, 그 이름이 매우 갖가지이고, 어떤 것은 그 이름으로는 산 스크리트 원본 이름을 추정하기 어렵다. 특히 옛 번역[9]에서는『끝 없는 목숨(無量壽)』이라는 이름의 제목이 나오지 않는다는 것도 주 목할 만하다. 그러나 전체적으로 보면 '끝없는 목숨 붇다(無量壽佛)' 가 거의 절반 이상의 제목을 차지하고 있는 것이 사실이다. 그렇 다고 한문으로 옮긴 '끝없는 목숨 붇다(無量壽佛)'의 원문이 '끝없는 목숨(Amitāyus)'이라고 할 수 없고, 오히려 '끝없는 빛(Amitābha)'인 경우가 많다는 점은 후지타가 이미 『원시정토사상 연구』[10]에서 잘 설명하고 있다.

① 『무량수경』 산스크리트본 제목이 『무량수』가 아니고 기쁨나 라(쑤카바띠-뷰하·Sukhāvati-vyūha)이다. 따라서 『무량수경』이 나 『무량수여래회』는 옮긴이 뜻을 반영한 것이다.

② 『아미따경』도 산스크리트본 제목이 '아미따경(Amita sūtra)'이 아니고 기쁨나라(쑤카바띠-뷰하·Sukhāvati-vyūha)이다.[11]

③ 『대승 무량수 장엄경』도 산스크리트 원본은 없지만, 티베 트 역 등을 바탕으로 되 옮겨 보면 『큰 탈 것 끝없는 빛 경

---

9) 산스크리트를 한문으로 옮기는 역경사(譯經史)에서 당나라 현장(602?~ 664) 및 그 이후에 옮 긴 것을 새 번역(新譯)이라 하고, 현장 이전 옮긴 것을 옛 번역(舊譯)이라고 한다. 또는 요진 (姚秦) 꾸마라지바(Kumārajīva, 鳩摩羅什, 344~413, 또는 350~409) 이전의 번역을 옛 번역(舊譯) 이라고도 한다. 『아미따경』은 바로 꾸마라지바가 옮겼는데, 『무량수경』은 그보다 100년이 앞선 삼국시대 조조가 다스린 위(魏)나라 가평(嘉平) 4년(252) 쌍가바르만(康僧鎧, Saṃghavar-man, 僧伽跋摩)이 옮겼기 때문에 고전에서도 고전에 들어간다고 할 수 있다.

10) 藤田宏達, 『原始淨土思想の研究』, 岩波書店, 1970, 33·307쪽.

11) 새 번역인 현장은 『붇다가 맑은 나라로 받아들이는 것을 일컬어 기리는 경(稱讚淨土佛攝受 經)』이라고 해서 전혀 다른 제목을 붙였다. 그렇다면 산스크리트 원본이 'Amita sūtra'가 아 닌 것이 확실하다.

(Mahāyana-amitābha-sūtra)』이라고 되 옮길 수 있다.

④ 산스크리트본과 티베트 역을 분석하여 붇다의 이름이 '끝없는 빛(Amitābha, 無量光)'을 기본으로 하고 있어 아미따불의 본디 이름은 '끝없는 빛(Amitābha, 無量光)'처럼 되어 있다.

실제로 옮긴이도 한문『무량수경』을 옮기면서「무량수(無量壽)」붇다라고 되어 있는 부분을 산스크리트본에서 보면 '끝없는 빛(Amitābha, 無量光)'이라고 되어 있어 주를 단 곳이 몇 곳 있다. 여기서 이 점을 강조하는 것은 이 경을「무량수(無量壽)」가 대변하고 제목이 반드시「무량수경(無量壽經)」이어야 하는 것이 아니라는 점을 밝히기 위해서다. 그리고 앞으로 기쁨나라(極樂) 붇다 이름을 쓸 때 '아미따웆'보다는 '아미따바'로 쓴 까닭을 미리 밝히기 위해서다.

2) 산스크리트본 이름은『기쁨나라(sukhāvatī-vyūha, 極樂) 경』

그렇다면 산스크리트본『무량수경』제목은 무엇이며 우리말로 어떻게 옮길 것인가? 산스크리트본 제목이 '쑤카바띠-뷰하(Sukhāvati-vyūha)'라는 것은 이미 앞에서 보았는데, 지금까지 여러 옮긴이들이 '쑤카바띠(Sukhāvati)'는 극락(極樂), '쑤카바띠-뷰하(Sukhāvati-vyūha)'는 극락장엄(極樂莊嚴)이라고 옮겼다. '극락(極樂)'은 더할 나위 없이(至極) 즐겁다(樂)는 뜻이므로 우리말로 '더할 나위 없는 즐거움'이라고 옮길 수 있고, 장엄은 우리말큰사전에서 "씩씩하고 엄숙하다"라고 했다. 이런 해석을 보면 '더할 나위 없는 즐거움'이란 너무 길고 설명적이며, 극락이 "씩씩하고 엄숙하다", "위엄있고 엄숙하다"는 해석이 어색하고, 어떤 보기에서는 "정토를 장엄하다"라고 했으나 우리말에서 장엄하다는 움직씨(動詞)가 아니라 "정토가 장엄하다"라고 그림씨(形容詞)로만 쓰인다. 그래서 '쑤카바띠-뷰하(Sukhāvati-vyūha)'를 새로 옮겨보려 한다.

　쑤카바띠(Sukhāvati)는 Sukha+avati의 겹씨다. 쑤카(sukha)는 즐거운(pleasant), 편한(comfortable), 행복한(happy), 잘되어 감(prosperous), 덕 있는(virtuous), 훌륭한(pious) 같은 여러 가지 뜻이 있고, avati는 √av의 명령형 2인칭 단수이다. 아바띠(avati)는 더 나아가 늘어나게 하다(to promote), 은혜를 베풀다(favour), 채우다(to satisfy) 같은 뜻이 있는데, 산-영사전에는 쑤카바띠(sukha+avati)라는 올림말을 만들고 '기쁨이나 즐거움이 가득하다(full of joy or pleasure)'라는 뜻이라고 풀이했다. 기쁨(joy)이나 즐거움(pleasure)이라고 했는데, 이 두 낱말은 비슷하지만 조금 다르다. 기쁨이란 "마음에 즐거움이 있다"는 뜻이고, 즐거움은 "사뭇 기쁘거나 흐뭇하다"라는 뜻으로, 기쁨은 마음에 더 힘을 주고 있다. 또한 한문의 극락세계(極樂世界)에 걸맞게 옮기려면 "기쁨으로 가득한 나라"나 "기쁨만 있는 나라", "즐거움으로 가득한 나라"나 "즐거움만 있는 나라"라고 옮겨야 하는데 기쁨만 있는 나라가 더 짧고 와닿는다. 세계(世界)를 나라라고 옮기는 것은 '나라'에는 달나라, 별나라, 하늘나라처럼 세계나 세상이란 뜻이 있는 친근한 우리말이기 때문이다.

〈한문 경전〉에서는 소리 나는 대로 소가부제(蘇訶嚩帝·수마제(須摩提)·수아제(須阿提)라고 옮겼는데, 우리말로는 쑤카바띠(Sukhāvati)라고 본디 소리와 아주 가깝게 옮길 수 있다. 뜻으로 극락(極樂) 말고도 편안한 삶(安養), 편안하고 즐거움(安樂), 즐거운 나라(樂邦), 즐거움만 있는 맑은나라(極樂淨土), 즐거움만 있는 나라(極樂國土), 편안히 사는 나라(安樂國), 편안히 사는 세계(安養世界)처럼 여러 가지로 옮겼다. 대부분 기쁨(joy), 즐거움(pleasure)를 바탕으로 했지만, 편안한 삶(安養), 편안하고 즐거움(安樂)은 편안함(comfortable)이란 뜻을 옮긴 것이다.

근세에 들어와 네팔에서 산스크리트 원문이 발견되면서 쑤카바띠-뷰하(Sukhāvati-vyūha)라는 원문 이름이 알려졌고, 쑤카바띠(Sukhāvati)는 「극락(極樂, full of joy)」이라고 옮겼으며, 뷰하(vyūha)는 장엄(莊嚴)」이라고 옮겨 '극락 장엄(極樂莊嚴)」이라고 썼다.

여기서 장엄은 뷰하(vyūha)를 옮긴 것이다. 『우리말 큰사전』에서 '장엄(莊嚴)'은 '장엄하다'는 그림씨(形容詞)로 "씩씩하고 엄숙하다"라는 뜻뿐이다. 그러나 산스크리트 뷰하(vyūha)에는 "씩씩하고 엄숙하다"라는 뜻이 없다. 산-영 사전에 나온 '뷰하(vyūha)' 뜻을 모두 보기로 한다.

① 따로 둠(placing apart), 배치(distribution), 배치·꾸밈(arrangement).
② 모든 조각을 순서대로 꾸밈(orderly arrangement of the parts of a whole), 가지런히 갖추어 둠(disposition).

③ 군대 정렬(military array) 같은 갖가지 정렬.

④ 바꿔치기(shifting), 바꿔 놓음(transposition, displacement).

⑤ 떨어짐(separation), 홑소리나 소리마디를 나눔(resolution of vowels, syllables etc.).

⑥ 꼼꼼한 풀이(detailed explanation or description).

⑦ 자른 면(a section), 나눔(division), 장(chapter).

⑧ 모습(form), 나타냄(manifestation), 겉보기(appearance).

⑨ 꼴을 이룸(formation), 짜서 이룸(structure), 만듦(manufacture).

⑩ 모인 떼(an aggregate, 集團), 무리(flock), 뭇 사람들(multitude).

⑪ 몸·무리(the body).

⑫ 숨쉼(breathing).

⑬ 논의·증명(reasoning), 논리(logic).

'뷰하(vyūha)'의 13가지 뜻에 '장엄하다'라는 뜻이 없는데 왜 장엄이라고 옮겼을까? 이 문제 해결을 위해『한어대사전(漢語大詞典)』에서 '장엄(莊嚴)'을 찾아보니 ① 장중하고 엄숙하다(莊重而嚴肅)는 뜻 말고, ② "단정하게 꾸미다(裝飾端正)"라는 뜻이 있었다.

【장엄(莊嚴)】

① 장중하고 엄숙하다(莊重而嚴肅).

『100가지 비유경(百喩經)』「죽은 아들을 집에 두고자 하는 비유(子死欲停置家中喩)」: "삶과 죽음의 길이 다른 것이니, 빨리 장중하고 엄숙하게 하고(莊嚴), 먼 곳에 두고 염하고 장사 지내야 한다."(《百

喩經·子死欲停置家中喩》: "生死道異, 當速莊嚴致於遠處而殯葬之.")

② 단정하게 꾸미다(裝飾端正).

『한기(漢紀)』「무제기(武帝紀) 5, 한(漢), 순열(殉烈)」: "왕태후가 **꾸밈 (莊嚴)**을 모두 마치고 조정에 들어가려 하였다." (漢荀悅《漢紀·武帝紀 五》: "王太后皆莊嚴, 將入朝.")

장엄(莊嚴)은 '장중하고 엄숙하다'는 뜻 말고도 '몸 단장했다'는 뜻으로 "얼굴, 머리, 몸, 옷차림 따위를 잘 매만져 **곱게 꾸몄다**" 라는 뜻이 있다. 산스크리트 뷰하의 배치·꾸밈(arrangement)·정리(disposition)한다는 뜻과 일치한다. 그러므로 쑤카바띠-뷰하(Sukhāvati-vyūha)는 '기쁨으로만 가득히 꾸며진·배치된·정리된 (나라)'라고 옮길 수 있다. 더 줄이면 '기쁨으로만 꾸며진 (나라)'·'기쁨만 있는 나라(極樂世界)'라고 할 수 있고, 너무 길어서 그냥 '기쁨나라'라고 옮겼다. 다만 한문 번역 영향으로 '극락(極樂)'이 너무 많이 알려져 두 가지를 함께 쓰려고 한다.

현재 한문을 배운 사람들도 극락(極樂)은 막연하게 좋은 곳이라는 것은 알지만, 그 뜻이 '더할 나위 없이 즐거운'이라는 것을 아는 사람은 드물다. 더구나 지금 초·중·고 학생들에게 물어보면 한문의 뜻을 알 수 없을 것이다. 그러나 '기쁨(만 있는) 나라(full of joy)' 라고 하면 누구나 알 수 있는 우리말이므로 미래세대를 위해서는 꼭 새로운 우리 이름이 필요하다고 보았다.

끝으로 쑤뜨라(Sūtra, 修多羅)는 산스크리트에서 "짧은 글이나 격언 조의 규칙, 그리고 그러한 규칙들이 실처럼 얽혀 있는 일이나 작은 책자(a short sentence or aphoristic rule, and any work or manual consisting of strings of such rules hanging together like threads)를 뜻하는데, 불교에서는 경전을 말한다. 영어에서도 수트라(sutra)라는 낱말을 받아들여 그대로 쓰고 있다. 그러므로 '기쁨나라 쑤뜨라' 또는 '기쁨나라경'이라고 완성할 수 있다.

이 산스크리트 제목은 같은 기쁨나라(極樂) 경전 3가지 가운데 하나인 『아미따경』도 같으므로, 두 경을 구별하기 위해 『무량수경』은 『큰 무량수경(大無量壽經)』(또는 『큰 경(大經)』), 『아미따경』은 『작은 무량수경(小無量壽經)』(또는 『작은 경(小經)』)이라 부른다. 현장(玄奘)은 작은 무량수경을 『붇다가 맑은 나라로 받아들이는 것을 일컬어 기리는 경(稱讚淨土佛攝受經)』이라고 옮겼고, 티베트말로는 『거룩한 극락 장엄이라는 대승경전(Arya-Sukhāvativyūha-vyūha nāma mahāyāna Sūtra)』이라고 옮겼다.

2. 근대에 발견된 산스크리트 『기쁨나라경』

1) 책으로 펴내기 이전의 산스크리트 『기쁨나라경』

앞에서 보았듯이 치나(支那)[12]에서 번역된 『기쁨나라경』이 12가지나 되지만 번역본의 원본인 산스크리트본이 하나도 남아있지 않다. 따라서 그 원본이 어떤 재질이고, 어떤 문자이고, 어떤 체제인지 볼 수가 없다. 그런데 근대에 들어와 산스크리트 원본들을 네팔, 아프가니스탄 같은 곳에서 찾아내면서 연구가 활발해지고 있는데, 그 내용을 간단히 보기로 한다.

후지타 코다쓰(藤田 宏達) 연구에 따르면[13], 현재까지 산스크리트로 된 『기쁨나라경(無量壽經)』은 다 갖춘 것과 빠진 것을 합해 모두 39부에 이른다. 현재 네팔 말고 영국, 프랑스, 인두(印度), 일본 같은 나라에서 간직하고 있다. 39부 가운데 38부가 모두 네팔에서 발견되었고, 한 부 만 1996년쯤 아프가니스탄 바미얀 계곡에서 발

---

12) 중국(中國), 곧 가운데 나라란 이름은 당나라 때까지도 인두(印度=인두라 읽는다)를 부르는 이름이었고, 한나라(漢國)는 변두리 나라(邊地)라고 했다(서길수, 『세계 속의 고리(高句麗)-막북(몽골) 초원에서 로마까지』, 맑은나라, 2020. 12). 또한 역대 치나의 나라 이름에 중국(中國)이란 이름은 없었고, 하·은·주·진·한·위·촉·오·수·당·송·원·명·청처럼 한 글자 이름이었고 중국(中國)은 주변을 동쪽 오랑캐(東夷)·서쪽 오랑캐(西戎)·남쪽 오랑캐(南蠻)·북쪽 오랑캐(北狄)라 부르고 자기 나라만 가운데 나라(中國)라고 내세우는 패권주의 이름이었으며, 약소국가들이 큰 나라를 섬기는(事大) 대명사였다. 그러므로 여기서는 7세기 『산스크리트-한어(漢語)』 사전에 나온 치나(Cīna, 支那)를 쓴다.

13) 藤田 宏達, 『淨土三部經の硏究』, 岩波書店, 2012, 19쪽.

견되었는데, 많은 불전 가운데 들어있는 완전하지 못한 사본으로 현재 노르웨이가 간직하고 있다. 후지타가 1970년 펴낸 『원시 정토 사상 연구』에 모두 23부라고 했는데 40년 사이에 무려 16부나 더 발견된 것이다.

이상 네팔 사본 38부 가운데 2부가 딸라 나뭇잎(tāla, palmyra tree)으로 만든 빨뜨라(pāttra, 貝多羅·貝葉)[14] 경이고, 나머지는 종이 책이다. 이 가운데 가장 좋은 것은 일본 류코쿠(龍谷)대학 도서관 이 간직한 빨뜨라 본으로 주석을 달아 사진판이 공개되었다. 책 속에 있는 베껴 쓴 연대에 따라 12세기 중엽(1147~1167)으로 추정 하고 있다. 다른 하나의 빨뜨라 경은 네팔국립고문도서관에 간 직되어 있는데, 베껴 쓴 연도가 1152~1153년으로 뚜렷하게 기 록되어 있다. 그밖에 다른 종이책을 베껴 쓴 연도는 17세기 말에 낸 2권을 빼고는 모두 18세기 중엽에서 20세기 전반의 새로운 것뿐이다. 이 38부 사본을 모두 로마자로 바꾸어 『산스크리트 무 량수경 필사본 로마자 책 모음집(梵本無量壽經寫本ローマ字本集成)』 3권이 나왔다.[15]

이 로마자로 바꾼 책 모음집을 비판적으로 교정하여 새로 출판 한 것이 『큰·작은 기쁨나라경(The Larger and Smaller Sukhāvatīvyūha

---

14) 빠뜨라(pāttra): 잎(a leaf), 글 쓰는 잎(a leaf for writing on), 글쓴 잎(written lief), 책 페이지 (leaf of book). 빠뜨라는 잎이란 뜻으로 그 잎에 글을 썼기 때문에 나중에 책 1쪽, 1페이지 에도 쓰였다. 이렇게 잎에 글씨를 쓴 경전을 빠뜨라 경전이라고 한다.

15) The larger Sukhāvatīvyūha: romanized text of the Sanskrit manuscripts from Nepal, Part I-III, by Kotatsu Fujita (Tokyo: The Sankibō Press 1992, 93, 96).

Sutras)』이고,[16] 이 『기쁨나라경』도 산스크리트 원문은 이 책을 바탕으로 하고 있다.

이러한 네팔 사본에 비하여 새로 나온 아프가니스탄 필사본은 노르웨이 쉐엔 컬렉션(Schøyen Collecion)에 들어있다. 자작나무 껍질에 쓴 토막 책인데 이른바 길기트·바미얀 제I형 문자의 서체로 볼 때 6~7세기로 거슬러 올라갈 수 있는 사본으로 추정하고 있어, 네팔 사본보다 훨씬 더 오래된 것이라 크게 주목받고 있다.

이 자작나무 껍질 경전은 산스크리트 책(樺皮梵語本) 마지막 부분이다. 그리고 이어서 『붇다 이름 경(佛名經)』에 나온 시방 여러 붇다에게 귀의하는 것을 설한 14개 게송과 그에 덧붙여 출전이 확실하지 않은 4구절 게송(四句偈) 18개(마지막 게송은 하나뿐)가 이어서 쓰여 있다. 산스크리트본은 네팔 본 어떤 것과도 서로 다른 점이 있고, 티베트 번역본이나 한문 번역본과도 다른 전승을 보여주고 있다. 이 점에 대해서 폴 해리슨(Paul Harrison), 옌스-우베 하르트만(Jenes-Uwe Hartmann), 마츠다 카즈노부(松田和信)[17] 세 사람이 상세한 연구를 하고 있다.[18]

16) Kotatsu Fujita, The Larger and Smaller Sukhāvatīivyūha Sutras, Kyoto, Hozokan, 2011. 藤田 宏達, 『梵文無量寿経·梵文阿弥陀経』, 法藏館, 2011.

17) Sanskrit Fragment of the Udanavarga (Recension 2) from Gilgit, Journal of School of Buddhism 95 17-32 2011年; Japanese Collections of Buddhist Manuscript Fragments from the Same Region as the Schøyen Collection from Birch Bark to Digital Data Recent Advances in Buddhist Manuscript 165~169 2014年.

18) MANUSCRIPTS IN THE SCHÖYEN COLLECTION · III, BUDDHIST MANU-SCRIPTS Volurne II, HERMES PUBLISHING · OSLO, 2002.

2002년 〈쇼웬 컬렉션 문서 III〉으로 옌스 브라빅(Jens Braarvig)이 총 책임자가 되어 〈『불교문서(Buddhist Manuscripts)』(2)〉라는 제목으로 연구결과가 발표된다. 이 책은 경·율·논·기타로 장을 나누었고, 경은 1) 아가마(阿含) 3편, 대승 9편을 실었다. 대승경전 가운데 9번째(179~215쪽)에 『무량수경(Larger Sukhāvativyūha sūtra)』을 실었는데 내용이 36쪽에 달한다.

이 보고서에서는 자기들이 작업하여 판독하고, 로마자로 옮긴 텍스트를 가지고 치나에서 번역한 5개 본, 네팔에서 나온 산스크리트본, 그리고 티베트 번역본들과 비교하여 검토하였다. 매우 상세하고 표까지 만들어 깊이 있게 연구하였다. 특히 네팔에서 나온 38가지 산스크리트본 가운데 가장 빠른 것이 12세기 중반에 베껴 쓴 것이고, 내용이 거의 비슷한 티베트 본이 번역된 것은 9세기 초에 베껴 쓴 것인데, 연구자들이 발표한 자작나무 껍질 경전은 6~7세기에 베껴 쓴 것으로 가장 이른 시기 만들어진 것이라 값어치가 크다고 볼 수 있다. 아울러 치나에서 경전을 옮길 당시 여러 이유 때문에 내용을 더 넣은 부분이 있었는데, 비교를 통해 이런 부분을 찾아 확정하는 데 큰 도움이 될 수 있다. 그러므로 『기쁨나라경(無量壽經)』을 새로 옮기면서 옮긴이도 원전을 대조하며 작업하려고 한다.

2) 책으로 펴낸 산스크리트 『기쁨나라경』

앞에서 본 네팔 본을 바탕으로 지금까지 책으로 출판된 것은 다음과 같다.[19]

(1) Sukhāvatī-vyūha Description of Sukhāvatī, the Land of Liss, ed. by F. Max Müller and B. Nanjio, Anecdota Oxoniensia, Aryan Series, Vol. I, Part II (Oxford, 1883).
세계에서 처음 첫 산스크리트 책을 소개한 것으로 일반적으로 '옥스퍼드 출판 책'이라 부른다.

(2) 大谷光瑞, 『梵語原本國譯·無量光如來安樂莊嚴經)』 (京都, 光壽會, 1929).
N. Mironov가 오타니 컬렉션을 참조하여 교정한 것을 바탕으로 본문을 로마자로 바꾸어 펴냈지만, 번역은 하지 않았다.

(3) 萩原雲來, 「梵和對譯 無量壽經」 『梵藏和英合璧 淨土三部經』 (『淨土宗全書』 別卷, 大同出版社, 1931)
옥스퍼드 출판 본을 복사해서 싣고, 5가지 동경대 간직 필사본과 오타니(大谷) 출판 본 및 티베트역·한문 번역을 대조하여 교정을 보고, 일본어로 번역하였다. 오기와라 운라이(荻原雲来) 성을 따서 '오기와라(萩原) 출판 책'이라고 한다.

---

19)　藤田 宏達, 『淨土三部經の硏究』, 岩波書店, 2012, 28~29쪽.

(4) "Sukhāvatī-vyūhaḥ[Vistaramātṛkā]," in P. L. Baidya (ed.), Mahāyānasūtrasaṃgraha, Part I, Buddhist Sanskrit Texts, No. 17 (Darbhanga, 1961) pp. 221~253.

옥스퍼드 출판 책을 구독법이나 어구를 일부 수정하고 게송에 번호를 붙이는 정도로 크게 차이가 나지 않는다.

(5) 足利惇氏, Sukhāvatīvyūha. édité par A. Ashikaga (Kyoto: Librairie Hōwōkan, 1965).

류코쿠(龍谷) 대학에서 간직한 산스크리트본을 바탕으로 티베트 역과 이미 나온 (1)과 (3)을 참조하여 로마자로 바꾸고 교정을 본 것이다. 일반적으로 아시카가 아츠우지(足利惇氏)의 성을 따서 '아시카가(足利) 출판 책'이라 한다.

(6) Kotatsu Fujita, The Larger and Smaller Sukhāvatīvyūha Sutras, (Kyoto, Hozokan, 2011)

앞에서 본 근대 네팔에서 나온 38부 사본을 모두 로마자로 바꾸어 『산스크리트 무량수경 사본 로마자 본 모음집(梵本無量壽經寫本ローマ字本集成)』 3권을 내고, 그것을 바탕으로 비판적 교정본을 작성하여 새로 출판한 책이다. 후지타 코다츠(藤田 宏達) 성을 따서 '후지타 출판 책'이라 한다.

3. '왜 새로 옮긴' 『기쁨나라경』인가?
– 새 세대를 위한 산스크리트 대조 해설

『기쁨나라경』은『아미따경』·『기쁨나라 보는 경(觀無量壽經)』과 함께『기쁨나라 3경(淨土三部經)』이란 이름으로 10가지 넘게 출판되었다.[20] 옮긴이가 새삼 새로운 번역을 한 것은 한문을 잘 모르는 세대에 알맞은 번역본을 만들기 위해서다. 이 『기쁨나라경』은 다음과 같이 새로운 마음가짐으로 옮겨보았다.

1) 한문식 산스크리트 낱말을 본디 소리로 바로 잡았다.

① 불(佛): Buddha → 佛陀 / 佛로 옮긴 것을 우리식으로 '부텨'라고 읽다가 부처가 되었다. 본디 소리에 따라 'Buddha=붇다'라고 옮긴다. 영어·불어·스페인어·독일어 사전에도 모두

---

20) 한국어 번역본: (1) 법정 역,『淨土 三部經』, 해인사 염불원, 1971. (2). 청화 옮김,『淨土 三部經』, 한진출판사, 1980. 청화 옮김,『淨土 三部經』, 광륜출판사, 2007. (3) 효란 스님,『정토삼부경 역본』, 반야회, 1985년. (4) 경전연구모임 편,『아미타경·『무량수경』·『관무량수경』, 불교시대사 알기 쉬운 경전 시리즈(5), 1991. (5) 안경우 편역,『한글 彌陀淨土 三部經』, 이화문화출판사, 1994. (6) 李冲湛 편역,『念佛 淨土 三部經』, 한국불교출판사, 1996. (7) 김영미 역,『아미타경·무량수경·관무량수경』, 시공사, 2000. (8) 한보광,『정토삼부경』, 여래장, 2000. (9) 平井俊映 저, 李太元 역,『彌陀淨土 三部經 槪說』, 운주사, 1995. (10) 군맹서진,『정토삼부경역본』2000. (11) 이태원,『정토삼부경 역해』, 연지해회, 2016. (12) 하련거 뽑아 모음, 무량수여래회 옮김,『불설무량수경(불설대승무량수장엄청정평등각경)』, 비움과소통, 2017. (13) 김현준,『무량수경』, 효림, 2021. 무량수여래회 편역,『정토오경일론』, 비움과소통, 2016(초판), 2024(개정 4쇄).

20   기쁨나라경

buddha이므로 앞으로 새로운 세대가 국제적인 활동할 때도 쓸모가 있다.

② 빅슈(比丘): 산스크리트 빅슈(bhikṣu), 빨리어 빅쿠(bhikkhū)를 옮긴 것으로, '비구' 대신 본디 소리인 **'빅슈'**로 옮긴다. 영어 사전에는 빅슈(bhikshu)와 빅쿠(bhikku)가 다 나온다. 따라서 '빅슈'라고 옮기면 자연스럽게 산스크리트 원문도 알게 되고, 비구(比丘)의 원문도 알게 된다.

③ 석가모니(釋迦牟尼): 원문은 사꺄무니(Śākya-muni, ⓟ Sakya-muni)다. 원문 그대로 **'사꺄무니'**라고 옮긴다.

불경을 가장 많이 옮긴 현장(玄奘)은 '5가지 번역하지 않은 것 (五種不飜)'이라고 해서 다음 5가지는 뜻으로 옮기지(意譯) 않고 소리 나는 대로 옮겼다(音譯). ① 다라니(dhāraṇī, 摠持) 같은 주문, ② 바가반(Bhagavān, 婆伽梵, 世尊) 같은 홀이름씨(고유명사), ③ 잠부 (jambu, 閻浮) 같이 인두에만 있는 나무, ④ 아눋따라-싸먁-쌈보디 (anuttara-samyak-saṁbodhi, 阿耨多羅三藐三菩提) 같은 가장 높은 깨달음을 표현한 용어, ⑤ 쁘랒냐(prajñā, 빨리어=ⓟ 빤냐 paññā, 般若)처럼 불교만 가지고 있는 독특한 용어 같은 5가지다.

이 책에서 홀이름씨(固有名詞)를 옮기는데 다음과 같은 2가지 원칙을 세웠다.

첫째, 소리 나는 대로 옮긴 것(音譯)은 모두 산스크리트본디 소리를 찾아 그대로 살린다. 보기를 들면 삼매(三昧)는 싸마디,

사문(沙門)은 스라마나, 유순(由旬)은 요자나, 찰나는 끄사나 같은 식이다.

보기: 싸마디(samādhi Ⓟ 같음, 三昧)

　　　스라마나(śramaṇa, Ⓟ samaṇa, 沙門)

　　　요자나(yojana, 由旬)

　　　끄사나(kṣaṇa, Ⓟ khaṇa, 刹那)

　　　※ Ⓟ는 빨리어를 말한다.

처음 경전을 한문으로 옮길 때 한자는 소리글자(表音文字)가 아니고 뜻글자(表意文字)이기 때문에 소리 나는 대로 적는다는 것이 매우 어려웠다. 인두(印度)·유럽 계통의 소리글자인 산스크리트는 자음이 여러 개 겹치는 경우가 많고, 한자음으로는 도저히 나타낼 수 없는 낱말이 많았는데, 그 경우 '몇 글자 합해 한 소리내기(二合, 三合)' '첫 낱소리(音素)와 뒤 낱소리를 합해 한소리 내기(半切)' 같은 어려운 방법을 통해 간신히 해결하였다. 그러나 시대가 바뀌면서 이런 법칙들이 지켜지지 않게 되었고, 나라와 왕권이 여러 번 바뀌어 수도가 옮겨지면서 표준어가 달라지고, 나라가 넓어서 지역에 따라 전혀 다른 소리로 읽히면서 본디 소리와 전혀 다른 소리를 내게 되었다. 특히 현재의 표준어라고 할 수 있는 북경어 위주의 보통화(普通話)는 역경을 할 당시의 읽는 법과 완전히 달라 마치 다른 나라 말 같은 경우가 많다. 그런데 한국은 여기서 한발 더 나아가 한국식 한문으로 읽어버려 본디 산스크리트와는 완전히 다른 소리를 내게 된 것이다.

　보기를 들면 현재 한어(漢語)에서 Los Angeles를 '낙삼기(洛杉磯)'라고 쓴다. 이 소리를 한어(漢語) 표준어인 보통화로 읽으면 '루어 샨지(luo-shan-ji)'라고 읽어 비슷한 소리가 난다는 것을 알 수 있다. 그런데 만일 한국 사람들이 한국식으로 '낙삼기(洛杉磯)'라고 읽는 다면 우스운 일이 아닐 수 없다. 요즈음은 신문을 비롯해서 모든 출판물이 케네디(Kennedy)를 긍니적(肯尼迪, Kennidi, 캔니디), 마르 틴 루터(Martin Luther)를 마정 로덕(馬丁·路德, Mading Lude 마띵 루 더)으로 적는 일은 없고, 영문을 찾아서 소리글인 한글로 정확하 게 쓴다. 나이 먹은 분들은 일제 강점기와 해방 바로 뒤 구락부(俱 樂部)라는 말을 많이 썼던 것을 기억할 것이다. 이 낱말은 바로 영 어의 club을 한어(漢語)로 쓴 것이다. 예수(Jesus)교를 야소교(耶蘇, yésū)라고 옮기고, 크리스트(Christ)를 기리사독(基利斯督)이라고 옮 기고 줄여서 기독(基督)이라고 한 것도 마찬가지다.

　일본어의 영향을 받은 것은 더 많다. 컵(cup)=고뿌, 드라이버 (driver)=도라이바, 드럼통(drum통)=도라무통, 핸들(handle)=한도루, 택시(taxi)=다꾸시, 트럭(truck)=도락꾸 같은 단어들은 나이 든 사람 에게 아직도 낯설지 않은 낱말들이지만 젊은 사람들은 공식적으 로 누구도 쓰지 않는 낱말이 되어 버렸다.

　이처럼 시대가 많이 변하고 한문 번역의 원전인 산스크리트와 빨리어에 대한 연구가 많이 진행되었지만, 불교계에서 쓰고 있는 고유명사는 1,000년이 훨씬 넘는 옛날에 한자로 옮긴 것을 그대로 한국식으로 읽고 있다.『무량수경』에 나온 것만 보기를 들어도 마하 마운갈랴나(maudgalyāna)를 목건련(目犍連)이라고 읽고, 까샤빠(kāśyapa)를 가섭(迦葉)이라고 읽고, 깝피나(kapphina)을 겁빈나(劫賓那)라고 읽고 있는 실정이다. 이 책에서는 바로 이런 현상을 극복하기 위해 산스크리트에서 한문으로 옮긴 고유명사를 본디 산스크리트의 소리 나는 대로 정확하게 옮기는 것이 첫째 목표이다. 오랫동안 습관이 된 용어들이라 처음에는 어색하게 느껴지더라도 습관이 되면 더 친근감을 느낄 것이며, 특히 유럽 말을 배운 새로운 세대에게는 틀린 한자음보다 더 쉬울 것이고, 불교를 국제화하는 데도 크게 도움이 되리라고 본다.

둘째, 이 책에서는 산스크리트를 뜻에 따라 한자로 옮긴 것도 토만 달지 않고 될 수 있는 대로 정확한 한글로 옮기는 것을 원칙으로 한다.

보기: 두루 어진 보디쌑바(Samantabhadra bodhisattva, 普賢菩薩).

　　좋은 뿌리(kuśala-mūla, ⓟ kusala-ūla, 善根).

　　홀륭한 지킴이(賢護, Bhadrapāla).

이 『기쁨나라경』에 나오는 붇다 제자들의 이름 가운데 요본제(了本際), 견복(堅伏), 이승(異乘) 같은 이름들은 한국의 어떤 사전에도 나오지 않는 말이고, 치나(支那, China) 사람들도 제대로 뜻을 알기 어려운 단어들이다. 그런데 현재 한국의 불교계에서는 그 소리만 한국식으로 따서 읽고 있는 실정이다. 그래서 그런 한문식 이름들을 모두 한국어 사전에 나오는 말로 알기 쉽게 바꾸는 것이 두 번째 원칙이다. 그렇게 되면 '요본제(了本際)=진리 깨침', '견복(堅伏)=단단히 살핌', '이승(異乘)=뛰어난 방편'처럼 아주 쉬운 한글로 누구나 그 뜻을 알 수 있고 읽기도 편하게 될 것이라고 본다.

산스크리트 표기법은 전재성, 『빠알리-한글사전』(한국빠알리성전협회, 2005) 「문법편」 음성론에 나온 것을 표준으로 하였으며, 소리마디 구성은 한글 맞춤법에 따랐다.

2) 현대에 이해할 수 없는 용어나 잘못 옮겼던 낱말들을 과감하게 바로 잡았다.

① 겁(劫): 불교에서 끝없는 숫자를 말할 때 많이 쓰이는 단위이다. 산스크리트의 깔빠(kalpa)를 한자로 겁파(劫簸)라고 옮겼는데 줄여서 겁(劫)이라고 쓴다. 원문 소리 대로 '깔빠'라고 옮긴다.

② 성문(聲聞): 산스크리트 스라바까(śrāvaka)를 옮긴 것인데, ① 들음(hearing), 귀여겨들음(listening to), ② 제자(a pupil, disciple) 같은 뜻이 있는데, 〈한문 경전〉에서는 '소리 들음(聲聞)'이라고 했다. 산-영 사전에 "붓다 제자(a disciple of the buddha)"라는 보기가 있어, 성문(聲聞) 대신 '제자'로 옮겼다.

③ 삼천대천세계(三千大千世界): 고대 인두의 우주관에서 많이 쓴 개념인데, 삼천을 세 가지 하늘(三天)로 대천을 큰 하늘(大天)

이라고 오해하는 사람이 많다. 그래서 3천(개) 큰 천세계(tri-sāhasra-mahā-sāhasra-loka-dhāteu)라고 띄어 쓰고 주에서 자세히 설명하였다.

3) 될 수 있으면 쉬운 우리말로 옮겨 중학교 학생 정도면 이해할 수 있도록 하였다.

① 팔공덕수(八功德水) → 여덟 가지 공덕의 물.
② 아귀(preta, ⓟ peta, 餓鬼) → 배고픈 귀신.
③ 천안통(divya-cakṣur-jñāna-sākṣātkriyābhiiñā, 天眼通) → 하늘눈으로 보는 힘.
④ 독각(pratyeka-buddha, 獨覺) → 홀로 깨달은 분.
⑤ 보리심(bodhi-citta, 菩提心) → 보디마음, 깨닫겠다는 마음. (보리는 잘못 읽은 것임).
⑥ 무량(無量) 무변(無邊) 무수(無數) → 그지없고 가없고 셀 수 없는
⑦ 전륜성왕(cakra-varti-rājan,轉輪聖王) → 바퀴 굴리는 임금

4) 아름다운 우리말을 찾아 썼다.

① 공양(供養) → '**이바지**'. "힘들여 음식 같은 것을 보내어 줌, 물건을 갖추어 뒷바라지함, 이바지는 도움이 되도록 힘을 씀"

같은 뜻이 있으므로 공양과 가장 가까운 낱말이다.

② 삼십이상(三十二相) → 32가지 **'생김새'**. 요즈음 학생이나 젊은 이들은 상(相)이 무슨 뜻인지 무엇인지 모른다. 상이란 바로 얼굴 생김새를 말하므로 쉽게 '생김새'라고 옮겼다.

③ 타화자재천(他化自在天) → **'남의 기쁨을 내 것으로 여기는'** 하늘.

④ 월광마니(月光摩尼, candra-kānta-maṇi) → **'달빛 구슬'**.

4. 기쁨나라(極樂) 3경을 번역하게 된 인연

2009~2012년 3년간 강원도 망경대산 만경사에 입산해서 정토선(염불선)을 수행할 때 바램을 세워 기쁨나라(極樂) 관련 3경을 우리말로 옮겼다. 수행의 틀로 삼은 염불이 무엇이고, 염하는 아미따바 붇다는 어떤 붇다이고, 가려는 기쁨나라(極樂)는 어떤 곳인가를 알면서 닦아야 하기 때문이다. 『기쁨나라경(無量壽經)』이 아미따바 붇다의 48가지 바램을 통해 완성한 기쁨나라는 어떤 곳이고, 어떻게 해야 갈 수 있는지를 보는 교과서라면, 『아미따경』은 『기쁨나라경』의 고갱이를 간추린 다이제스트 판이었다. 갖가지 기쁨나라 모습을 보는 『기쁨나라 보는 경(觀無量壽經)』은 당장 수행에 쓸 책이 아니라서 애벌 번역만 해놓고 깊이 들어가지는 않았다.

2012년 하산하여 정토선 관련 책을 집필하면서 내 연구 노트를 정리하여 『아미따경』을 전자책(e-book)으로 냈다. 경전을 옮긴다는 것은 큰 책임이 뒤따르는 작업이므로 우선 내가 연구한 노트를 도반들과 공유하여 고쳐나가기 위해서다. 2014년 6월 17일 U-paper라는 책 유통회사에 글쓴이가 낸 책 5권을 올리면서 『아미따경』과 『만화로 보는 아미따경』도 올렸다(모두 무료).

이곳에 들어와 책을 찾는 사람들은 모두 젊은 사람들이므로 쉽게 손전화로 접할 수 있도록 특별히 모바일 용으로 편집하였다. 그리고 지금까지 한문을 풀이하는 방식의 해설을 산스크리트 원문과 대조하여 영어로 해설하는 방식을 취하였다. 과연 젊은 사람들이 얼마나 관심을 가졌을까? 그동안 조회한 횟수가 1,669회이고 183명이 다운을 받아 갔다. 꽤 고무적인 결과였다. 2014년 『아미따경』을 낸 뒤, 이어서 정토에 관련된 책을 몇 권 더 냈다.

① 『정토와 선』, 맑은나라, 2014. 05. 30.
② 『극락과 정토선』, 맑은나라, 2015. 09. 30.
③ 『극락 가는 사람들』, 맑은나라, 2015. 12. 25.
④ 『만화로 읽는 아미따경』(번역), 맑은나라, 2015. 09. 30.
⑤ 『아미따불 48대원』(공역), 비움과 소통, 2015.
⑥ 『아름다운 이별 행복한 죽음』(공역), 비움과 소통, 2015.
⑦ 『조념염불법』(공역), 비움과 소통, 2016.
⑧ 『극락과 염불』, 맑은나라, 2016. 04. 08.

그리고 2023년 그동안 자료를 수집했던 『극락 간 사람들(韓國往生傳)』을 마무리하면서 그 바탕이 되는 『아미따경』 수정판을 냈다.
⑨ 『극락 간 사람들』 상(삼국·고리·조선편), 맑은나라, 2023.
⑩ 『극락 간 사람들』 하(근·현대편), 맑은나라, 2023.
⑪ 『모든 붇다가 보살피는 아미따경』, 맑은나라, 2023.

기쁨나라 3경 가운데 1권만 내고 나머지 2권을 마무리해야 한다는 부담이 늘 마음 한구석에 남아있었다. 2024년 6월, 만 80살을 기리는 「출판기념회와 살아서 하는 장례식」을 마치고 바로 오대산 북대 미륵암으로 들어와 6개월쯤 기간을 잡고 『기쁨나라경

(無量壽經)』과 『기쁨나라 보는 경(觀無量壽經)』을 옮기기 시작하였다. 『아미따경』에 비해 분량도 많고 참고할 서적도 많아 간단히 우리 부부 힘만으로 이 불사를 원만이 회향하기 어렵다고 생각해 다음 과 같은 불사 참여 팀을 만들었다.

(1) 역경실 인원
　　① 역경실 총감독: 굉행 스님 (미륵암 주지)
　　② 3경 번역: 보정 거사 (맑은나라 불교연구소 이사장)
　　③ 1차 교정: 불모화 보살 (맑은나라 출판사 대표)

(2) 읽어내기 및 교정 불사 참여팀
　　④ 공원 스님 (대승사)
　　⑤ 등인 스님 (정토선원)
　　⑥ 등정 스님 (서방사)
　　⑦ 만성 스님 (곤지정사)
　　⑧ 월호 스님 (행불선원)
　　⑨ 혜명 스님 (자운사)
　　⑩ 하원 스님 (망경산사)

(3) 읽어내기 및 교정 불사 참여 2팀(아-난다동아리)
　　⑪ 남규호 ⑫ 신태수 ⑬ 임상철 ⑭ 서상흉 ⑮ 박교순
　　⑯ 최진선 ⑰ 채규상

번역은 다음 3단계로 진행되었다.

(1) 곁뿌리경전(傍依經典) 4경 1론 옮기기.
(2) 뿌리경전(所依經典)-(2) 『기쁨나라경(無量壽經)』 옮기기.
(3) 뿌리경전(所依經典)-(3) 『기쁨나라 보는 경(觀無量壽經)』 옮기기.

(1) 곁뿌리경전(傍依經典)

기쁨나라 3경이 기쁨나라(極樂) 가기 위한 뿌리경전(所依經典)이 된 것은 이미 오래되었다. 한편 다른 경전에도 기쁨나라에 관한 대목이 많이 나오는데, 이런 경전을 곁뿌리경전(傍依經典)이라고 했다. 곁뿌리경전은 4경 1강론을 필요한 부분만 뽑아서 옮겼다.

〈4가지 경전〉
① 『반주삼매경』 「묻는 품」과 「닦는 품」
② 『능엄경』 「대세지보살 염불원통장」
③ 『화엄경』 「보원행원품」
④ 『묘법연화경』 「화성비유품」 「약왕보살 본사품」 「관세음보살보문품」

〈1가지 강론〉
① 『무량수경 강론』

곁뿌리 경전은 추려서 옮기는 것이라 내용이 많지 않아 6월 8일부터 7월 7일까지 1달 걸려 번역을 마쳤다. 곁뿌리 경전은 번역해 가면서, 그 내용을 9번으로 나누어 단톡방에 올려 불사 참여팀과 교정 팀이 틀린 곳을 고쳤으며, 한 달에 한 번씩은 〈아난다〉 동아리가 미륵암에 와서 함께 돌려 읽기를 하면서 다시 교정을 보았다.

(2) 뿌리경전-(2) 『기쁨나라경(無量壽經)』 옮기기

7월 8일부터 시작한 『기쁨나라경』은 9월 6일 2달 만에 번역을 마치고, 28일까지 22일간 밀어놓았던 주도 더 달고, 한문을 다시 검토하고, 옮기기 위해 띄어놓았던 문단들을 다시 복원하였고, 마지막으로 28일, 이 머리말을 마친다.

2011년 망경산사에서 했던 애벌 옮김은 2011년 7월 30일부터 2012년 8월 10일까지 새벽에 2시간씩 1년이 걸렸는데, 이번에는 2달 만에 마친 것이다. 좋은 환경, 좋은 건강 상태에서 얼마나 집중했는지 알 수 있다. 한편 12년 전에 비해 하드웨어가 많이 풍부해졌다. 국내에서 태원 스님 『정토삼부경 역해』와 보광 스님 『정토삼부경』이 한문 원전에 충실하게 번역해 놓아 크게 도움이 되었다. 옮긴이 스스로가 그동안 산스크리트에 대한 실력이 많이 늘어난 데다가 Sanskrit-English Dictionary가 온라인으로 제공된 것도 시간을 아끼는 데 결정적인 도움이 되었다. 무엇보다도 지난 12년 동안 맑은나라(淨土)에 대한 책을 10권쯤 내면서 맑은나라(淨土)와 기쁨나라(極樂)에 대한 공부가 바탕이 되어 몇 배 좋은 결과를 낼 수 있었다.

옮기면서 12년 전에 했던 애벌 번역을 큰 폭으로 고치고, 90% 주석을 새로 달면서, 12년 전에 책으로 내지 않은 것이 얼마나 잘 한 일이었는지 여러 번 되새긴다.

이번에 번역하려는 『기쁨나라경(無量壽 經)』은 모든 산스크리트 책과 새로운 자료들을 비교 검토하고 교정을 보아 완성판을 만든 '후지타 출판 책'과 아울러 그 산스크리트 책을 일본어로 옮긴 '후지타 번역 출판 책'[21]을 바탕으로 하였고, 옥스퍼드 출판 책을 일본말로 옮긴 효도 츠쇼[22] 번역본을 참고하였다. 영문판은 Luis O. Gómez 번역본이 나와 있다.[23] 그리고 풀이 글은 『불광사전』을 많이 사용하였다.

끝으로 처음부터 끝까지 번역한 것을 읽고 교정을 보고 의견을 주신 스님 팀과 〈아-난다〉 동아리 팀 여러분께 감사드리고 미륵암 은다향 원주보살과 자질구레한 일을 도와준 거사님들, 공양을 뒷받침해 주신 보살님들에게 감사드린다.

2024년 9월 28일
오대산 북대 미륵암 역경실에서
보정 서길수

---

21) 藤田 宏達, 『梵文無量寿経·梵文阿弥陀経』, 法藏館, 2011.

22) 平等通照, 『梵文佛說阿彌陀經-極樂莊嚴經 小經』, 印度學研究所, 1985.

23) Luis O. Gómez, The land of Bliss, The Paradise of the Buddha of Measureless Light: Sanskrit and Chinese versions of the Sukhāvatīivyūha Sutras, University of Hawaii Press, 1996. (2024년 오대산 북대 미륵암에서 『무량수경』을 번역하는데, 놀랍게도 주지 스님 책꽂이에 이 책이 꽂혀 있어 쉽게 볼 수 있었다).

차 례

머리말 · 4

1. 『무량수경(無量壽經)』을 왜 『기쁨나라경(極樂經)』이라고 했는가? · 4
   1) 『무량수경』은 여러 가지 이름이 있었다 · 4
   2) 산스크리트본 이름은 『기쁨나라(sukhāvatī-vyūha, 極樂) 경』 · 8
2. 근대에 발견된 산스크리트 『기쁨나라경』 · 14
   1) 책으로 펴내기 이전의 산스크리트 『기쁨나라경』 · 14
   2) 책으로 펴낸 산스크리트 『기쁨나라경』 · 18
3. '왜 새로 옮긴' 『기쁨나라경』인가?
   - 새 세대를 위한 산스크리트 대조 해설 · 20
   1) 한문식 산스크리트 낱말을 본디 소리로 바로 잡았다 · 20
   2) 현대에 이해할 수 없는 용어나 잘못 옮겼던 낱말들을
      과감하게 바로 잡았다 · 25
   3) 될 수 있으면 쉬운 우리말로 옮겨 중학교 학생 정도면
      이해할 수 있도록 하였다 · 26
   4) 아름다운 우리말을 찾아 썼다 · 26
4. 기쁨나라(極樂) 3경을 번역하게 된 인연 · 28

기쁨나라경(佛說無量壽經) 상권

I. 마가다국 서울 독수리봉에서 열린 붇다의 가르침

1. 모임에 참석한 제자와 보디쌑바들 · 44

2. 큰 탈것(大乘) 보디쌑바의 본보기 사꺄무니 · 90

3. 아난다가 가르침을 청하다 · 104

II. 기쁨나라(極樂)는 누가 어떻게 만들었는가?

1. 지난 세상 53명 붇다들 · 120

2. 임금 자리 버리고 출가한 공덕샘(法藏) 빅슈 · 131

3. 공덕샘 빅슈가 기획한 기쁨나라(極樂) 48가지 조건 · 148

4. 공덕샘 빅슈는 어떻게 기쁨나라를 이룩했는가? · 195

III. 공덕샘 빅슈가 꾸민 기쁨나라(極樂)는 어떤 모습인가?

1. 기쁨나라 붇다와 백성들 · 208
   1) 공덕샘 빅슈가 이룩한 세상에 없는 나라 · 208
   2) 왜 '끝없는 빛 붇다(無量光佛)'인가? · 215
   3) 왜 '끝없는 목숨 붇다(無量壽佛)'인가? · 219
   4) 헤아릴 수 없이 많은 제자와 보디쌑바 · 220

2. 더할 수 없이 아름답게 꾸며진 기쁨나라 · 223
   1) 7가지 보석으로 꾸며진 나무가 들려주는 가르침 · 223
   2) 8가지 공덕의 물소리가 들려주는 가르침 · 232

3. 기쁨으로만 가득 찬 나라 · 239
   1) 모든 것이 갖추어진 기쁨나라 · 239
   2) 하늘나라 뛰어넘는 모습과 행복 · 240
   3) 붇다의 가르침 따라 닦으며 누리는 편안한 기쁨 · 246

기쁨나라경(佛說無量壽經) 하권

IV. 기쁨나라(極樂)는 어떻게 해야 갈 수 있는가?

1. 이렇게 해야 기쁨나라 갈 수 있다 · 252

    1) 기쁨나라에는 붇다가 될 사람들만 간다 · 252

    2) 기쁨나라 갈 수 있는 3가지 무리의 조건 · 256

2. 시방세계 보디쌀바도 가서 바램을 이루는 나라 · 266

V. 기쁨나라에 가면 얻는 기쁨과 슬기

1. 32가지 모습 갖추고, 나고 죽음을 벗어난다 · 274

2. 한 끼니 사이에 시방 붇다께 이바지한다 · 279

3. 아미따바 붇다의 가르침을 직접 듣는다 · 281

4. 깊은 싸마디와 높은 슬기로 모든 빠라미따를 이룬다 · 283

    1) 붇다의 가르침을 닦아 5가지 눈을 얻는다 · 283

    2) 깊은 싸마디와 높은 슬기를 모두 갖춘다 · 286

    3) 마침내 보디쌀바의 5가지 빠라미따를 모두 이룬다 · 291

VI. 기쁨나라 가기 쉬운데, 가려는 사람이 없구나!

1. 왜 좋고 쉬운데, 가려 하지 않는가? · 301

2. 세상일에 얽매여 갈 마음을 못 낸다 · 304

    1) 세간의 사랑과 욕망 · 304

    2) 다툼과 화냄 · 307

    3) 인과를 모르는 어리석음 · 309

3. 세상일 덧없으니 반드시 기쁨나라 가야 한다 · 313

VII. 왜 세간을 떠나 기쁨나라(極樂)로 가야 하는가?

1. 산 것을 죽이는 나쁜 짓 · 326
2. 도둑질하는 나쁜 짓 · 331
3. 삿된 관계하는 나쁜 짓 · 335
4. 거짓말하는 나쁜 짓 · 338
5. 술 마시는 나쁜 짓 · 341
6. 5가지 나쁘고, 아프고, 불길에 둘러싸인 세계 · 347
7. 좋은 길로 이끌기 위한 분다의 가르침 · 350

VIII. 아난다가 직접 본 아미따바 분다와 기쁨나라(極樂)

1. 아난다가 아미따바 분다를 직접 뵙다 · 356
2. 왜 기쁨나라(極樂)에서 태(胎)로 태어나는가? · 360
3. 다른 나라 보디쌑바들도 기쁨나라로 간다 · 373

IX. 마무리

1. 얻기 어려운 법, 가르침에 맞게 닦아라 · 380
2. 이 가르침이 가져다 준 깨달음과 기쁨 · 383

〈발원문〉[24]

oṁ namo daśadiganantāparyantalokadhātupratiṣṭhitebhyaḥ
sarva-buddha-bodhisattvārya-śrāvaka-pratyekabuddhebhyo
'tītānāgata-
pratyutpannebhyaḥ.
namo 'mitābhāya. namo 'mitāyuṣe. namo 'cintyaguṇāka-
rātmane.

>   namo 'mitābhāya jināya, te mune.
>   sukhāvatīṁ yāmi te cānukampayā.
>   sukhāvatīṁ kanakavicitrakānanāṁ
>   manoramāṁ sugatasutair alaṁkṛtāṁ.
>   tathāśrayāṁ prathitayaśasya dhīmataḥ,
>   prayāmi tāṁ bahuguṇaratnasaṁcayām.

옴[25], 시방의 그지없고 가없는 세계에 살고 계시는 과거·미래·현재의 모든 붇다·보디쌑바·거룩한 제자(聲聞)[26]·홀로 깨달은 분(獨覺)[27]에게 귀의합니다.

---

24) 이 귀의문·발원문은 한문 경전에는 나오지 않지만, 산스크리트본에서 따내 넣었다. 원문은 후지타 코타츠(Fujita Kotatsu, 藤田宏達), *The Lager and Smaller sukhāvatī-vyūha sūtras*, (梵文無量壽經·梵文阿彌陀經), 法藏館, 2011.에서 가져온 것임.

25) 옴(oṁ): 신성한 소리로 우파니샤드에서부터 신비한 소리마디로 나타나며, 깊은 종교적 명상의 대상으로 제시되었다.

26) 제자(śrāvaka, ℙ sāvaka, 聲聞): 스라바까(śrāvaka)는 들음(hearing) 귀여겨들음(listening to); 제자(a pupil, disciple) 같은 뜻이 있는데, 〈한문 경전〉에서는 '소리 들음(聲聞)'이라고 했다. 산-영 사전에 "붇다 제자(a disciple of the buddha)라는 보기가 있어, '소리 들음' 대신 '제자'로 옮겼다.

27) 홀로 깨달은 분(pratyeka-buddha, ℙ paccaka-buddha, 獨覺): 쁘라뗴까(pratyeka)는 각각(each

아미따바(無量光)에게 귀의합니다.

아미따윳(無量壽)에게 귀의합니다.

불가사의한 공덕 샘(鑛脈)을 갖추신 분에게 거듭 귀의합니다.

아미따바 이긴 분(jina)[28], 성인(muni)[29]께 귀의합니다.

님의 도타운 사랑으로 기쁨나라(極樂)에 가길.

금빛으로 빛나는 나무동산이 있는 기쁨나라로,

잘 해낸 분(sugata)[30] 제자들이 꾸민 마음 가득한 곳(기쁨나라)으로.

이름을 떨쳐서 평판 드높은 슬기로운 님이 계신 곳,

많은 공덕 보물이 모여있는 그곳을 향해 가나이다.[31]

---

one, every one), 홀로(each single one)라는 뜻으로, 붇다의 가르침을 받지 않고 홀로 나고 죽
는 것을 뛰어넘는 진리를 깨달은 사람이다. 한자로 벽지불(僻地佛)·독각(獨覺)·연각(緣覺)이
라고 한다. '홀로 깨달은 분(獨覺)'으로 옮긴다.

28) 이긴 분(jina): 지나(jina)는 이긴 분(Victor, 勝者)이라는 뜻으로 붇다를 이르는 말이다. 〈한
문 경전〉이김(勝), 이긴 분(勝者), 가장 뛰어난(最勝), 가장 뛰어난 사람(最勝子), 크게 깨달은
분(大覺), 붇다(佛陀, 佛), 여래(如來)

29) 무니(muni, 牟尼): 성인(a saint), 슬기로운 사람(sage), 보는 분(seer), 고행자(ascetic). 사꺄무니
(釋迦牟尼)는 사꺄(釋迦)라는 성을 가진 성인이라는 뜻이다.

30) 잘 해낸 분(sugata 善逝): 잘 해낸 분(one who has fared well)이란 뜻으로, 붇다를 달리 이르는 10
가지 이름 가운데 하나. 깨달음의 경지에 가서 미혹의 세계로 다시 돌아오지 않음을 뜻한다.

31) 산스크리트본 번역은 최봉수, 『양본 극락장엄경』, 서울 동산반야회, 2000; 平等通照, 『梵
文和譯佛說無量壽經』, 印度學研究所, 1985; 藤田 宏達, 『梵文無量寿経·梵文阿弥陀経』, 法藏
館, 2011 ; 泉芳璟 著, 『梵文無量壽經の硏究』, 顯眞學苑出版部, 昭和 14년(1939) 등을 참고하
였다.

기쁨나라경(佛說無量壽經)[32] 상권

曹魏 天竺三藏[33] 康僧鎧 譯

삼국시대 위나라(曹魏)[34] 천축삼장(天竺三藏)[35] 쌍가바르만(康僧鎧)[36] 옮김

보정(普淨) 서길수(徐吉洙) 한글로 옮김

---

32) 이 번역본의 원문은 1242년(고리 고종 29년), 고리국 대장도감에서 칙령을 받아 새겨 만든 고리대장경(高麗大藏經: 고려는 고리로 읽는다·서길수『고구려 본디 이름 고구리(高句麗)』, 여유당, 2019를 볼 것)을 바탕으로 하였다(경 번호 K0026 / T0360). 아울러 고리대장경을 일본에서 다른 판본과 대조하여 정리한 대정신수대장경(大正新脩大藏經)과 꼼꼼히 대조하여 고리대장경과 다른 부분에는 하나하나 주[대정신수대장경 주(註):]를 달아 읽은 이들이 쉽게 견주어 볼 수 있게 하였다.

대정신수대장경(大正新脩大藏經)은 일본에서 1924년부터 1934년까지 10년간 한국 해인사 고리대장경을 바탕으로 일본에 있는 송(宋)나라 원(元)나라 명(明)나라 때의 경전과 보급본(流布本)을 모두 대조하여 고리대장경과 다른 글자에 주를 단 것이다. 이 대장경에서는 주를 달면서 그 출처에 따라 [宋]·[元]·[明]이라고 표시하고, 3가지 판본이 모두 같은 것은 〈三〉이라고 표시했는데 여기서는 알기 쉽게 [宋]·[元]·[明]본이라고 표시하였다. 다만 보급본은 '보급본도 그렇다(流布本亦)' '보급본도 같다(流布本亦同)'는 식으로 썼는데, 여기서는 3가지 판본과 마찬가지로 [보급본(流布本)]이라고 표시하였다.

여기서 한 가지 주의할 것은, 대정신수대장경(大正新脩大藏經)에서 대조하여 단 주(註)가 고리대장경에서 틀린 것을 바로 잡은 것이 아니라 각 판본 간의 차이를 밝혀 놓은 것이다. 그러므로 이 번역본은 철저하게 고리대장경을 으뜸으로 삼았고, 대정신수대장경에서 밝힌 다른 판본은 참고로 하여 종합적으로 판단하였다.

고리대장경에는 뜻밖에 다른 글자체(異體字)나 속자(俗字)나 약자(略字)를 많이 썼다. 판각을 쉽게 하도록 그랬을 수도 있지만 고리시대에는 그런 글자체를 썼다고 보는 것이 옳을 것이다. 컴퓨터에 나와 있는 다른 글자체나 약자는 모두 판본에 나와 있는 대로 썼으며, 다른 글자체(異體字)를 썼으나 컴퓨터에 나와 있지 않는 글자는 컴퓨터에 있는 글자로 바꾸어 넣으면서 주(註)에다 다른 글자체를 썼다는 것만 밝혔다. 결과적으로 고리대장경에서 약자를 많이 사용하거나 다른 판본과 약간의 차이를 보이고 있지만 원뜻에 전혀 다른 바 없이 완벽한 내용을 새겼다는 것을 알 수 있다.

33) 대정신수대장경 주(註): [宋]·[元]·[明]본에는 '천축삼장(天竺三藏)'이란 내용이 없다. 각 장경 차이는 〈고리대장경 본을 바탕으로 각 장경을 대조하여 펴낸 대정신수대장경 및 여러 다른 판본을 견주어, 검색이 가능하게 만든 CBETA〉를 바탕으로 하였다.

34) 위(魏, 220~265)나라는 삼국시대 조조(曹操)가 다스렸다고 해서 조위(曹魏)라고 했다. 치나 (支那: 중국은 나라 이름이 아니고 패권주의와 사대주의 호칭이므로 7세기 산스크리트 사전에 나온 Cīna를 소리 나는 대로 읽는다 - 서길수, 『세계 속의 고리(高句麗), 막북 초원에서 로마까지』, 맑은 나라, 2020를 볼 것) 역사에는 전국시대부터 남북조시대 선비족이 다스린 북위까지 위(魏) 나라가 여러 나라가 있으므로 다스린 임금의 성을 써서 구별한다. 그 가운데 조위(曹魏)는 우리가 많이 읽고 있는 『삼국지』의 삼국시대, 즉 위(魏)·촉(蜀)·오(吳) 3국 가운데 위나라를 말한다. 『아미따경』이 진(秦, 384~417)나라 때 번역된 것에 비하면 『기쁨나라경(無量壽經)』은 꽤 이른 시기에 한문으로 옮겼다는 것을 알 수 있다.

35) 천축(天竺)은 치나(支那)에서 부르던 인두(印度: 인도는 '인두'라고 읽는다 - 서길수, 『세계 속의 고리(高句麗), 막북 초원에서 로마까지』, 맑은나라, 2020를 볼 것)의 옛 이름이고, 삼장(三藏) 은 삼장법사(三藏法師)를 말하는 것으로 경(經)·율(律)·논(論) 3장(三藏)에 정통한 빅슈를 말한다.

36) 쌍가바르만(康僧鎧, Saṃghavarman, 僧伽跋摩): 산스크리트 이름은 쌍가-바르만(Saṃgha-var- man)으로 3보 가운데 하나인 쌍가(僧伽)와 (나무)껍질이나 껍데기(envelope·bark), 방어용 갑 옷과 투구(defensive armour) 같은 것을 뜻하는 바르만(varman)을 합친 것이기 때문에 승가 (僧伽)를 줄인 승(僧)과 갑옷을 뜻하는 개(鎧)를 합해 '쌍가(를 보호하는) 갑옷(僧鎧)'이라고 옮 길 수 있다. 그러나 여기서는 원문을 소리 나는대로 읽었다.

강(康)이란 성을 쓴 것은 중앙아시아 강거국(康居國) 출신이기 때문이다. 강거국은 고대 뛰 르크족이 씨르-다리아강(Sir-Daria, 錫爾河) 키르기즈(Kirgiz) 평원에 세운 중앙아시아 제국 으로, 현재의 사마르칸트, 타쉬켄트도 이 나라에 속했다. 승(僧)은 쌍가(僧伽)의 줄임말이 고, 셋째 글자(鎧)는 바르만(varman)을 뜻으로 옮긴 한자 갑옷(鎧)을 한국식 한자음으로 옮 긴 것이다. 이렇게 3글자가 모두 기준이 다르므로 원문인 쌍가바르만으로 쓰는 것이 바람 직 하다고 본다. 삼국시대 조조가 다스린 위(魏)나라 가평(嘉平) 4년(252) 인두(印度)에서 낙 양으로 와서 백마사(白馬寺)에 머무르며 『무량수경』을 비롯하여 여러 경전을 한문으로 옮 겼다. 그러므로 이 『기쁨나라 쑤뜨라(無量壽經)』는 역경사에서 옛 번역(古譯)에 속한다.

I.

마가다국 서울 독수리봉에서
열린 붇다의 가르침

1. 모임에 참석한 제자와 보디쌑바들

한문

我聞如是.

一時 佛住王舍城耆闍崛山中 與大比丘衆万[37]二千人俱 一切大聖
神通已達. 其名曰 尊者了本[38]際 尊者正願 尊者正語 尊者大号[39] 尊
者仁賢 尊者離垢 尊者名聞 尊者善實 尊者具足 尊者牛王 尊者優樓
頻蠡[40]迦葉 尊者伽耶迦葉 尊者那[41]提迦葉 尊者摩訶迦葉 尊者舍利

---

37) 일반적으로 '만(萬)'자를 쓰지만, 고리대장경에 모두 약자(略字)인 '만(万)'를 썼기 때문에 그
대로 따른다. 두 글자는 뜻이 같고 지금도 약자로 널리 쓰이는 글자다. 약자(略字)란 한자
에서 원 글자보다 획이 간단하거나 아주 새로 된 글자를 말한다. 속자(俗字) 또는 반자(半
字)라고도 하는데, 고리대장경에서는 글씨를 쉽게 새기기 위해서 이런 약자나 속자를 많이
쓰고 있다. 이 경전의 원문은 고리대장경을 바탕으로 하기 때문에 글자체도 가능한 한 원
본대로 살렸다.

38) 고리대장경에서는 '본(本)'자를 '본(夲)'자로 썼다. 현재 컴퓨터 옥편에는 '본'자에 두 글자가
다 나오는데, 다만 설명에는 '본(夲)'자가 '나아갈 도'로 되어 있다.

39) 고리대장경에는 '호(號)'자를 속자(俗字)인 '호(号)'자로 쓰고 있어 그대로 따른다.

40) '대정신수대장경 주(註): [宋]·[元]·[明]본에는 라(蠡)자가 라(螺)자로 되어 있다. 우루빈라(優
樓頻蠡)의 '라(蠡)'자는 두 가지로 읽힌다.: ① 좀먹을 '려' ② 표주박 '라'. 가섭의 원문은 우루
빌라(Uruvilā)이기 때문에 여기서는 '라'로 읽어야 한다. 고리대장경에서는 아래 벌레충(虫)
두 개 가운데 하나를 줄이고 대신 점(丶)을 하나 더 찍어 두 개 가운데 하나를 줄였다는 것
을 나타냈다.

41) 나(那)자는 다른 글자체를 쓰고 있다.
※ 컴퓨터에 없는 글자는 다른 글자체를 썼다는 사실만 밝힌다. 자세한 것은 〈불교기록문
화유산 아카이브-통합대장경-불설무량수경〉을 검색하여 해당 문장을 찾고 오른쪽에
있는 '통합뷰어'을 누르면 고리대장경 해당 영인본을 확인할 수 있다. 또는 이충담 『염불
정토삼부경』은 고리대장경 영인본을 원문으로 실었으므로 편하게 참고할 수 있다.

弗 尊者大目揵[42]連 尊者劫賓[43]那[44] 尊者大住 尊者大淨志 尊者摩訶
周那[45] 尊者滿願子 尊者離障閡[46] 尊者流灌 尊者堅伏 尊者面王 尊
者果[47]乘 尊者仁性 尊者喜[48]樂 尊者善來 尊者羅云[49] 尊者阿難. 皆
如斯等 上首者也.

옮긴글
___

나는 이렇게 들었다.[1]

한때 붇다[2]께서 서울(王舍城)[3] 그리드라꾸따[4]에서 큰 빅슈쌍가
(大比丘衆)[5] 만 이천 명과 함께 계시었는데, 모두 신통을 이룬 큰
성인들이었다. 그 이름은 진리 깨침(了本際)[6] · 바른 바램(正願)[7] · 바
른 말씨(正語)[8] · 큰 이름(大号)[9] · 어진 분(仁賢)[10] · 맑음(離垢)[11] · 떨친
이름(名聞)[12] · 뛰어난 팔(善實)[13] · 다 갖춤(具足)[14] · 소임금(牛王)[15] · 우
루빌롸 까샤빠(優樓頻蠡迦葉)[16] · 가야 까샤빠(伽耶迦葉)[17] · 나디 까샤
빠(那提迦葉)[18] · 마하 까샤빠(摩訶迦葉)[19] · 사리뿌뜨라(舍利弗[20]) · 마하
마운갈랴나(大目揵連)[21] · 깝삐나(劫賓那)[22] · 큰 집(大住)[23] · 크고 맑은

___

42) 일반적으로(국내 다른 번역본도 마찬가지임) '맬 건(揵)' 대신에 '불간 소 건(犍)'자를 쓰고 있으
나 고리대장경을 따른다. 대정신수대장경(大正新脩大藏經)에도 다른 주가 없는 것을 보면
모든 판본이 다 '맬 건(揵)'자를 썼다는 것을 알 수 있고, '맬 건(揵)'자가 맞는다고 보아야
한다.
43) 빈(賓)자는 속자(俗字)를 썼다.
44) 나(那)자는 다른 글자체를 쓰고 있다.
45) 나(那)자는 다른 글자체를 쓰고 있다.
46) 대정신수대장경 주(註): [宋]·[元]·[明]본과 [流布本]에는 '애(閡)'를 뺐다.
47) 대정신수대장경 주(註): [宋]·[元]·[明]본과 [流布本]에는 '과(果)=이(異)'로 되어 있다.
48) 대정신수대장경 주(註): [宋]·[元]·[明]본과 [流布本]에는 '희(喜)=가(嘉)'로 되어 있다.
49) 고리대장경에서는 운(云)자를 다른 글자체로 썼다.

뜻(大淨志)²⁴⁾·마하 쭌다(摩訶周那)²⁵⁾·사랑 찬 아들(滿願子)²⁶⁾·막힘없음(離障閡)²⁷⁾·흘러들어감(流灌)²⁸⁾·단단히 살핌(堅伏)²⁹⁾·얼굴임금(面王)³⁰⁾·뛰어난 방편(異乘)³¹⁾·어진 성품(仁性)³²⁾·기쁨(喜樂)³³⁾·잘 왔다(善來)³⁴⁾·라훌라(羅云)³⁵⁾·아난다(阿難)³⁶⁾ 같은 웃어른(尊者)³⁷⁾들로, 모두 뛰어난 제자들이었다.

풀이

(1) 모든 경전의 첫머리는 6가지 구성요소(한문에서는 六成就라고 한다)로 시작하는데, 『기쁨나라경(無量壽經)』도 마찬가지다. ① 믿음: 이와 같이(evaṁ, 如是) ② 들은 사람: 나는 들었다(mayā śrutam, 我聞) ③ 때: 한때(ekasmin samaye, 一時) ④ 붇다(말한 사람): 붇다(bhagavān, 世尊, 佛) ⑤ 곳: 왕사성 독수리봉에 머무셨다(rājagṛhe viharati sma gṛdhrakūṭe, 住王舍城耆闍崛山) ⑥ 참석한 무리(大衆): 위대한 빅슈-쌍가 1,250명과 함께(parvate mahatā bhikṣusaṁghena sārdhaṁ~, 與大比丘衆萬二千人俱).

(2) 붇다(Buddha, 빨리어=Ⓟ 같음, 佛): 산스크리트본에는 바가받(bhagavat, Ⓟ bhagavā·bhagavant, 世尊)이라고 되어 있는데, 꾸마라지바는 '불(佛)'이라고 옮기고, 현장(玄奘)은 '박가범(薄伽梵)'이라고 소리 나는 대로 옮겼다. 그 밖에 이 경에는 따타가따(tathāgata, Ⓟ 같음, 如來)라는 낱말도 많이 나오는데, 현장은 여래(如來)라고 옮기고 꾸마라지바는 이 낱말도 붇다(佛)라고 옮겼다. 바가받(世尊)이나 따타가따(如來)나 모두 붇다의 10가지 이름 가운데 하나이기

때문에 여기서는 꾸마라지바가 옮긴 것처럼 붇다로 통일한다.

꾸마라지바가 옮긴 '불(佛)'이란 불타(佛陀)를 줄여서 쓰는 말인데, 불타(佛陀)는 산스크리트 붇다(Buddha)를 소리 나는 대로 옮긴 것이다. 꾸마라지바를 비롯한 수많은 역경가가 번역할 당시(6세기 앞뒤)는 '佛陀=budə=부더'로 원음인 붇더(Buddha)와 거의 같은 소리를 냈다. 본디 산스크리트의 [a] 소리는 영어의 썬(sun)을 읽을 때 'u'의 소리인 어[ʌ]이기 때문에 Buddha는 붇더[dʌ]에 가깝다. 그러나 오늘날의 『한어사전(漢語辭典)』에는 '붇다(Buddha)=포투어(fótuó)'라는 완전히 다른 소릿값으로 정착되었다. 이처럼 한문 읽는 법 자체가 1,000년이 지난 뒤 완전히 변해버린 것이다. 한편 한 글자에 모든 뜻을 넣어 줄여 쓰기를 좋아하는 치나 사람들이 불타(佛陀)→불(佛)로 줄여서 쓰기 시작하여 fótuó(佛陀)=fó(佛)로 자리 잡게 되자, 오늘날의 작은 한어사전에는 아예 붇다(佛陀)라는 낱말이 사라져 '붇다(Buddha)=포(fó)'라고만 쓰이고 있다.

이점은 한국에서도 마찬가지다. 붇다(Buddha)는 불타(Bulta, 佛陀)로 바뀌고, 줄여서 불(Bul, 佛)이라는 완전히 다른 낱말로 바뀌어버렸다. 그런 데다 한국에서는 다시 '부처' 또는 '부처님'이라는 낱말이 생기게 되었다. 그렇다면 이 '부처'라는 낱말은 어디서 비롯된 것인가? 바로 붇다(佛陀)를 우리식으로 읽는 과정에서 생겨난 낱말이다. 훈민정음이 반포된 뒤 얼마 되지 않아 훈민정음으로 옮겨진 『아미따경언해』를 보면 '불타(佛陀)=부텨'라고 쓰고 있다. 그리고 나중에 구개음화 과정을 거쳐 '부텨→부처'로 바뀐 것이다. 그러므로 한국에서는 '붇다(Buddha)=부처(Buchǒ)'가 되어 두 번째 소리마디(音節)가 완전히 바뀌어 버리고, 거기다 높임의 뜻을 나타내는 '님'을 덧붙여 '붇다(Buddha)=부처님(Buchŏnim)'이 된 것이다.

　서양 학자들에 의해 산스크리트와 빨리어로 된 문헌이 발굴되고 연구되면서 비로소 1500년 전 한자로 옮긴 본디 소리들이 밝혀지기 시작하였다. 그리고 불타·불·부텨·붓다·붇다 같은 갖가지 바뀐 소리들의 본디 소리가 붇다(Buddha)라는 것이 밝혀졌다. 특히 붇다(Buddha)라는 낱말은 이미 영어를 비롯하여 많은 나라들이 사전에 실려 국제적으로 일반화되었기 때문에 앞으로 한국에서도 이런 추세에 따라 본디 소리에 가까운 '붇다'를 쓰는 것이 바람직하다고 생각한다.

　최근 한국에서도 '붇다'와 '붓다'라는 두 가지 낱말이 많이 쓰이고 있다. 옮긴이는 그 가운데 본디 소리와 가장 가까운 '붇다'를 쓰기로 하고 읽는 이들에게도 '붇다'를 추천하는데, 그 이유는 다음과 같다. ① Bud-dha는 Bud과 dha라는 두 소리마디(音節)로 되어 있다. 첫 소리마디 Bud을 훈민정음(앞으로는 정음으로 줄여 '바른 소리'라 한다)으로 옮기면 첫소리(初聲) 'b=ㅂ', 가운뎃소리(中聲=홀소리) 'u=우', 끝소리(받침, 終聲) 'd=ㄷ'이기 때문에 'bud=붇'으로 옮겨야만 바른 소리 맞춤법에 맞다. 아울러 그래야만 본디 소리에 가장 가깝고, 아울러 바른 소리로 옮긴 '붇'을 다시 산스크리트로 옮길 때도 정확하게 'bud'라고 되돌릴 수 있기 때문이다. 이 점은 소리문자(表音文字)인 한글이 갖는 빼어난 점으로, 뜻글자(表意文字)인 한어와 음절글자인 일본어로는 불가능한 일이기 때문에 우리는 자부심을 가지고 한글의 장점을 잘 살려야 할 것이다. ②

많이 쓰이고 있는 '붓다'는 ㅅ이 '부'와 '다'의 '사잇소리'로 잘못 알고 쓴 사람이 많기 때문이다. 사잇소리란 2개 이상의 이름씨(名詞)를 붙여 만든 겹이름씨(複合名詞) 따위에서 두 말(形態素) 사이에서 덧나는 소리를 말한다. 곧 앞말의 끝소리가 홀소리인 경우는 'ㅅ'을 받치어 적고, 닿소리인 경우는 이를 표시하지 않는다(홀소리 보기: 냇가, 콧날, 잇몸, 촛불 / 닿소리 보기: 손등, 길가, 들것). 그러나 붇다(bud-dha)는 하나의 이름씨이고, 2개의 이름씨를 붙여 만든 겹이름씨가 아니라 사잇소리를 쓸 수가 없기 때문에 '붓다'는 잘못 옮겨 적은 것이다. ③ 한국말에서 '붓다'보다 '붇다'의 뜻이 더 바람직하다. '붓다'는 '살가죽이 퉁퉁 부어오르다' '액체나 가루 따위를 쏟다'라는 뜻이고, '붇다'는 '물에 젖어 부피가 커지다' '분량이 늘어나다'는 뜻이다.

(3) 라자그리하(Rājagṛha, ⓅRājagaha, 王舍城): 산스크리트 '라자그리하(Rājagṛha)'를 뜻으로 옮긴 것인데, 라자(Rāja)는 임금이라는 뜻이고, 그리하(gṛha)는 집이라는 뜻으로, 한자로 임금(王)+집(舍)이라고 옮겼다. 수도 서울의 이름인 이 낱말을 한자로 옮기면서 그냥 임금 집(王舍)이라고 하면 궁궐을 뜻하기 때문에 원문에 없는 성(城)이란 말을 덧붙였는데, 여기서 성이란 도성(都城), 곧 수도 서울을 말한다. 임금이 사는 집이 있는 도시가 바로 도성이고, 이 도성은 우리말로 서울이라고 한다. 그러므로 소리 나는 대로 옮길 때는 '라자그리하'라고 옮기고 뜻으로 옮길 때는 '서울'이라고 옮긴다. 라자그리하는 '마가다(Magadha)'라는 나라의 서

울로, 강가강의 중류에 있는 지금의 파트나(Patna)시 남쪽 비하르 (Bihar) 지방의 라즈기르(Rajgir)가 그 옛터라고 한다. 붇다가 가르 침을 펼 때 빔비싸라(Bimbisāra, 頻婆娑羅)왕과 아들 아자따사뜨루 (Ajātaśatru, ℗ Ajātasattu, 阿闍世)가 지배했으며, 『관무량수경』에는 빔비싸라 왕의 왕비인 바이대히(Vaidehī, ℗ Vedehī, 韋提希) 부인의 이야기가 나온 곳으로도 유명하다. 빔비싸라왕 때 꾸사그라뿌라 (Kuśāgrapura, 矩奢揭羅補羅, 上茅宮城, 또 舊王舍城・山城이라고 부른다) 로부터 이곳으로 서울을 옮겼고, 나중에 국력이 커지면서 다시 강가강의 중심도시 빠딸리뿌뜨라(Pāṭaliputra, ℗ Pāṭaliputta, 華氏 城, 현재의 Patna)로 옮겼다. 이곳은 붇다가 가르침을 펼친 중심지 로 주변에 불교 유적지가 많다.

(4) 그리드라꾸따(Gṛdhrakūṭa, 耆闍崛山): 산스크리트 '그리드라 꾸따(Gṛdhrakūṭa)'에서 그리드라(Gṛdhra)는 독수리(영어의 vulture) 를 뜻하고 꾸따(kūṭa)는 산봉우리나 산꼭대기(peak or summit of a mountain)을 나타내므로 독수리봉・수리봉(鷲峰)이라고 옮길 수 있다. 산봉우리가 독수리 같이 생겼고, 또는 산에 독수리가 많다 고 하여 한자로는 '(독)수리 취(鷲)'자를 써서 취봉(鷲峰)・취두(鷲頭) ・취대(鷲臺)・영취산(靈鷲山)이라고 하는데, 줄여서 영산(靈山)이라 고도 한다. 꾸마라지바가 소리 나는 대로 옮겼기 때문에 그대로 따른다.

(5) 빅슈쌍가(bhikṣu-saṃgha ℗ bhikkhū-saṅgha, 比丘僧): 빅슈

(bhikṣu ㉆ bhikkhū, 比丘)는 붇다가 제자들을 부를 때 가장 많이 쓴 낱말이다. 빅슈(bhikṣu, 比丘)는 본디 빌어먹는 사람(begger, 乞食者), 동냥아치(mendicant)를 뜻하는데, 특히 브랗마나들의 4가지 삶 가운데 마지막 단계를 그렇게 불렀다(산-영사전: esp. a Brāhman in the fourth Āśrama or period of his life, when he subsists entirely on alms). 브랗마나들은 4가지 단계의 삶(āśrama, 四住期)을 살아가는데, ① 브랗마 배우는 시기(brahmacārin, 梵行期): 학생 시기(8~20살)라고도 하는데, 아이가 어느 나이에 이르면 집을 떠나 스승으로부터 베다와 제사 의식을 배운다. ② 집에 사는 시기(gṛhastha, 家住期): 가정생활을 하면서 결혼하고 조상의 제사도 지내며, 세속의 일을 한다. ③ 숲에서 닦는 시기(vānaprastha, 林棲期): 나이가 들어 아들딸들이 다 크면 집을 버리고 산속에 숨어 살며 여러 가지 어려운 수행을 하여 몸과 마음을 닦아 영혼 해탈을 준비하는 시기. ④ 떠나는 시기(saṃnyāsin, 遁世期), 모든 재산을 버리고 여기저기 떠돌아다니며 얻어먹으며 살아간다. 5가지 계율을 철저하게 지킨다. 이 마지막 시기의 브랗마나를 빅슈(bhikṣu, 比丘)·스라마나(śramaṇa, 沙門)·떠돌이(parivrājaka, 流行者)라고 불렀다. 불교 경전에서도 이 3가지 낱말을 그대로 쓰고 있는데, 브랗마나(婆羅門)가 아닌 모든 수행자를 스라마나(śramaṇa, 沙門)나 떠돌이(parivrājaka)라고 부르고, 붇다로부터 구족계를 받은 제자들을 빅슈(bhikṣu, 比丘)라고 불렀다. 산스크리트는 빅슈, 빨리어는 빅쿠이고, 한자로 比丘라고 옮겼는데 한국식으로 비구(比丘)라고 읽은 것이다. 그렇기 때문에 빅슈(比丘)는 한계성이 있는 뜻글자인 한자

로 옮긴 것을 한국식으로 읽은 것이기 때문에 소리글자인 바른 소리로 정확히 옮길 필요가 있고, 그것이 바로 '빅슈'다.

쌍가(saṃgha, 僧伽)는 모임·집단(衆)·공동체(any number of people living together for a certain purpose, society, association, community)라는 뜻이다. 한자로 승가(僧伽)라고 옮겼는데, 간단한 것을 좋아하는 치나인(支那人)들이 줄여서 승(僧)이라고 쓰면서 빅슈(比丘)와 같은 뜻으로 잘못 쓰이게 되었다. 원래 빅슈(比丘) 공동체, 또는 더 넓은 뜻에서 신도들을 포함한 4부 대중(빅슈, 빅슈니, 선남, 선녀) 불교단체 전부를 일컫는 것이었는데 승(僧)=빅슈(比丘)라고 그릇 전해지게 되었다. 만일 '승(僧)=빅슈(比丘)'라고 한다면 빅슈쌍가(bhikṣu-saṃgha)는 '빅슈빅슈(比丘比丘)'로 옮겨야 하는 모순이 생긴다. 그러므로 빅슈쌍가(bhikṣu-saṃgha), 곧 빅슈로 이루어진 쌍가(모임, 동아리, 공동체)라고 옮긴 것이다. 최근 치나에서는 쌍가에 해당하는 것은 승가(僧家), 일본에서는 주로 승단(僧團)이라는 낱말을 많이 쓰고 있다. 그러나 이 경우도 승(僧)=빅슈(比丘)라는 뜻에다 공동체를 뜻하는 가(家)나 단(團)을 덧붙인 것이기 때문에 바른 것이 아니다. 한국에서는 모두 '승=빅슈=중=스님'이라고 그릇되게 부르고 있기 때문에 본디 음에 따라 쌍가(saṃgha)라고 했다. 산스크리트본 빅슈쌍가(bhikṣu-saṃgha)를 꾸마라지바는 빅슈승(比丘僧)으로, 현장(玄奘)은 필추중(苾芻衆)이라고 옮겼다. 이때 승(僧)이나 중(衆)은 모두 쌍가를 뜻하는 것이지 우리가 흔히 부르는 '스님'을 뜻하는 것이 아니라는 것은 앞에서 본 설명과 같다.

(6) 진리 깨침(了本際, ājñātakauṇḍinya, 阿若憍陳如): 붇다가 깨달음을 얻으시고 가장 먼저 제도한 제자들이 자신과 함께 6년 동안 고행을 했던 5명의 수행자였다. 앞으로 나오는 5명은 모두 사슴동산에서 처음으로 가르침을 전한 제자들이다. 그 5명의 제자 가운데 한 사람으로 일반적으로 교진여(憍陳如)로 많이 알려진 까운디냐(Kauṇḍinya, 憍陳如)를 쌍가바르만은 진리 깨침(了本際)이라고 옮겼다. 산스크리트로는 앚냐따(ājñāta, 阿若)+까운디냐(kauṇḍinya, 憍陳如)의 겹낱말인데, 까운디냐(kauṇḍinya, 憍陳如)라고만 쓴 경전이나 논서들이 많다. 앚냐따(ājñāta, 阿若)는 이미 알고 있는(ājñāta, known)이란 뜻이고, 꼰디냐(Kauṇḍinya, ㉠ Koṇḍañña)는 산스크리트나 빨리어 사전에 모두 한자로 옮긴 뜻이 나오지 않고 붇다의 첫 제자 이름이라고만 나온다. 그냥 고유명사로 본 것이다. 한자 뜻으로 옮긴 것을 보면 처음 알다(初知)·이미 알다(已知)·가르침을 깨치다(了敎)·본제(진여, 진리)를 깨치다(了本際)·본제를 알다(知本際) 같이 '알다'만 강조한 것과 가르침이나 '본제(眞如)를 안다'로 풀이한 것이 있다. 이 경에서 쌍가바르만은 뜻을 따라 '본제(진여를 말함)를 깨치다(了本際)'라는 뜻으로 '진리 깨침'이라고 옮겼다. 여기 나오는 31명의 제자 이름을 한글로 옮기는 것에 대한 자세한 논의는 옮긴이가 쓴 「불설무량수경 31명 붇다 제자에 대한 연구-그 이름 한글번역을 중심으로-」(稿本)를 참고하였다. (이 논문은 내용이 많아 앞으로 책을 낼 때 부록으로 붙일까 한다).

(7) 바른 바램(正願, Aśvajit, ㉠ Assaji): 5명의 첫 제자 가운데 한

사람. 여러 가지 자료를 종합해 볼 때, 쌍가바르만이 옮긴 바른 바램(正願)이 산스크리트의 아스바진(aśvajit)이라는 것이 거의 확실하지만 쌍가바르만이 왜 바른 바램(正願)이라고 옮겼는지는 밝히지 못했다. 산스크리트 아스바진(Aśvajit, 阿濕婆氏多·阿濕縛伐多·阿濕婆·阿鞞)은 아스바(Aśva, 말, 馬)+진(jit, 이기는, 勝)이란 뜻으로 '전리품으로 말을 얻다(gaining horses by conquest)'라는 뜻이다. 한자로 마승(馬勝)이나 마성(馬星)이라고 옮겼다. 쌍가바르만이 아스바진의 뜻과 똑같이 옮기지 않은 것은 존자의 이름에 말이란 짐승을 뜻하는 글자를 쓰기 싫어 존자의 행실과 관계가 되는 뜻으로 새로운 이름을 지은 것이 아닌가 하는 생각이 든다. 그러나 그의 행실에서 바른 바램(正願)이란 특징을 나타내는 문헌은 찾아내지 못했다. 『불광대사전』에는 '어느 날 사리뿌뜨라(舍利弗)가 그의 뛰어난 모습을 보고, 모시는 스승이 누구냐고 물으니, 붇다의 연 따라 생겨나 없어지는 도리를 설명하자, 사리뿌뜨라가 붇다에게 귀의하여 나중에 법안을 깨달아 얻었다'는 이야기를 소개하고 있으나 그것도 바른 바램(正願)과는 관계가 없다. 그러나 옮긴이는 쌍가바르만의 뜻을 살려 '바른 바램(正願)'이라고 옮긴다.

(8) 바른 말(正語, Vāṣpa, ㉅ Vappa): 5명의 첫 제자 가운데 한 사람. 현재 남아있는 5가지 『무량수경』 한문 번역본이나 현재 국내외에 나온 아미따경 해설본들을 검토해 보면 쌍가바르만이 옮긴 바른 말(正語)은 산스크리트의 바스빠(bāṣpa)나 십력가섭(Dasabala Kāsyapa, 十力迦葉)이라는 설이 유력하다. 산스크리트 사전에서 바

스빠(Vāṣpa)를 사전에서 찾아보면 바스빠(Bāṣpa)와 같이 쓰인다 (also written Bāṣpa)고 되어 있어 같은 단어라고 했는데, 실제 산스 크리트에서는 [v]와 [b]가 서로 넘나드는 경우가 많기 때문에 자 연스러운 것이다. 이 단어는 ① 눈물(tear), 증기(steam), 김(vapor) ② 붇다의 제자 ③ 식물 이름 같은 뜻이라고 되어 있다. 십력가 섭(Dasabala Kāsyapa, 十力迦葉)이란 뜻을 보면, 다싸(dasa)는 10 을 뜻하고, 발라(bala)는 힘(power)·세력(might)·활력(vigour)·효력 (validity) 같은 뜻을 갖는다. 이 두 낱말을 합친 다싸발라(dasabala) 는 '10가지를 처리함(processing 10 powers)'이란 뜻인데 한문에서는 십력(十力)이라고 옮겼다. 위에서 본 두 가지 존자의 이름은 쌍가 바르만이 옮긴 바른 말(正言)과 하나 되는 점이 없기 때문에 산스 크리트 이름을 뜻에 따라 옮긴 것이 아니라 앞에서 본 정원 존자 처럼 그의 행동이나 모습에서 나타나는 특징을 들어 이름을 붙 였다고 볼 수 있다. 그러나 아직 빠스빠나 십력까샤빠가 특별히 바른 말씨(正語)를 썼다는 기록은 아직 찾지 못했다. 바스빠의 행 적 가운데 두드러진 것 가운데 하나가 붇다가 돌아가신 뒤 첫 결 집이 굴 안밖에서 있었는데, 바스빠가 굴 밖 대중의 우두머리로 3장을 결집하여 대중부의 시조가 되었다는 것인데, 이것도 바스 빠에게 바른 말씨라는 이름을 붙이는데 알맞은 자료가 되지 못 한다. 그러나 옮긴이는 쌍가바르만의 번역을 존중해 '정어(正語)= 바른 말씨'로 옮긴다.

(9) 큰 이름(大號, Mahānāmnā): 5명의 첫 제자 가운데 한 사람.

대호(大號)는 어렵지 않게 마하나마와 일치시킬 수 있었다. 마하(Mahā)는 크다는 뜻이고 남나(nāmnā)는 이름(name, 名), 이름하다(named, 名稱), 부르다(called, 號)는 뜻과 딱 들어맞기 때문이다. 다만 『평등각경』에서 대력(大力)이라고 했는데, 큰 이름을 큰 힘이라고 보았다고 본다. 여기서 옮긴이는 소리 나는 대로는 '마하남나(Mahānāmnā)', 뜻으로는 큰 이름(大號·大名)으로 옮긴다. 『증일아함경』에 보면 붇다가 제자들을 평가하면서 '신통을 빨리 이루어 치우치지 않고 뉘우칠 일이 없으니, 바로 마하나마 빅슈다', '지혜를 빨리 깨우친 것이 바로 마하나마 빅슈다'라고 한 내용이 나온다. 초기경전에 보면, 싣다르타가 결혼할 때 신부의 아버지 이름이 마하나마(摩訶那摩)로 나오고, 또 사꺄무니가 아누쁘리야(Anupriyā, 阿奴夷) 변두리에 계실 때 사꺄족(釋種子)인 아나율(阿那律) 마하남(摩訶男) 형제가 출가한 내용이 나오기 때문에 『증일아함경』에 나오는 마하남(摩訶男)이 바로 여기서 말하는 마하남나라고 단정하기 어렵다. 주의할 필요가 있다.

(10) 어진 분(仁賢, Bhadra-jit): 5명의 첫 제자 가운데 한 사람. 어질다는 뜻을 가진 인현(仁賢)도 큰 어려움 없이 산스크리트본의 바드라진(bhadrajit)과 연결할 수가 있었다. 산스크리트본에는 바드라-진(Bhadra-jit, 仁賢)으로 나오는데 법화문구(法華文句)에는 바드리까(Bhadrika, 拔提)로 나온다. 바드라(Bhadra)는 현명한(good), 어질다(gracious)는 뜻이 있고, 바드리까(Bhadrika=Bhadraka)도 현명한(good), 뛰어난(fine)이란 뜻이 있으며, 진(jit)은 앞에서 본 바

와 같이 '이기다'는 뜻인데, 승리를 빌거나 축복하는 말로도 쓰인다. 그런데 쌍가바르만(康僧鎧)이 옮긴 인현(仁賢)은 인(仁)이나 현(賢)자는 모두 어질다는 뜻이기 때문에 두 이름은 뜻으로 볼 때 딱 들어맞는다. 앞에서 본 바와 같이 쌍가바르만(康僧鎧)이 뜻으로 옮긴 인현(仁賢)은 인(仁)이나 현(賢)자는 모두 어질다는 뜻이며, 현(賢)자는 그 자체가 '어진 사람'이란 뜻을 가지고 있기 때문에 '어진 사람'으로 옮긴다. 다만 우리말에서 사람을 약간 높인 말이 '-이'이고, 높인 말이 '-분'이므로 '어진 분'이라고 옮긴다. 산스크리트는 바드라짇(bhadrajit)으로 옮긴다. 이 '어진 분'은 붇다와 같은 사까족인데, 그 아버지에 대해서는 여러 가지 설이 있다. 지금까지 본 5명은 모두 붇다가 사슴동산(鹿野苑)에서 처음 법을 전할 때 제자가 된 분이라는 것을 알 수 있다.

(11) 맑음(Vimala, 離垢): 앞에서 본 5명의 첫 제자에 이어 사슴동산이 있는 바라나시(Vārāṇasī, 波羅奈城)에 사는 5명의 제자를 6~10번째로 제도한다. 경전에 보면 다음에 나오는 '이름난 분(名聞, Yaśa·Yaśoda, 耶舍·耶輸陀·耶輸伽)'이 가장 먼저 구족계를 받고 그 소식을 들은 벗들이 이어서 출가한다. 그러므로 『무량수경』 산스크리트본을 비롯하여 모든 문헌이 야소다를 가장 먼저 들고, 이어서 야소다의 벗들을 들고 있는데, 쌍가바르만(康僧鎧)의 『무량수경』만 야소다의 벗인 맑음(離垢)을 맨 앞에 두고 이어서 야소다를 들고 있다. 무슨 까닭인지 밝힐 수는 없지만, 쌍가바르만(康僧鎧)이 저본으로 삼은 산스크리트본이 그렇게 되어 있을 수도 있

을 것이다. 맑음(離垢)은 산스크리트 비말라(Vimala)를 뜻에 따라 옮긴 것이다. 비말라(Vimala)는 더럽혀지지 않은(stainless), 얼룩이 없는(spotless), 깨끗한(clear), 맑은(pure)이란 뜻인데, 쌍가바르만(康 僧鎧)은 번뇌 끊음(離垢)이라고 옮겼는데, 구(垢)는 때나 티끌을 뜻 하고, 불교에서는 모두 번뇌를 표현할 때 이 글자를 쓰기 때문에 번뇌 끊음(離垢)·번뇌 없음(無塵)이라고 옮기는 것이다. 여기서는 이름이기 때문에 쉽게 '맑음'이라고 옮겼다.

(12) 이름난 분(名聞, Yaśa·Yaśoda, 耶舍·耶輸陀·耶輸伽): 산스크리 트-영어사전에 야샤(Yaśa)=야사스(Yaśas)라고 되어 있고, 야사스 (Yaśas)는 명예(honour), 영예(glory), 명성(fame, renown) 같은 뜻을 가 지고 있어 쌍가바르만(康僧鎧)이 옮긴 명문(名聞)과 같은 뜻이라 는 것을 알 수 있다. 야소다(Yaśoda)는 야소(Yaśo)+다(da)처럼 겹낱 말(合成語)로, 야소(Yaśo)는 야사스(Yaśas)로 겹낱말을 만들 때 쓰 는 꼴이다. 그런데 야소(Yaśo)+다(da)가 되면 명예나 명성을 주다 (conferring fame) 또는 명성(reknown)이란 뜻이 되어, 야샤(Yaśa)와 같은 뜻이라는 것을 알 수 있다. 쌍가바르만(康僧鎧)이 옮긴 명문 (名聞)이란 낱말은 사전에서 '명성 또는 평판'이라고 해서 산스크리 트의 야사나 야소다에 딱 들어맞는다. 명문이나 명성이나 한글로 는 모두 이름난 것을 뜻하므로 '이름난 분'이라고 옮겼다. 야쇼다는 붇다가 첫 가르침을 편 사슴동산(Mṛgadāva, 鹿野苑)이 있는 바라나 시(Vārāṇasī, 지금의 Varanasi)에 사는 큰 부자인 선각(善覺) 장자의 아들이었다. 평소 속세를 싫어하다가 붇다를 만나 사슴동산에서

다섯 제자에 이어 여섯 번째 제자가 되었다. 뒤이어 아들을 찾아온 부모와 처자들도 모두 귀의하여 첫 번째 재가신자들이 되었다.

(13) 뛰어난 팔(善實, Subāhu, 妙臂): 야소다의 벗이다. 산스크리트 쑤바후(Subāhu)는 쑤(Su)+바후(bāhu)이다. 쑤(su)는 좋은(good), 뛰어난(excellent)이란 뜻이며, 바후(bāhu)는 팔(臂)을 뜻하기 때문에 『사분율』과 『불본행집경』에서는 정확하게 좋은 팔(善臂)이라고 옮겼는데, 쌍가바르만(康僧鎧)은 좋은 열매(善實)라고 옮겼고, 『불본행경』에서는 좋은 베품(善與)으로 옮겼다. 4가지 번역 모두 쑤(su)를 좋은(善)이라고 옮기는 것은 같지만 바후(bāhu)에 대한 뜻에서 차이가 난다. 『무량수경』과 한문 번역본 가운데 『대승무량수장엄경』에서 '뛰어난 팔(妙臂)'이라고 옮긴 것은 아주 좋은 번역이라는 생각이 든다. 여기서는 본디 뜻과 가장 가까운 '뛰어난 팔'이라고 옮긴다.

(14) 다 갖춤(Pūrṇa, 具足): 야소다의 벗이다. 뿌르나(Pūrṇa)는 가득 채워진(filled, full, fulfilled), 다 갖춘(complete), 만족한(satisfied, contented) 같은 뜻이다. 한자로 다 갖춤(具足) 만족(滿足)이라고 옮겼는데 여기서는 '다 갖춤'으로 옮긴다. 이 야소다의 벗 이름은 『불본행집경』에 소리 나는 대로 '부란나가(富蘭那迦)', 뜻으로는 만족(滿足)이라고 옮겼다. 이 '부란나가(富蘭那迦)'라는 이름을 대장경에서 검색해 보면 『불본행집경』에 나오는 이름 하나밖에 없어 비교·검토할 수가 없다. 다만 뿌라나-까샤빠(富蘭那迦葉(Pūraṇa-

kāśyapa)가 많이 나와 쉽게 비교할 수 있었다. 부란나가섭(富蘭那 迦葉(Pūraṇa-kāśyapa)을 부란나가+섭(富蘭那迦+葉, Pūraṇa-kā+śyapa) 으로 나누어서 마지막 음절만 떼어 내면 정확하게 부란나가(富蘭 那迦, Pūraṇa-ka)와 일치하기 때문이다. 그러나 사전에는 뿌르나 까가 주로 나무 이름으로 쓰이지 다 갖춤이나 만족이라는 뜻이 없다. 야소다의 벗인 뿌르나는 야소다가 출가하여 수행한다는 소식을 듣고 다른 벗들과 함께 붇다를 찾아뵙고 출가하여 아르 한이 되었다.

(15) 소임금(Gavāmpati, ⓟ Gavaṃpati, 牛王): 야소다의 벗이다. 소임금(牛王)은 산스크리트 가방빠띠(Gavāmpati)를 정확하게 옮 긴 것이다. 가바(gava)는 소(cow, cattle)를 뜻하고 빠띠(pati)는 주인 (master, owner, possessor)이나 임금(lord)을 뜻하기 때문에 소주인 (牛主)이나 소임금(牛王)이라고 옮길 수 있다. 한자에서는 소리 나 는 대로 가방빠띠(Gavāmpati)를 교법바제(憍梵波提) 가방바제(伽傍 簸帝)라고 옮겼다. 여기서는 소임금이라고 옮긴다. 야쇼다의 네 벗 가운데 한 사람으로 출가하여 사리뿌뜨라의 지도를 받았는데, 붇 다 제자 가운데 계율을 풀이하는 데(解律) 으뜸이었다. 과거세에 벼 한 줄기를 따먹고 500살이(生) 동안 소의 몸을 받았기 때문에 늘 소 같은 버릇이 남아있어 '소 모습을 한 빅슈(牛相比丘)'라고 불 렀다.

앞에서 보았듯이 사꺄무니는 사슴동산에서 5명의 첫 빅슈를 제자로 만들고 야사와 벗 5명을 제자로 삼아 모두 10명이 되었다. 이어서 바라나시 부근에 사는 50명과 뿌르나-마이뜨라야니뿌뜨라(Pūrṇa-maitrāyaṇīputra)를 비롯한 30명이 설산을 내려와 제자가 되므로 해서 세존과 더불어 모두 91명이 아르한을 이루었다. 이렇게 해서 붇다가 사슴동산에서 첫 가르침의 바퀴를 굴리며 90명의 제자를 얻게 되므로 해서, 진리를 펴신 붇다(Buddha, 佛陀), 붇다의 가르침(Dharma, 法), 그리고 90명이 넘는 아라한 및 재가신도를 아우른 쌍가(saṃgha, 僧伽)라는 삼보(tri-ratna 또는 ratna-traya, 三寶)가 이루어지면서 불교(佛敎)가 시작된다. 그리고 붇다는 여러 제자들에게 붇다의 가르침(佛敎)을 널리 펴기 위해 첫 선언을 한다. "빅슈(比丘)들이여, 그대들도 하늘나라의 올가미와 인간세계의 올가미, 그 모든 올가미에서 벗어났다. 많은 사람의 이익을 위하여, 많은 사람의 평안과 즐거움을 위하여, 세상을 가엾게 여겨, 하늘사람과 인간의 이익과 안락을 위하여 길을 떠나라. 둘이서 같은 길을 가지 마라…"

(16) 우루빌바 까샤빠(Uruvilvā-kāśyapa, ⓟ Uruvela-kassapa; 優樓頻螺迦葉): 붇다가 출가할 적에 마가다 나라의 빔비싸라 왕이 도를 이루면 가장 먼저 자신을 제도하여 해탈하게 해달라고 했기 때문에 사슴동산을 떠나 마가다나라의 서울인 라자그리하로 가려고 했는데, 세상의 인심이 모두 까샤빠에 쏠려 있다는 것을 알고, 먼저 까샤빠를 제도하여야 앞으로 교화가 순조로울 것이라고 생각한 붇다는 라자그리하로 가는 도중에 있는 우루빌바를 들려 까샤빠를 제도한다. 까샤빠 3형제는 모두 유명한 장로들이기 때

문에 1,000명의 제자를 거느리고 수행하고 있었다. 까샤빠가 수행하는 곳을 직접 찾아간 붇다는 그곳에서 하룻밤을 묵으며 자기 방에 들어오면 불을 뿜어 태워버리는 용을 제도하고, 잠깐 사이에 이 세상 동서남북 끝에 가서 열매나 쌀을 가져오고, 하늘의 사천왕이나 제석천이 내려와 붇다의 설법을 듣고, 그들이 신성하게 섬기는 불을 마음대로 끄거나 붙게 하고, 까샤빠가 생각하는 마음을 그대로 읽는 따위의 수많은 신통을 부려 아르한이 되었다고 자부하던 까샤빠가 스스로 도가 없다는 것을 알게 하였다. 끝내 까샤빠와 500명의 제자는 붇다께 귀의하였고, 이어서 두 동생도 각각 250명의 제자와 함께 귀의 하여, 모두 1000명의 제자를 얻어 서울인 라자그리하로 들어간다. 우루빌바(Uruvilvā)는 붇다가야(Buddhagayā, 佛陀伽耶) 남쪽에 흐르는 나이란자나(Nairañjanā, 尼連禪河) 가에 있는 땅이름이고, 까샤빠(Kāśyapa, 迦葉)는 그의 성씨이다. 붇다에게 귀의하기 전에 두 동생 가야 까샤빠(Gayā-kāśyapa, 伽耶迦葉)·나디 까샤빠(Nadī-kāśyapa, 那提迦葉)와 함께 불을 섬기며 제사 지내는 수행을 하고 있었다.

(17) 가야 까샤빠(Gayā-kāśyapa, 伽耶迦葉): 우루빌바 까샤빠(Uruvilvā-kāśyapa)의 아우. 가야(Gayā)는 마가다나라 서울인 라자그리하(王舍城) 남쪽에 있는 마을 이름으로 이곳에서 수행하고 있었기 때문에 그렇게 불렀다.

(18) 나디 까샤빠(Nadī-kāśyapa, 那提迦葉): 우루빌바 까샤빠

(Uruvilvā-kāśyapa)의 아우. 나디는 강(江)이라는 뜻으로 강가에서 수행하고 있었기 때문에 그렇게 불렀다.

(19) 마하 까샤빠(Mahā-kāśyapa, ⓟ Mahā-kassapa 摩訶迦葉): 신라의 경흥(璟興)은 "(무량수)경에 (붇다 제자) 요본제(了本際) 존자에서 아난다(阿難) 존자까지 이름이 나오는데, 4단으로 나누어 이름을 이야기하고 있다. … 이 (무량수)경에서는 『보은경(報恩經)』과 마찬가지로 성인이 된 차례에 따랐다"라고 했다. 나중에 일본 정토교의 양충(良忠), 요해(了慧), 성경(聖冏)들이 그의 설을 따랐고, 최근 나온 『무량수경』 번역본이나 해설서들도 그 영향이 크다. 그런데 붇다가 교화하여 성인(아라한, 곧 붇다의 제자)이 된 차례로 본다면 3까샤빠 다음에 사리뿟뜨라와 마운갈랴나가 이어져야 하는데 마하 까샤빠가 등장하므로 해서 그 설이 정확하게 들어맞지는 않다는 것을 알 수 있다. 아마 쌍가바르만은 3형제 까샤빠와 구별하기 위해서 마하 까샤빠를 바로 뒤에 놓았다고 보인다.

한자로 까샤빠(kāśyapa)는 소리 나는 대로 가섭파(迦葉波, 줄여서 迦葉)·가섭파(迦攝波) 라고 옮기고, 뜻으로는 '빛을 마심(飮光)'이라고 옮겼다. 까샤(kāśya)에서 까스(kāś)는 나타나다(appear), 빛나게 하다(to shine), 찬란하게 빛나는(be brilliant)이란 뜻이고, 빠(pa)는 마심(drinking)이란 뜻이므로 까샤빠(kāśyapa)가 '빛을 마심(飮光)'이란 뜻이 되는 것이다. 이처럼 까샤빠의 뜻이 있지만, 주로 성씨로 많이 쓰이기 때문에 모든 번역본이 다 소리 나는 대로 옮겼다. 따라서 옮긴이도 마하 까샤빠(Mahā-kāśyapa)라고 소리 나는 대로 옮긴다.

붇다의 10대 제자로 깨끗하고 힘든 수행(頭陀)에서 가장 으뜸이었다. 붇다가 입멸하자 쌍가를 이끌고 첫 번째 결집을 하였다. 우리가 흔히 까샤빠(迦葉)라고 하면 바로 이 마하 까샤빠를 말하는 것으로, 처음 제자가 되는 부분이 아주 극적이다. 마하 까샤빠가 머리카락을 늘어뜨리고 해진 옷을 입고 나타나자 붇다가 멀리서 보고 찬탄하며 "잘 왔다, 까샤빠여!" 라고 하면서 미리 (스스로 앉은) 자리 반을 나누어 두었다가 앉도록 시켰다(豫分半床, 命令就坐). 많은 대중이 이상하게 생각하고 있을 때 붇다는 까샤빠의 수행이 이미 성인에 이르렀다는 것을 설명한다. 이 이야기는 아주 유명한 것으로, 선가(禪家)에서는 붇다가 입멸하고 7일 만에 까샤빠가 와서 금으로 된 관에 절하고 찬탄하자 붇다의 두 발이 관 밖으로 나왔다는 '곽시쌍부(槨示雙趺)', 영산회상에서 붇다가 꽃을 들어 보이자 아무도 그 뜻을 몰랐는데 까샤빠만 소리 없이 방긋이 웃었다는 '염화미소(拈花微笑)'와 함께 붇다가 까샤빠에게 3곳에서 마음을 전한(三處傳心) 것이라고 해서 널리 일반화되었다.

(20) 사리뿌뜨라(Śāriputra, ⓟ Sāriputta, 舍利弗): 붇다는 마가다 나라의 서울 라즈그리하에서 빔비싸라왕을 제도하고 깔란다까 (Kalandaka, 迦蘭陀)가 이바지한 대나무숲 절(Veṇuvana-vihāra, 竹林精舍)에서 1,000명의 제자들과 머물면서 본격적으로 가르침을 펴기 시작한다. 당시 그곳에는 수많은 사상가가 있었는데, 회의론자인 싼자야(Sañjaya, 刪闍耶)는 라자그리하에서 250명의 제자를 거

느리고 크게 세력을 떨치고 있었다. 사꺄무니는 라자그리하에서 가장 먼저 이 쌍가를 제도하려고 마음먹고 사슴동산에서 처음 빅슈가 된 아스바짇(Aśvajit)에게 그들을 만나보도록 하였다. 아스바짇이 싼자야의 쌍가를 찾아가자, 싼자야의 수제자인 사리뿌뜨라가 몸가짐이 점잖고 아름다워 품위가 있는 것을 보고, 먼저 누구의 제자인지를 물었다. 이때 아스바짇이 모든 것이 인연이고 공(쏘)이고 주인이 없다는 시구로 대답하자 바로 마음이 깨이고 뜻이 풀려 법의 눈(法眼)을 얻었다. 자기 절에 돌아온 사리뿌뜨라는 벗인 마운갈랴나에게 아스바짇으로부터 들은 내용을 두 번 들려주자 훤히 깨치고, 이어 두 사람은 250명 제자와 함께 붇다께 귀의하였다. 이렇게 해서 사꺄무니는 당시 가장 강한 나라였던 마가다의 서울 라즈그리하에서 빔비싸라 왕과 그 지역 출신인 5명의 큰 제자, 그리고 그들의 제자 1,250명을 제도하여 80살에 완전한 니르바나에 들 때까지 45년 전법의 첫발을 내딛게 된다. 많은 경전에 "빅슈 쌍가(bhikṣu-saṃgha Ⓟ bhikkhū-saṅgha, 比丘僧伽 또는 比丘僧) 1,250명과 함께 계셨다"라는 말로 시작되는데, 1,250명으로 이루어진 쌍가(한자로 僧伽 또는 僧)는 이미 이때 이루어진 것이다. 그 뒤 많은 제자가 생기면서 제자들이 늘어났지만 1,250명이란 숫자는 붇다의 제자로 이루어진 쌍가의 상징적인 숫자가 되었다.

우리가 흔히 사리불(舍利弗)이라 불렀던 붇다의 10대 제자 사리뿌뜨라는 지혜 으뜸(智慧第一)이다. 원래 한자로 본디 소리와 같이 사리불다(舍利弗多)·사리불라(舍利弗羅)·사리불달라(舍利弗怛羅)·사리불다라(舍利弗多羅) 따위로 옮겼는데, 줄여서 부르기 좋아하는 치나에서 사리불(舍利佛)이라고 불러 불완전한 소리로 자리 잡았다. 사리자(舍利子)는 Śāri(음역 舍利)+putra(의역 子)이다.

(21) 마하-마운갈랴나(Mahā-maudgalyāna, ℙ Moggallāna, 摩訶目乾連): 붇다 10대 제자로 신통 으뜸이다. 마하(Mahā, 摩訶)는 크다(大)는 뜻. 사리뿌뜨라와 함께 싼자야(Sañjaya, 刪闍耶)라는 외도의 제자로 있다가 함께 붇다의 제자가 되어 모두 가장 뛰어난 제자가 되었다. 붇다의 제자들 가운데 으뜸가는 제자가 되어 붇다의 교화에 큰 도움을 준다. 붇다가 고향에 갔을 때도 붇다 대신 사꺄족들에게 신통을 보여 붇다의 위신력을 믿게 하였으며 붇다를 대신해 대중에게 설법을 한 경우도 많다. 마운갈랴나의 자취는 초기경전, 대승경전, 밀교경전에 여러 가지 모습으로 나타난다. 『우란분경(盂蘭盆經)』에 아귀도에 떨어진 어머니를 구하기 위해 7월 15일 하안거 마지막 열린 자자(自恣) 때 대중공양을 하여 나중에 우란분절의 실마리가 된다. 밀교의 대장계(胎藏界) 만트라(曼荼羅)에서는 사꺄무니 오른쪽 맨 위쪽 줄에서 4번째 위치를 차지한다. 말년에 신통 으뜸인 마운갈랴나가 마가다 서울에서 탁발을 하다가 붇다의 쌍가에 대해 샘을 낸 브랗마들이 던진 돌에 맞아 입적한다. 붇다 입멸 이전이기 때문에 붇다는 대나무숲 절(竹林精舍) 문 옆에 탑을 세우고 슬픔을 나타냈다.

(22) 깝피나(mahākapphina, ℙ 같음, 劫賓那): 산스크리트본에는

마하-깝피나(mahākapphina, 摩訶劫賓那)라고 되어 있다. 붇다의 제자 가운데 천문·별자리(知星宿)에 대하여 으뜸이다. 부모가 28개 별자리 가운데 4번째인 방수(房宿)라는 별자리에 빌어서 났다는 설과, 어느 날 깝피나가 붇다에게 가려다 비가 와서 못 가고 옹기장이 집에서 자고 있을 때 붇다가 늙은 빅슈로 나투어 함께 묵으면서 도를 깨닫게 했다는 설이 있다.

(23) 큰 집(大住): 신라의 경흥은 큰 집(大住)은 마하 까탸야나(Mahā kātyāyana, 摩訶迦多衍那)라고 주장했다. 현재 나와 있는 영어와 일본어 산스크리트 사전에는 까탸야나(kātyāyana)가 사람 이름이라는 것밖에는 더 자세한 설명이 없기 때문에 경흥이 설명한 '큰 집(大住)'이란 이름의 유래도 확인할 길이 없다. 이 경흥의 설은 그 뒤 일본 학자들에게 이어져, 쓰보이의 책에서도 큰 집(大住)은 마하 까탸야나(Mahā kātyāyana, 摩訶迦多衍那)라고 하였다. 『무량수경』 한문 번역본 5가지에서는 쌍가바르만만 뜻으로 '큰 집(大住)'이라 했고, 나머지 4가지 본에는 모두 소리 나는 대로 마하가전연(摩訶迦旃延)이라고 하거나 마하는 큰(大)으로 옮겨 대가전연(大迦旃延)이라고 옮겼다. 그러나 산스크리트본에만 마하 까따야나(Mahā kātyāyana)가 들어있지 않다. 효란의 『정토삼부경 강설』에는 큰 집(大住)은 마하 까우스틸라(Mahā-kauṣṭhila, 摩訶俱絺羅)라고 했는데, 왜 큰 집(大住)이 마하 까우스틸라(Mahākauṣṭhila)인지에 대한 설명이 없다. 산스크리트 사전에는 까우스틸라(kauṣṭhila)의 뜻이 나와 있지 않고, 붇다의 제자 이름이라고만 나오며, 다

른 한자 번역문에는 '큰 무릎(大膝)' 또는 '크게 이김(大勝)' 같은 뜻
이라고 되어 있지 큰 집(大住)이라는 번역은 보이지 않는다. 지금
까지 본 바와 같이 마하 까탸야나(Mahākātyāyana, 摩訶迦多衍那)와
마하 까우스틸라(Mahākauṣṭhila, 摩訶俱絺羅) 설이 모두 명확한 자
료를 내놓지 않아 어떤 것이 옳을지 결정하기 어렵다. 그래서 여
기서는 쌍가바르만의 번역인 대주(大住)만 한글로 옮긴다. 주(住)
자는 움직씨에서는 '살다'라는 뜻이지만 이름씨로 쓰일 때는 '사
는 곳, 사는 집'이란 뜻이기 때문에 '큰 집(大住)'이라고 옮겼다.

(24) 크고 맑은 뜻(大淨志): 마하까필라(Mahākaphila)라는 설이
있는데, 사전에 남자 이름이라고만 나와 있고 그 뜻이 없어 쌍가
바르만의 한자 번역 뜻을 살려 '크고 맑은 뜻(大淨志)'이라고 옮겼
다. 신라 경흥(璟興)이 지은 『무량수경연의술문찬(無量壽經連義述文
贊)』에는 "크고 맑은 뜻(大淨志)이란 바로 본기(本起: [옮긴이 주]『佛
五百弟子自說本起經』을 말함)에 나오는 뢰타화라(賴吒和羅)를 말한다.
또 뜻을 즐기는데 두지 않고 행실이 맑고 탐하는 것 없이 법을 즐
기고 한가로이 노니는데 으뜸이기 때문에 '크고 맑은 뜻(大淨志)'
이라고 이름하였다"라고 하였고, 일본의 쯔보이 순에이(坪井俊映)
가 쓴 『정토삼부경개설』에서도 그 해설을 따르고 있다. 『아함경』
에 나오는 붇다 제자 가운데 한 분인 라스뜨라빨라(Rāṣṭrapāla, ⓟ
Raṭṭhapāla, 賴吒和羅·羅咤波羅·賴咤拔檀)를 한자로 나라지킴(護國)이
나 크고 맑은 뜻(大淨志)이라고 옮겼지만, 산스크리트 원문을 보
면 전혀 다른 제자라는 것을 알 수 있다. 그뿐만 아니라 산스크

리트 라스뜨라빨라라는 낱말에는 나라지킴(護國)이라는 뜻은 있지만 크고 맑은 뜻(大淨志)이란 뜻이 없다.

(25) 마하-쭌다(Mahācunda, 摩訶周那): 마하주나(摩訶周那)는 산스크리트본의 마하쭌다(Mahācunda)와 일치하기 때문에 그대로 '마하쭌다'라고 옮긴다. 마하쭌다는 『중아함경』 「세간복경(世間福經)」에서 붇다께 세간의 복에 관해 묻는 대목이 나오고, 『쌍윳따니까야』(V. 81) 「세 번째 병이란 경(Tatiyagilānasutta)」에서 붇다가 아팠을 때 찾아 가자 마하쭌다에게 7가지 깨달음의 요소(七覺支, sattabojjhaṅga)에 대해서 설명해 보라고 하셨는데, 모든 설명을 마치자 붇다가 그것을 인정하고, 아울러 병이 나았다는 기록이 있다. 마하쭌다는 사리뿟뜨라의 동생이라고 한다. 신라 경흥(璟興)이 지은 『무량수경연의술문찬(無量壽經連義述文贊)』에는 '마하쭌다(摩訶周那)는 바로 주나반특(周那般特)으로 길에서 태어났다는 뜻이다. 길에서 태어난 것은 형과 동생 둘이 있으므로 그 동생을 마하라고 쓴 것이다'라고 했는데, 여기서 말하는 주나반특은 쭈다빤타까(Cūḍapanthaka, Cullapatka ⓟ Cullapanthaka, Cūḷapanthaka, 周梨槃陁迦)를 말하는 것으로 산스크리트 원문을 보면 전혀 다른 제자임을 알 수 있다.

(26) 사랑 찬 아들(Pūrṇa-maitrāyaṇīputra, ⓟ Puṇṇa-mantāni-putta, 滿願子): 붇다의 10대 제자 가운데 한 분으로, 설법을 가장 잘하는 제자이다. 중아함경(「칠차경(七車經)」)에 보면 "뿌르나

(Pūrṇa, 富樓那)는 '가득 찬(滿)'이란 뜻으로 아버지의 성이고, 마이뜨라야니(maitrāyaṇī)는 사랑(慈)이란 뜻으로 어머니의 이름이며, 뿌뜨라(putra)는 아들이나 사내아이를 뜻한다"라고 되어 있다. 한자로 옮긴 경전에는 앞에서 본 만자자(滿慈子)와 이 경에 나오는 만원자(滿願子) 외에도 만축자(滿祝子)라고도 불렀다. 여기서는 '사랑 찬 아들(滿慈子)'로 옮겼다. 아버지가 붇다가 태어난 곳에서 Suddhodana(淨飯王)의 국사였다고 하며, 붇다와 태어난 해와 날이 같다고 한다. 붇다가 깨달아 사슴동산에서 가르침을 펼 때 귀의하여 아르한이 되었다.

(27) 막힘없음(離障閡, Aniruddha, Ⓟ Anuruddha, 阿㝹樓馱): 붇다 10대 제자. 아니룯다(Aniruddha)는 '막힘없는(unobstructed)'이란 뜻인데, 쌍가바르만은 가로막음 여읨(離障閡)이라고 옮겼다. 여기서는 막힘없음이라고 옮겼다. 붇다의 아버지인 숟도다나(śuddhodana, Ⓟ Suddhodana, 淨飯王)의 동생인 암리또다나(Amṛtodana, Ⓟ Amitodana, 甘露飯王)의 둘째 아들, 곧 붇다의 사촌 아우다. 붇다가 자기 나라에 왔을 때, 난다, 아난다, 데바 등과 함께 출가하였다. 붇다 앞에서 자다가 꾸지람을 듣고 여러 날을 밤새도록 수도하다 눈이 멀었으나 나중에 하늘눈(天眼通)을 얻어 제자 가운데 하늘눈(天眼) 으뜸이 되었다. 경전을 결집할 때 장로로서 도운 공이 컸다.

(28) 흘러들어감(Nandika, 流灌): 이 경에 나오는 유관(流灌) 존

자는『불설불명경(佛說佛名經)』에 '나모 유관자 존자(南無尊者流灌子)'라고 나오고, 『사두간태자28수경(舍頭諫太子二十八宿經)』에 28개 별자리 가운데 하나로 나올 뿐, 경전에서 자세한 사실을 확인하기 어렵다. 산스크리트본에는 난디까(Nandika)라고 나오는데, 사전에 '붇다의 제자이며, 우루빌바(Uru-vilva) 마을의 촌장'이라고만 나와 있다. 신라 경흥(璟興)이 지은『무량수경연의술문찬(無量壽經連義述文贊)』에는 "유관(流灌)은 레바따(離婆多, Revata)라는 설이 있는데, 여기서는 임시변통으로 맞추어 유리(流離)라고 하는 것이고 사실이 아닌 것 같다. 처음부터 이(離)자는 아니고 난다(Nanda, 難提)라고 했기 때문에 바로『본기경(本起經)』에 난다(難提)라고 불렀다. 산스크리트에서 쑨다라-난다(Sundara-nanda, 孫達羅難陀)는 곱고 기쁘다(艷喜)는 뜻인데, 기쁘다(喜)는 스스로의 이름이고 곱다(艷)는 부인의 이름이다. 소치기-난다(牧牛難陀)와 분별하기 위해서 부인의 이름을 붙였던 것으로, 바로 붇다의 친아우 대성왕의 아들(옮긴이 주: 배다른 동생이라고도 한다)이다. 오로지 붇다를 지켜, 따뜻한 욕실을 준비하였고, 단정하고 당차서 보고서 싫어하는 사람이 없었다. 여기서 유관(流灌)이라고 하는 것은 바로 그 이름에 들어맞는다"라고 해서 레바따(離婆多) 설을 부정하고 쑨다라-난다 설을 주장하고 있다는 것을 알 수 있다. 대아미따경에는 난다(難提)라고 한 설을 바탕으로 한 것인데, 그 뒤 일본의 학자들은 각기 레바따 설과 난다 설을 들어 유관(流灌) 존자를 설명하고 있으나 산스크리트 난디까(nandika)=난다(nanda)라는 확실한 설명이 부족하다. 앞으로 더 자세한 연구가 필요하다.

(29) 단단히 살핌(kimpila, 堅伏): 견복(堅伏)을 뜻으로 옮겨보면 '단단히 살피다' '단단히 숨다'라는 뜻이다. 효란의『정토삼부경 강설』에서는 깜삘라(Kampila)라고 했고, 산스크리트본에는 낌삘라(Kimpila)라고 되어 있으며, 빨리 경전에는 낌빌라(Kimbilā)로 나온다. 붇다가 아누쁘리야(Anupriyā, 阿奴夷城)에 있을 때 9명의 사꺄족이 출가하는데, 그 가운데 낌빌라(ℙ Kimbila, 金毘羅)가 들어 있다. 장노게(長老偈) 주석서에 따르면, 붇다가 아누쁘리야에 있을 때 낌빌라에게 신통으로 아름다운 여인이 늙어지는 모습을 보여주자 충격을 받아 출가하였다고 한다. 출가하여 아니룻다, 난다와 함께 늘 숲속에서 홀로 맑고 깨끗한 수행을 하여 아르한이 되었다.『증일아함경(增一阿含經)』에 '홀로 머물며 고요히 앉아 온 마음을 도를 살피는 데 쓰니, 바로 낌삘라 빅슈다'라고 한 것은 쌍가바르만이 옮긴 견복(堅伏), 곧 '단단히 숨음(獨處靜坐)' '단단히 살핌(專意念道)'이라는 뜻과 딱 들어맞는다. 그래서 뜻으로는 '단단히 살핌'으로 옮기고, 소리 나는 대로 '낌삘라'로 옮겼다. 경흥(璟興)이 지은『무량수경연의술문찬』에는 "견복이란 마땅히 본기경에 나오는 수제(樹提)이다. 그렇기 때문에 그 경에 이르길 굳게 정진하여 선정에 이르고, 뜻은 자연 그대로이고(無爲) 헛된 생각이 생기지 않기(無動) 때문이라고 했다. 또한 (平等覺經을 옮긴 魏나라) 백연(帛延)도 요심정(了心定) 현자(賢者)라고 한 것이다"고 하여 견복=수제(樹提)라고 주장하였다. 수제(樹提)는 붇다의 제자인 죠띠스까(Jyotiṣka, ℙ Jotika, 樹提伽)를 말하는 것으로 산스크리트본에 나온 깜삘라(Kampila)와는 다른 제자이다.

(30) 얼굴임금(面王):『증일아함경』「제자품」(4)에 붇다가 '해지고 더러운 옷을 입고도 부끄러워하지 않는 것은 바로 면왕(面王) 빅슈(比丘)다'고 했고, 같은 내용이 「방우품(放牛品)」에도 나온다. 아주 이른 시기 후한록(後漢錄)에 붙어 있는 『분별공덕론(分別功德論)』5권에 면왕 빅슈에 대한 자세한 이야기가 나온다. 면왕은 사꺄(釋迦)족으로, 태어날 때 머리에 하늘관(天冠) 모습을 가지고 있어 왕이 해칠까 봐 출가하였다고 한다. 얼굴에 하늘관 모습이 있는 것은 왕의 모습이기 때문에 얼굴왕(面王)이란 이름을 지었다고 한다. 신라의 경흥은 "면왕이란 바로 (삼국시대 오나라) 지겸(支謙)이 (옮긴 대아미따경에서) 말하는 박꿀라(vakkula, 波鳩螺) 현자이다. 산스크리트 박꿀라(vakkula, 薄矩羅)를 말하는 것으로 이는 좋은 모습(善容)을 말한다. 좋은 모습이란 여러 가지지만 얼굴이 가장 먼저이기 때문에 그런 뜻에서 얼굴임금(面王)이라고 한 것이다"라고 해서 얼굴임금=박꿀라(vakkula, 薄俱羅) 설을 주장하였다. 그러나 아미따경에 대한 주석을 단 천태지자(天台智者)나 원효를 비롯하여 대부분 '박꿀라=좋은 모습(善容)'이라고만 기록하고 얼굴임금(面王)이라는 언급이 없다. 경흥만이 얼굴임금(面王)=박꿀라=좋은 모습(善容)이라고 주장한 까닭이 '얼굴임금(面王)=대아미따경에 나오는 박꿀라'로 본 관점 때문인데, 명확한 근거가 없어, 앞으로 더 깊은 연구가 필요하다. 그래서 옮긴이는 쌍가바르만이 옮긴 뜻을 존중하여 '얼굴임금'이라고만 옮겼다.

(31) 뛰어난 방편(果乘, Parayanika): 고리대장경에는 과승(果乘)으

로 되어 있으나 송·원·명·보급본에 모두 이승(異乘)으로 되어 있고, 『불설불명경(佛說佛名經)』에도 이래(異來: 來는 乘의 잘못) 존자로 되어 있어, 여기서도 이승(異乘)으로 고친다. 신라 경흥(璟興)이 "이승이란 바로 백연(帛延)이 (『평등각경』에서 옮긴) 씨계취(氏戒聚) 현자라고 했고, 요혜(了慧)의 『무량수경초(無量壽經抄)』가 소개하고, 다시 쓰보이가 그 설을 소개하면서 씨계취(氏戒聚)는 산스크리트 빠라야니까(pārāyaṇika)라고 했다. 그러나 쓰보이도 빠라야니까 설에 대해 확실한 결론을 내리지 않고, '~라고 할 뿐 상세하게 밝혀지지 않았다'고 애매한 태도를 취했다. 효란이 인용한 책에서도 빠라야니까(pārāyaṇika) 설을 소개하고 빠라야니까(pārāyaṇika)는 대아미따경에서 소리 나는 대로 옮긴 '마하파라연(摩訶波羅延)이다'고 했으나 모두 명확한 근거를 대지 못했다. 파라연(波羅延)은 산스크리트의 빠라야나(pārāyaṇa P pārāyana, 波羅延)를 옮긴 것으로, 저쪽으로 감(going away), 떠남(departure or way of departure), 마지막 목적(final end), 마지막 수단(last resort)이란 뜻이다. 빨리경전에서는 『숫타니파타』 5품이 「빠라야나품(Pārāyana-vagga, 波羅延品)」으로 '저 언덕으로 가는 길(彼岸道)'이라고 옮긴다. 『십송율(十誦律)』에서는 빠라야나를 진(晉)나라 말로는 '길을 빠져나가는 경(過道經)'이라고 했으며, 『산스크리트 번역(翻梵語)』에서는 '갔다 돌아옴(往復)' '저 언덕으로 건너감(度彼)'이라고 한다고 했다. 한자에서 '이(異)'자는 '다르다'는 뜻밖에도 '뛰어나다' '훌륭하다'는 뜻이 있다. '승(乘)'은 불교에서 수레에 물건을 싣고 옮기는 것에 비유하여 중생을 제도하는 방편을 말하는 것으로, 성문 연각 보디쌑바를 3가

지 승(三乘)이라 하고, 가장 좋은 교법(敎法)을 상승(上乘) 또는 최
상승(最上乘)이라고 한다. 그러므로 이승(異乘)은 '뛰어난 수단(敎
法)' '뛰어난 방편(方便)'이라고 옮길 수 있고, 빠라야나(pārāyana)의
뜻 가운데 하나인 '마지막 수단(last resort)'과 거의 일치한다는 것
을 알 수 있다. 옮긴이는 이승(異乘)을 뜻으로는 '뛰어난 방편', 소
리 나는 대로는 빠라야니까(pārāyaṇika)라고 옮긴다.

(32) 어진 성품(仁性): 인성(仁性) 존자도 후대에 옮겨진『불설불
명경(佛說佛名經)』에 '인성 존자께 귀의합니다(南無尊者仁性)라는 구
절 빼고는 붇다의 제자 이름으로 나오는 경을 찾아보기 힘들다.
그러므로 인성(仁性)에 대한 갖가지 해석이 나오고 있다. 경흥의
시리라(尸利羅) 설, 쓰보이의 쑤부띠(Subhūti, 須菩提) 설, 효란의『정
토삼부경 강설』에서는 박꿀라(Vakkula, 薄拘羅) 설을 주장하고 있
지만, 딱 알맞은 설이 없기 때문에 옮긴이는 인성(仁性)을 '어진 성
품'으로만 옮긴다.

(33) 기쁨(嘉樂, nanda, 難陀): 고리대장경에는 희락(喜樂)으로 되
어 있으나 송·원·명·보급본에 모두 가락(嘉樂)으로 되어 있고,
『불설불명경(佛說佛名經)』에는 가락(嘉樂) 존자로 되어 있으며, 경흥
도 가락(嘉樂)이라고 했기 때문에 여기서도 가락(嘉樂)으로 고친
다. 희락(喜樂)과 가락(嘉樂)은 같은 뜻이다. 가락(嘉樂)은 아주 쉽
게 산스크리트본 난다(nanda)와 뜻이 맞는다는 것을 알 수 있다.
난다(nanda)는 기쁨(joy 喜·嘉), 즐거움(delight, 樂·歡喜), 행복·유쾌

(happiness, 幸福·愉快) 같은 뜻이고, 가락(嘉樂)이나 희락(喜樂)은 모두 기쁘고 즐거운 것을 나타내기 때문이다. 붇다의 제자 가운데 난다라는 제자가 2명이 있어 구별하기 위해 쑨다라난다(Sundara-nanda, 孫陀羅難陀)와 소치기난다(牧牛難陀)라고 쓰는데, 여기서는 어떤 난다인지는 확실하지 않다. 경흥은 앞에서 유관(流灌)을 쑨다라난다(Sundara-nanda, 孫陀羅難陀)라고 했기 때문에 여기서는 소치기난다(牧牛難陀)라고 했다. 『무량수경』 5가지 한문 번역본을 검토해 보면 『대아미따경과』과 『무량수여래회』는 소리 나는 대로 난대(難持[待])와 난다(難陀)로 옮겼고, 『대승무량수장엄경』은 뜻으로 기쁨(喜)이라고 옮겼다. 옮긴이는 소리 나는 대로 옮길 때는 '난다(Nanda)'라고 하고, 뜻으로 '기쁨'이라고 옮긴다.

(34) 잘 왔다(善來, svāgata, ⓟ Sāgata, 娑婆揭多·沙伽陀·修伽陀): 신라의 경흥 이후 모든 주석자가 선래(善來)는 산스크리트본 쑤바가따(svāgata)라고 해석하고 있다. 선래(善來)는 산스크리트본의 쑤바가따(svāgata)가 분명하기 때문에, 옮긴이는 소리 나는 대로 '쑤바가따(svāgata)', 뜻으로는 '잘 왔다'로 옮긴다. 산스크리트에서 쑤바가따(svāgata, sv-āgata)의 뜻을 찾아보면, well come, welcom으로, 어서 오십시오, 참 잘 오셨습니다. 환영, 환대, 환영의 인사를 뜻하기 때문에 '잘 왔다(善來)'와 정확하게 들어맞는다. 쑤바가따(Svāgata, ⓟ Sāgata)는 까우삼비(Kauśāmbī ⓟ Kosambī, 憍閃毘國) 쑴쑤마라 산(Suṃsumāragira, 失收摩羅山) 아랫마을에 사는 보다(Bodha, 浮圖)라는 장자의 아들로 태어났다. … 아들이 태어났는

데, 몸가짐이 사랑스러웠다. 처음 태어나는 날 아버지가 보고 기뻐하며 "잘 왔다!, 잘 왔다!"라고 불렀으므로 이름을 '잘 왔다(善來)'라고 지었다. 『사갈 빅슈 공덕경(沙曷比丘功德經)』에 보면 붇다가 쓰비가따(沙曷)에게 주민들을 괴롭히는 나쁜 용을 굴복시키라고 보내, 여러 가지 신통으로 용을 제압한다. 이에 주민들이 감사하는 마음으로 먹을 것과 술을 주었는데, 그것을 먹고 취해 나무 밑에 누워있었다고 한다. 이때부터 붇다가 제자들에게 술을 마시지 못하게 하는 계를 만들었다. 『불설아라한구덕경(佛說阿羅漢具德經)』에는 붇다 제자 가운데 "화계신통(火界神通)을 갖춘 것은 쓰바가따(修伽陀) 빅슈다"고 하였다.

(35) 라훌라(Rāhula, 羅睺羅): 쌍가바르만이 라운(羅云)이라고 옮긴 존자는 붇다의 출가하기 전 아들인 라훌라를 말한다. 라훌라(Rāhula)란 이름은 '막아서 가린다(障蔽)'는 뜻인데, '라훌라'는 아쑤라 왕이 달을 가릴 때 태어났기 때문이라는 설, 잉태하고 6년 만에 태어나서 붙인 이름이라는 설, 붇다가 출가하려 할 때 아들이 태어나 출가를 가로막는다고 해서 붙인 이름이라는 설처럼 여러 가지가 있다. 15세에 출가하여 사리뿌뜨라와 마하-마운갈랴나를 스승으로 모시고 공부했는데, 붇다의 아들이라고 해서 함부로 하다가 붇다에게 심한 꾸지람을 받고 열심히 정진하여 아르한이 되었기 때문에 붇다 10대 제자 가운데 밀행(密行-면밀한 행을 뜻하는 것으로 오로지 불도에만 힘쓰는 행업) 으뜸이라 불린다. 『중일아함경』에 보면 "못하도록 하는 계에 어긋나게 하지 않고, 외우고 읽

는데 게으름을 피우지 않으니 바로 라운(羅雲) 빅슈(比丘)다"라고
했다. 소리 나는 대로 라호라(羅護羅)·라호라(羅怙羅)·라후라(羅吼
羅)·갈라호라(曷羅怙羅)·라운(羅云)·라운(羅雲)처럼 여러 가지로 옮
겼으며, 뜻으로는 복장(覆障)·장월(障月)·집일(執日) 따위로 옮겼
다. 쌍가바르만이 소리 나는 대로 옮겼기 때문에, 그대로 라훌라
(Rāhula)라고 옮긴다.

(36) 아난다(Ānanda, 阿難陀): 산스크리트본문에 짜난다
(cānanda)라고 나온다. ca(그리고)+ananda(아난다) 또는 ca(그리
고)+ānanda(아-난다)라고 옮길 수 있는데, ananda는 기쁨(joy), 즐
거움(delight), 행복(happiness) 같은 뜻을 가진 난다(nanda) 앞에 반
대의 뜻을 나타내는 [a-]라는 앞가지(接頭語)가 붙어(a-nanda) 즐겁
지 않는·쓸쓸한(joyless) 기쁨이 없는(cheerless)이란 뜻이다. 그러
나 첫소리를 긴소리로 바꾸어 ānanda(아-난다)라고 읽으면 행복
(happiness), 기쁨(joy)이란 뜻을 가지고 있어, 한문으로 환희(歡喜)
·경희(慶喜)라고 옮겼다. 쌍가바르만은 소리로 아난타(阿難陀)라고
옮겼는데, 흔히 줄여서 아난(阿難)이라고 부른다. 우리나라 음에
는 긴소리 표시가 없어 첫소리를 짧게 아난다(ananda)라고 읽으면
전혀 반대 뜻이 되니 조심해야 한다. 옮긴이도 처음에는 실수했
고, 실제 한글 위키피디아에도 "아난다(Ananda)는 인두 카필라의
승려다"라고 나와 있다.
아난다는 붇다의 사촌으로, 출가한 뒤 20년이 넘게 붇다를 그
림자처럼 모셨다. 붇다의 10대 제자이며, 많이 들은 것으로 으뜸

(多聞第一)이다. 붇다가 입멸할 때까지 아르한이 되지 못했으나 마하까샤빠의 가르침을 받고 깨달은 뒤, 첫 번째 결집할 때 경문을 외우는 분으로 뽑혀 크게 이바지하였다. 한문식 때문에 아난이라고 많이 부르는데 아-난다라고 해야 한다. 성경에서 '베드로'를 '베드'라고 하면 이상한 것과 같다.

(37) 산스크리트본에 스타비라(sthavira)라고 되어 있는데, 스타비라(sthavira)는 나이가 더 든 윗사람(elder)을 뜻한다. 경전에서는 주로 빅슈 가운데 가장 나이가 많고 덕망이 있는 이를 일컫는다(of the oldest and most venerable bhikshus). 한자로는 상좌(上座)·장로(長老)라 옮기고, 쌍가바르만은 존자(尊者)라고 옮겼는데, 한자에서는 주로 아유스맏(āyuṣmat)을 존자라고 옮겼다. 아유스맏(āyuṣmat)은 직역하면 오랜 삶을 갖추었다는 뜻(具壽)인데, 세간의 수명과 출세간의 수명과 지혜를 아울러 가지고 있다는 뜻이다. 우리말로는 웃어른(나이나 지위, 신분들이 높아서 직접 또는 간접으로 자기가 모시는 어른-우리말큰사전)이 딱 들어맞는다.

쌍가바르만은 모든 이름 앞에 '존자'라는 높임말을 썼지만, 산스크리트본에는 처음에만 썼으며, 『대보적경』(17권) 「무량수여래회」본에도 처음에만 존자를 붙이고 이어서 이름만 썼다. 번역본에서는 이 두 가지 보기에 따르되, 한국에서는 사람을 부를 때 높임말을 이름 다음에 놓는 관례에 따라 맨 마지막에 놓았다.

한문

又與大乘衆菩薩俱. 普賢菩薩 妙德菩薩 慈氏菩薩等 此賢劫中一
切菩薩, 又賢護等十六正士, 善思議菩薩 信慧菩薩 空无[50]菩薩 神通
華菩薩 光英菩薩 慧上菩薩 智幢菩薩 寂根菩薩 願慧菩薩 香象菩薩
寶英菩薩 中住菩薩 制行菩薩 解脱菩薩.

옮긴글

또 큰 탈것(大乘)[1]을 닦는 여러 보디쌀바도 함께 모였는데, 두루
어진(普賢) 보디쌀바[2]·만주스리(妙德) 보디쌀바[3]·자비(慈氏) 보디쌀
바[4] 같이 아름다운 이 세상(賢劫)[5]에 사는 모든 보디쌀바, 그리고
훌륭한 지킴이(賢護) 보디쌀바[6]를 비롯하여 훌륭한 생각(善思議) 보
디쌀바[7]·믿음 슬기(信慧) 보디쌀바[8]·바탕없음(空无) 보디쌀바[9]·신
통 꽃(神通華) 보디쌀바[10]·빛나는 꽃(光英) 보디쌀바[11]·으뜸 슬기
(慧上) 보디쌀바[12]·슬기 깃발(智幢) 보디쌀바[13]·고요 뿌리(寂根) 보
디쌀바[14]·바램 슬기(願慧) 보디쌀바[15]·향내 코끼리(香象) 보디쌀바
[16]·보석 꽃(寶英) 보디쌀바[17]·가운데 삶(中住) 보디쌀바[18]·맞춤 행
(制行) 보디쌀바[19]·벗어버림(解脱) 보디쌀바 [20] 같은 16 보디쌀바(正
士)[21]들이다[22].

---

50) 다른 본에는 모두 무(無)자로 되어 있으나, 고리대장경에서는 대부분 무(无)자로 쓰고 있어,
앞으로 고리대장경에 무(无)자로 쓴 것은 그대로 따른다. 고리대장경에서도 무(無)를 쓰는
경우도 있는데, 이 경우는 무(無)자로 써서 정확히 밝힌다.

(1) 큰 탈것(大乘): 마하야나(mahāyana, 大乘)를 옮긴 것으로, 마하(mahā)는 크다는 뜻이고, 야나(yāna)는 모든 탈 것(a vehicle of any kind, carriage)을 말하는데, 수레(wagon), 배(vessel, ship), 가마(litter, palanquin)를 포함한다. 그러므로 큰 탈것이라고 옮길 수 있다. 1세기 전후 이루어진 큰 탈 것(大乘)은 상대적으로 그 이전의 불교를 작은 탈 것(小乘)이라고 불렀다.

(2) 두루 어진 보디쌀바(Samantabhadra bodhisattva, 普賢菩薩): 보현(普賢)은 산스크리트 싸만따바드라(Samantabhadra)를 옮긴 것으로, 싸만따(samanta) 는 두루 미치는(universal), 모든(whole·all) 같은 뜻을 갖는데, 한자로는 널리(普), 두루(周·遍), 두루·널리 미침(普遍)으로 옮겼고, 바드라(Bhadra)는 좋은(good), 어질다(gracious)는 뜻으로 한자로는 현(賢) 현선(賢善) 인현(仁賢)으로 옮겼으며, 싸만따바드라(Samantabhadra)는 두루 어진(普賢) 보디쌀바로 옮겼다. 큰 탈것(大乘)의 4대 보디쌀바 가운데 한 분으로 문수보디쌀바와 함께 사꺄무니 붇다를 양옆에서 모시는데, 보현은 흰 코끼리를 타고 오른쪽에서 모시고, 문수는 사자를 타고 왼쪽에서 모신다.

(3) 만주스리 보디쌀바(Mañjuśri bodhisattva, 妙德菩薩): 우리가 흔히 말하는 문수보디쌀바를 말한다. 산스크리트로 만주스리(Mañjuśri)라고 하는데, 만주(Mañju)는 아름다운(beautiful) 사랑스러운(lovely) 매력적인(charming) 즐거운(pleasant) 향기로운(sweet)

이란 뜻인데, 한자로는 뛰어나다·색다르다·신기롭다는 뜻을 가진 묘(妙)·미묘(美妙)라고 많이 옮겼다. 스리(śrī)는 빛(light), 번영(prosperity), 행운(good fortune), 이룸(success, 成就), 길한 조짐(auspiciousness, 祥瑞), 부(wealth), 재산(riches), 높은 지위(high rank), 힘(power), 세력(might), 위엄(majesty), 왕의 존엄(royal dignity) 같은 갖가지 뜻을 가지고 있다. 한자에서는 광위(光輝)·행운·번영·영광·위엄 같은 말로 옮겼는데, 특히 이름 뒤에는 덕·묘덕·복덕·공덕처럼 덕(德)으로 많이 옮겼다. 그렇기 때문에 쌍가바르만도 묘덕(妙德)으로 옮긴 것이다. 소리 나는 대로 옮기면 만주스리(Mañjuśrī)인데, 한자로 문수사리(文殊師利)라고 옮겼고, 치나에서 문수(文殊)라고 줄여 쓴 것을 한국식으로 읽은 것이다.

(4) 자비 보디쌑바(Maitreya bodhisattva ⓟ Metteyya bodhisatta, 慈氏菩薩): 마이뜨레야(Maitreya)는 친절한(friendly) 자비심 많은(benevolent) 같은 뜻인데, 한자로 자비(慈) 자씨(慈氏)라고 옮겼다. 한글로는 쉽게 이해할 수 있는 자비 보디쌑바로 옮겼다. 이름 아지따(Ajita, 阿逸多)는 정복하지 못한(unsubdued, 無勝), 정복할 수 없는, 무적(invincible, 莫勝)이란 뜻이다. 따라서 아지따 보디쌑바, 마이뜨레야 보디쌑바, 미륵 보디쌑바, 자씨 보디쌑바, 아일다 보디쌑바는 한국식 읽기이고, 한어 고대음에서는 逸자는 'izt'으로 읽었기 때문에 아지따라고 읽어야 한다. 모두 같은 보디쌑바이다. 인두 바라나시(Vārāṇasī·Vārāṇasī·Varāṇasī·Varāṇasī, ⓟ Bārāṇasī, 波羅奈斯國)의 브랗마나 집에서 태어나 사꺄무니의 교화를 받고, 미

래 성불할 것이라는 수기를 받은 뒤 사꺄무니보다 먼저 입멸하여 뚜시따(兜率天)에 올라가 하늘에서 하늘사람을 교화하고 있는데, 사꺄무니 열반 뒤 56억 7천만 년을 지나면 다시 싸하세계로 내려 오신다고 한다. 그때 화림원(華林園) 용화수(龍華樹) 아래서 성도하여 3번 설법으로 사꺄무니의 교화에서 빠진 모든 중생을 제도한 다고 한다.

(5) 아름다운 이 세상(bhadrakalpa, 賢劫): 쌍가바르만은 바드라 깔빠(bhadrakalpa)를 현겁(賢劫)이라고 옮겼다. 현겁이란 3겁 가운데 하나로, 과거를 '장엄겁', 미래를 '성수겁(星宿劫)'이라 하고, 현재를 '현겁(賢劫)'이라 한다. 산스크리트 바드라깔빠(bhadrakalpa)는 '좋은 깔빠·아름다운 깔빠(the good or beautiful kalpa)'라는 뜻으로 '(오늘날 우리가 살고 있는)이 세상(the present age)'을 말한다. 여기서는 '아름다운 이 세상'으로 옮긴다. 이 세상(賢劫)에는 까샤빠(迦葉) 붇다, 샤꺄무니(釋迦牟尼) 붇다 같은 1,000명의 붇다가 중생을 건져주는 세상이라고 해서 아름다운 이 세상(賢劫)이라고 한다.

(6) 훌륭한 지킴이(賢護, Bhadrapāla): 산스크리트 원문은 바드라빨라(Bhadrapāla)인데, 앞에서 보았듯이 바드라는 좋다·훌륭하다(good) 어질다(gracious)는 뜻이고, 빨라(pāla)는 파수꾼(guard) 보호자(protector) 지킴이(keeper) 라는 뜻이기 때문에 '어진 보호자(賢護)' 또는 '훌륭한 지킴이(善守)'라고 옮길 수 있다. 한자로는 현호(賢護)·묘호(妙護)·선수(善守)라고 옮겼다. 현호 보디쌑바는 경전

에 많이 나오는 보디쌑바이다. 『대반야바라밀경』(401권)에는 소리
보는 보디쌑바, 큰 힘 이룬 보디쌑바, 자비 보디쌑바 같은 큰 보
디쌑바들 가운데 가장 처음 나오고, 이『무량수경』에서는 16정사
(十六正士)의 첫머리에 나오고, 『대보적경(大寶積經)』 111권에는 16
대사(十六大士)의 으뜸보디쌑바(上首菩薩)로 나오고, 『불설보우경(佛
說寶雨經)』 1권에서는 16선대장부(十六善大丈夫)의 으뜸보디쌑바로
나오고, 『무량수여래회』에는 16장부(丈夫)의 첫머리에 나오고, 밀
교의 금강계(金剛界)와 태장계(胎藏界) 만트라(曼荼羅)에도 중요 보
디쌑바로 등장하고, 『능엄경』 5권에는 욕실에서 물 때문에 깨달
았다고 되어 있어 선종에서는 현호 존자를 욕실에 안치하기도
한다. 『織田 불교대사전』 410쪽에 '현호는 재가 보디쌑바이다'라
고 했고, 『환사경(幻士經)』에 '태타(颰陀)는 인현(仁賢)을 말하는 것
으로 왕사성의 재가보디쌑바이다'라고 했다. 『환사경(幻士經)』이란
『환사인현경(幻士仁賢經)』을 말하는 것으로 이 경의 주인공인 인현
(Bhadra, 仁賢)이 현호(Bhadrapāla, 賢護)인지 분명하지 않다. 이 경
에서 인현은 환술사로서 붇다에 도전했다가 붇다의 위신력을 보
고 출가하여 제자가 된다.

(7) 훌륭한 생각(善思議) 보디쌑바: 『불설여환삼매경(佛說如幻三
昧經)』 『불설방등반니환경(佛說方等般泥洹經)』 『관허공장 보디쌑바경
(觀虛空藏菩薩經)』 같은 경에 나오지만 이름만 나오기 때문에 특별
한 내용이 없다.

(8) 믿음 슬기(信慧) 보디쌀바:『대보적경(大寶積經)』『대아미따바붇다경(大阿彌陀佛經)』같은 경에 나오지만 이름만 나오기 때문에 특별한 내용이 없다.

(9) 바탕없음(空无) 보디쌀바:『생경(生經)』『불설어환삼매경(佛說如幻三昧經)』『마이뜨레야 보디쌀바소문본원경(彌勒菩薩所問本願經)』같은 경에 나오지만 이름만 나오기 때문에 특별한 내용이 없다.

(10) 신통꽃(神通華) 보디쌀바:『마이뜨레야 보디쌀바소문본원경(彌勒菩薩所問本願經)』『불설방등반니환경(佛說方等般泥洹經)』『대통방광참회멸죄장엄성불경(大通方廣懺悔滅罪莊嚴成佛經)』같은 경에 나오지만 이름만 나오기 때문에 특별한 내용이 없다.

(11) 빛나는 꽃(光英) 보디쌀바:『대방편불보은경(大方便佛報恩經)』『불설초일명삼매경(佛說超日明三昧經)』에 이름이 나오고『문수사리불토엄정경(文殊師利佛土嚴淨經)』에서 만주스리(文殊師利) 보디쌀바와의 대화가 나온다.

(12) 으뜸 슬기(慧上) 보디쌀바:『방광반야경(放光般若經)』『문수사리불토엄정경(文殊師利佛土嚴淨經)』에 이름이 나오고,『혜상보디쌀바문대선권경(慧上菩薩問大善權經)』에 좋은 방편(善權方便)에 대해 붇다께 묻는 대목이 나온다.

(13) 슬기 깃발(Jñāna-ketu, 智幢) 보디쌀바:『화엄경』『불설대방광보디쌀바십지경(佛說大方廣菩薩十地經)』『불설미증유정법경(佛說未曾有正法經)』같은 경에 나오는데,『불설대방광보디쌀바십지경(佛說大方廣菩薩十地經)』에는 16정사(十六正士)의 첫째 보디쌀바로 나와 있다. 밀교 금강계(金剛界) 만트라(曼荼羅)에도 나온다.

(14) 고요 뿌리(寂根) 보디쌀바:『대보적경(大寶積經)』에는 이름만 나오고,『유마힐경(維摩詰經)』『유마힐소설경(維摩詰所說經)』에서는 불이법문(不二法門)을 이야기하며 "붇다(佛) 가르침(法) 쌍가(衆)가 둘이 되는 것은 붇다는 가르침이고, 가르침은 쌍가이기 때문인 것으로 3보는 모두 상(相)이 없는 것이다(佛法衆爲二 佛即是法 法即是衆 是三寶皆無爲相)"라고 했다.

(15) 바램 슬기(願慧)보디쌀바:『불설불명경(佛說佛名經)』『대통방광참회멸죄장엄성불경(大通方廣懺悔滅罪莊嚴成佛經)』에 나오지만 이름만 나오기 때문에 특별한 내용이 없다

(16) 향내 코끼리(Gandha-hastin, 香象) 보디쌀바:『(大方便佛報恩經)』『(大方等大集經)』같은 경에서는 아름다운 이 세상(賢劫)의 보디쌀바로 나와 붇다와 대화하는 장면이 나오고, 이 경이나『무량수여래회(無量壽如來會)』에서는 16대사(또는 장부)로 나오고,『대반야바라밀다경(大般若波羅蜜多經)』에서는 부동여래(不動如來)의 정토에서 수행하고 있다고 하고,『소품반야경(小品般若經)』에는 악쇼뱌 붇

다(阿閦佛)의 정토에서 수행하고 있다고 해서 동녘정토에서 닦고 있다는 것을 알 수 있다. 『대보적경(大寶積經)』에도 향내 코끼리 보디쌑바가 악쇼바 붇다로부터 수기를 받는 내용이 나온다.

(17) 보석 꽃(寶英) 보디쌑바: 『불설해룡왕경(佛說海龍王經)』과 이 『기쁨나라경』에서는 붇다의 모임에 보디쌑바로 참석하고, 『아촉불국경(阿閦佛國經)』에는 아비라디(阿比羅提)라는 정토의 대목(大目)이라는 붇다 밑에서 수행하는 보디쌑바로 나온다.

(18) 가운데 삶(中住) 보디쌑바: 번역자가 전해지지 않는 『불설불명경(佛說佛名經)』에만 여러 보디쌑바 이름 가운데 하나로 나오는 것을 빼놓고는 다른 경에는 나오지 않는다.

(19) 맞춤 행(制行) 보디쌑바: 중주 보디쌑바와 마찬가지다.

(20) 벗어버림(解脫) 보디쌑바: 『금강삼매경(金剛三昧經)』의 대중 모임에 참석한 보디쌑바로 나오고, 『보디쌑바처태경(菩薩處胎經)』에는 여러 붇다나라를 다니며 수행하는 8명의 보디쌑바 가운데 한 명으로 나온다.

(21) 정사(正士): 보디쌑바를 달리 부르는 이름으로, 법을 바로 보고(正見) 바른 길을 구하는 대사(大士)라는 뜻인데, 보디쌑바로 통일하였다.

(22) 여기 나온 보디쌀바들에 대한 해석이 번역자마다 다르다. 청화 옮김『정토삼부경』에서는 '16보디쌀바인 현호 보디쌀바…'라고 해서 다음에 이어지는 보디쌀바들이 16보디쌀바라고 옮겼고, 쓰보이 순에이(坪井俊映)의『정토삼부경개설』에는 "『무량수경』에 나오는 18보디쌀바는 보통 4종류로 구분한다. ① 보현, 묘덕의 두 보디쌀바를 말한다. ② 자씨 보디쌀바 같은 현겁(賢劫) 보디쌀바들을 한 부류로 한다. ③ 현호 보디쌀바 같은 16정사(正士)를 한 부류로 한다. 곧 이것은 재가 보디쌀바이기 때문에 한 부류로 취급한다. ④ 선사의 보디쌀바 같은 14보디쌀바를 한 부류로 한다. 이 보디쌀바들은 출가 보디쌀바로 여겁성불(餘劫成佛) 보디쌀바이다"라고 했으며, 효란의『정토삼부경 강설』에는 "처음 보현 보디쌀바 같은 3분은 출가하신 보디쌀바이시다. 다음 재가 보디쌀바를 드는 중에 현호 보디쌀바를 비롯한 16정사는 이곳 싸하세계의 보디쌀바이며, 선사의 보디쌀바에서 해탈 보디쌀바에 이르기까지 14인의 보디쌀바는 다른 세계에서 싸하세계로 오는 보디쌀바들이라 한다"고 하였다. 여기서 일본 학자나 일본 책을 인용한 책은 모두 16정사와 선사의 보디쌀바 이하의 14보디쌀바를 다른 보디쌀바의 동아리로 보고 있다는 점이 청화 스님의 관점과 다르다. 한문으로 옮긴 5본의『무량수경』번역본 가운데『대아미따경』『평등각경』『대승무량수장엄경』에는 보디쌀바 동아리가 나오지 않고, 산스크리트본과 티베트어 번역본에는 마이뜨레야(彌勒) 보디쌀바만 나오기 때문에 비교할 수가 없으나,『무량수여래회』에는 '현호 같은 16장부(보디쌀바)의 동아리도 함께하였는데, 이른바

선사유의보디쌑바(賢護等十六丈夫衆俱 所謂善思惟義菩薩) …'라고 해서 선사유의보디쌑바 이하 보디쌑바들이 16보디쌑바의 동아리라는 것을 뚜렷하게 보여주고 있기 때문에 옮긴이는 이 설에 따른다. 『무량수여래회』에서는 10명의 보디쌑바만 들고 '~ 같은(等)'이라고 생략표시를 했는데, 쌍가바르만『무량수경』에서는 그런 표시 없이 모두 15명만 들고 있어 1명이 부족하다. 일본 학자들이 14명의 보디쌑바는 여겁 보디쌑바(餘劫菩薩)라던가 다른 세계에서 온 보디쌑바라고 한 것은 자세한 설명이 없기 때문에 앞으로 논의가 필요한 부분이다.

* 산스크리트본에는 마이뜨레야 보디쌑바 한 분만 나오기 때문에 14명의 보디쌑바 이름은 산스크리트 원문을 확인할 수 없어 한자를 우리말로 옮겼다.

2. 큰 탈것(大乘) 보디쌑바의 본보기 사꺄무니[51]

한문

皆遵[52]普賢大士之德 具諸菩薩無量行願 安住一切功德之法. 遊步
十方 行權[53]方便 入佛法藏[54] 究竟彼岸 於無量世界 現成等覺. 處[55]
兜率[56]天 弘[57]宣正法 捨彼天宮 降神母胎. 從[58]右脇[59]生 現行七步
光明顯曜 普照十方 無量佛土 六種振[60]動. 舉[61]聲自稱 吾當於世 為

---

51) 붓다의 가르침을 듣는 분들은 31명의 어른(尊者)과 18명의 보디쌑바(菩薩)로 이루어진다.
31명의 어른들은 교단을 대표하는 분들로 이 경전이 지니는 권위를 드러낸다. 그리고 18명
의 보디쌑바들은 모두 다짐과 바램을 세우고 그것을 이루기 위해 힘들게 닦아가면서 중생
을 도와 건지는 방편을 베풀어서 중생이 붓다의 가르침을 깨달을 수 있도록 이끈다. 이들
보디쌑바은 어떻게 닦고, 어떤 과정을 통해 붓다를 이루는가 하는 본보기를 보여주는 것
이 이 장의 내용이다.

52) 대정신수대장경 주(註): [宋]·[元]·[明]본에는 '준(遵)=도(導)'로 되어 있다.

53) 다른 원본들은 대부분 권(權)자를 썼지만 고리대장경에서는 권(攉)자를 썼다.

54) 고리대장경에서는 장(藏)자에서 '片'이 생략되어 있다.

55) 고리대장경에서 처(處)자는 행서에서 쓰이는 글자체를 쓰고 있다.

56) 대정신수대장경 주(註): [宋]·[元]·[明]본에는 '솔(率)=술(術)'로 되어 있다.
   * 두솔천(兜率天: 兜=두)은 솔(率)자가 분명하기 때문에 한국의 번역본들도 대정신수대장경
   을 따르지 않았다. 앞에서 보았지만 대정신수대장경은 고리대장경을 바탕으로 하여 다
   른 여러 가지 본에는 어떻게 다른 것인지, 주를 단 것이지 고리대장경이 틀렸다는 것이
   아니다. 그런데 많은 국내 학자들이 첫째는 쉽게 접근할 수 있기 때문에, 둘째는 대정신
   수대장경은 고리대장경의 오자(誤字)를 찾아 고친 것으로 더 완벽하다는 생각에서 대정
   신수대장경 원본을 사용하였다. 그러나 다시 한번 강조하지만 대정신수대장경은 그 차
   이를 주에서 밝힌 것이지 잘못된 것을 고친 것은 아니다.

57) 고리대장경에서 홍(弘)자는 다른 글자체를 쓰고 있다.

58) 고리대장경에서 종(從)자는 속자를 쓰고 있다. 현재도 약자로 많이 쓰이는 자다.

59) 고리대장경에서 협(脇)자의 오른쪽 力자 3개를 모두 刀자처럼 쓰고 있음.

60) 대정신수대장경 주(註): [宋]·[元]·[明]본과 [流布本]에는 '진(振)=진(震)'으로 되어 있다.

61) 고리대장경에서 거(舉)자를 다른 글자체로 쓰고 있다.

無上尊 釋梵奉侍 天人歸仰. 示現筭[62]計 文藝射御 博綜道術 貫練
群籍. 遊於後園. 講武[63]試藝. 現處[64]宮中 色味之閒[65]. 見老病死悟
世非常 棄國財位 入山學道.

옮긴글

(보디쌑바들은) 모두 두루 어진(普賢) 보디쌑바[1]의 덕을 좇아서,
여러 보디쌑바의 끝없는 수행과 바램(行願)을 갖추고, 모든 공덕의
원리에 편안하게 머무르면서, 시방세계에 두루 다니며 갖가지 방편
(權方便)[2]을 베풀다가, 붇다의 가르침에 들어가 마침내 강 건너 기
슭에 이르고[3], 헤아릴 수 없는 세계에서 등각(等覺)[4]을 이룬다.

(보디쌑바가 등각을 이룬 뒤)[5] 뚜시따 하늘나라(兜率天)[6]에 머물며
바른 법을 널리 펴다가 그 하늘궁전을 내놓고 어머니 태 안으로
내려온다. 오른편 옆구리에서 태어나 일곱 걸음을 옮기니, 밝고 환
한 빛이 시방[7]의 끝없는 붇다나라를 두루 비추고, 온 누리가 여섯
가지로 흔들린다.[8] (태어나자마자) 스스로 일컫기를 "나는 반드시
세상에서 위없는 붇다[9]가 되리라"라고 외치자, 서른셋 하늘 임금
(帝釋天)[10]과 브랗마 임금(梵天)[11]이 받들어 모시고 모든 하늘사람
(天)도 귀의하여 우러러 따른다.

(커가면서) 셈법·문학·예술·활쏘기·말타기·도술을 널리 익히고

---

62) 다른 본들은 모두 산(筭)자를 썼으나, 고리대장경을 따랐다.
63) 고리대장경에는 무(武)자를 다른 글자체로 쓰고 있다.
64) 고리대장경에는 처(處)자를 행서체로 쓰고 있다.
65) 다른 본들은 모두 간(閒)자를 썼으나, 고리대장경을 따랐다. 한(閒)자도 '사이'라는 뜻이 있
    어 차이가 없다.

수많은 책을 읽어 환하게 꿰뚫게 된다. 집 뒤 동산에서 노닐 때는 무예를 익히고, 궁전 안에서는 여색과 맛있는 음식 속에서 날을 보낸다. (그러다) 늙고 병들어 죽는 것을 보고 세상이 덧없다는 것을 깨달아 나라와 재물과 왕위를 버리고 산으로 들어가 도를 배우게 된다.

풀이

(1) 대사(大士): 원문에는 대사(大士)라고 되어 있는데 보디쌑바로 옮겼다. 대사(大士)는 두 가지 뜻으로 쓰인다. ① 붇다를 높여 부르는 말로 마하뿌루사(mahāpuruṣa, ㉾ mahāpurisa)를 옮긴 것이다. 위없이 높은 분(無上士)과 같은 뜻이다. ② 보디쌑바를 듣기 좋게 부르는 말로 마하쌑바(mahāsattva)를 옮긴 것이다. 여기서는 보디쌑바를 일컫는 것이다.

(2) 갖가지 방편(權方便): 여래가 중생이 진리를 깨닫게 하기 위해 여러 가지 임시변통 수단으로 방편을 쓰게 되는데, 이것을 권(權)·선권(善權)·권방편(權方便)·가(假)·권가(權假)라고 한다. 이처럼 방편을 써서 가르침을 펴는 것을 권교(權敎)라고 하며, 스스로 깨달은 그대로를 터놓고 궁극적인 근본을 가르치는 것을 실교(實敎)라고 한다. 결국은 방편을 쓰는 것을 말하므로 '갖가지 방편'이라고 옮겼다.

(3) 원문에는 피안(彼岸)이라고 되어 있는 것으로 이승에서 번

뇌를 여의고 해탈에 이르는 것을 말한다. 여기서는 등각을 이루는 과정으로 쓰고 있으므로 원문대로 '강 건너 기슭에 이르고'라고 옮겼다.

(4) 등각(等覺): 등정각(等正覺)과 같은 뜻으로, 붇다의 10가지 이름 가운데 하나이다. 한편 보디쌑바가 닦는 52단계 가운데 51단계에 이르러, 수행이 꽉 차서 지혜와 공덕이 붇다의 묘각과 같아지려는 단계를 말한다. 여기서는 후자를 말한다.

(5) 여기서부터는 앞에서 말한 큰 탈것(大乘)의 보디쌑바들이 어떻게 세상에 태어나 어떻게 붇다가 되고, 어떻게 중생을 건지는지를 보여주는데, 사꺄무니의 한살이(一生)를 본보기로 삼고 있다. 이 큰 탈것(大乘) 보디쌑바 이야기는 한문으로 옮겨진 5본의 무량수경 가운데 쌍가바르만의 『무량수경』과 『대보적경』에 실린 「무량수여래회」에만 나오고 나머지 3본에는 나오지 않으며, 산스크리트본에도 없으므로 나중에 더 보탠 것이라는 주장도 나왔다. 그렇다고 이 큰 탈것(大乘) 보디쌑바에 대한 부분의 의미가 줄어드는 것은 아니다. 사꺄무니를 본보기로 한 큰 탈것(大乘) 보디쌑바와 다음에 이어지는 공덕샘(法藏) 보디쌑바의 수행 과정을 설명해 주는 중요한 뜻이 있기 때문이다. ① 먼저 큰 탈것(大乘) 보디쌑바에 대한 기본적인 설명을 하므로 해서 다음에 이어지는 아미따바 붇다의 과거세 보디쌑바인 공덕샘(法藏) 보디쌑바도 큰 탈것(大乘) 보디쌑바의 수행과 바램(行願)과 같은 것으로, 읽는 이

들이 자연스럽게 받아들일 수 있게 한다. ② 한편 이 두 보디쌀바의 수행과 바램에는 차이가 있다는 강한 메시지를 주므로 해서 사꺄무니가 왜 이 경을 이야기하였는지, 그 뜻을 뚜렷하게 알 수 있다. 큰 탈것(大乘) 보디쌀바들이 싸하세계(Sahā-lokadhātu, 娑婆世界)에서 6년 동안 어려운 수행을 하여 붇다가 되고, 중생 제도에 한계가 있음에 비해 공덕샘(法藏) 보디쌀바는 48가지 다짐과 바램을 통해 중생을 구하기 때문에 중생이 그 맑은 나라(淨土)에만 가면 어려움 없이 모두 붇다가 될 수 있다는 희망 메시지가 들어있다는 것이다. 바로 스스로 붇다가 되는 길(自力)과 아미따바 붇다의 다짐과 바램에 기대면 어려움 없이 붇다가 되는(他力) 차이를 똑똑하게 밝히는 효과가 있다. ③ 이에 따라 사꺄무니의 제자로서 그 가르침을 따라 수행하는 제자들에게 싸하세계에서 붇다가 될 수 없는 중생을 아마따바 붇다 맑은 나라(淨土)로 보내는 일을 맡은 사꺄무니와 그 중생 모두 받아들여 다 붇다가 되게 하는 아미따바 붇다의 역할을 분명하게 보여주고, 이에 따라 두 붇다의 일이 사실상 하나라는 것을 보여주는 대목이라고 할 수 있다.

(6) 뚜시따 하늘나라(Tuṣita, ⓟ Tusita, 兜率天): 하늘에 있는 6가지 욕망이 있는 나라(kāma-dhātu, 六欲天) 가운데 넷째 하늘이다. 뚜시따(Tuṣita)는 한자로 옮기면서 두솔천(兜率天)·도솔천(都率天)·두술천(兜術天)·두솔타천(兜率陀天)·두솔다천(兜率多天)·두사타천(兜師陀天)·도사다천(睹史多天)·두사다천(兜駛多天) 따위로 옮겼는데, 모두 뚜시따로 읽어야 한다. 현재 한국에서 '도솔천'이라고 읽

는데 옥편에서 [兜]자는 '투구 두'자이고, 컴퓨터에서도 '도'자에는 나오지 않고 '두'자로만 나온다. 옥편에 "산스크리트 'tusita'의 음역인 '兜率'에 한하여 음이 '도'로 된다"라고 하였는데, 그 까닭은 설명하지 않았다. 불교 용어에서 '도솔'이라고 계속 써내려 왔기 때문에 그런 것으로 보인다. 그러나 [兜]자는 상고음에서 투(tew), 고음에서 터우(təw), 광동어(廣東語)에서 추(tzu), 현재 북경음에서 떠우(dou)라고 읽어 '도'라고 읽을 수 있는 근거가 없다. 그러므로 본디 소리인 뚜시따(Tuṣita)로 읽는 것이 가장 바람직하고, 한자를 읽을 때도 '두솔천(兜率天)'이라고 읽는 것이 원리나 실제 컴퓨터나 사전 활용이라는 측면에서 알맞은 것이다. 뜻으로 옮길 때는 '만족을 아는(知足)' '만족을 아는 하늘(知足天)' 같은 뜻을 가지고 있는데, 전재성의 빠알리어 사전에는 '만족을 아는 신들의 하늘나라'라고 옮겼다. 쑤메루산 꼭대기로부터 12만 요자나 위에 있는 하늘로, 일곱 가지 보석으로 된 아름다운 궁전이 있고 헤아릴 수 없는 하늘사람이 살고 있다고 한다. 여기에는 내원(內院)과 외원(外院)이 있는데, 외원은 일반 하늘사람들이 사는 곳이고 내원은 미륵 보디쌑바의 맑은나라(淨土)이다. 이곳에 앞으로 붇다가 될 보디쌑바(현재는 미륵 보디쌑바)가 다스리고 있다가 때가 되면 땅 위로 내려와 가르침을 편다고 한다.

(7) 시방(十方): 동서남북 4방+동남 동북 서남 서북 같은 4 구석 +위·아래를 합한 10가지 방향을 통틀어 일컫는 것으로, 모든 방향이란 뜻이다.

(8) 여섯 가지로 흔들린다(六種振動): 세간에 상서로움이 있을 때, 온 누리가 흔들리는 여섯 가지 모양. 곧, 흔들리고, 위로 오르고, 솟았다 꺼지고, 은은한 소리가 나고, 큰소리가 나고, 물건을 깨닫게 하는 것을 6가지 흔들림(六震)이라고 한다.

(9) 한문으로 무상존(無上尊)은 붇다의 높임말이다.

(10) 석범(釋梵): 제석(帝釋)과 범천(梵天)을 아울러 이르는 말이다. 제석(帝釋)은 제석천(帝釋天)의 준말로, 사끄라 데바남 인드라(Śakra devānām Indra, 釋帝桓因)에서 비롯되었다. 한문 경전에서 사끄라 데바남 인드라(Śakra devānām Indra)를 소리 나는 대로 석제환인타라(釋帝桓因陁羅, 釋迦提桓因陀羅)라고 옮겼는데, 그것을 다시 줄여서 석제환인(釋帝桓因), 제석천(帝釋天)이라 불렀다. 6가지 욕망이 있는 하늘나라 가운데 두 번째 하늘인 뜨라얏뜨림사(Trāyastrimśa, ㉟ Tāvatmśa, 忉利天)의 임금이다. 뜨라얏뜨림사(Trāyastrimśa)는 숫자 33을 뜻하는데, 여기서는 33하늘나라(三十三天)를 말한다. 뜨라얏뜨림사(Trāyastrimśa)를 한자로 다라야등능사(多羅夜登陵舍)·달라야달라사(怛囉耶怛囉奢)라고 옮겼는데, 어떤 까닭인지 모르지만, 흔히 '도리(忉利)'라고 읽어 도리천(忉利天)이라고 한다. 쑤메루산 꼭대기 4방향 각각 8개로 모두 32개 하늘나라와 한 가운데 사끄라 임금이 사는 선견성(善見城)을 합해서 33개이기 때문에 '서른셋 하늘나라(三十三天)'라고 부른다. 사끄라 하늘임금은 본디 고대 인두의 인드라(Indra) 신을 말하는 것으로, 불교에

귀의한 뒤 사천왕과 32개의 하늘나라를 다스리며 붇다의 가르침과 붇다의 가르침에 귀의하는 사람들을 보살핀다.

(11) 범천(梵天)은 브랗마(Brahma)를 한문으로 옮긴 것이다. 산스크리트 브랗마(brahma) 또는 브랗만(brahman)은 남성으로 쓰일 때는 제관(祭官)이나 브랗만(婆羅門)을 뜻하고, 중성으로 쓰일 때는 가장 높은 신, 우주를 창조한 신을 뜻하는데, 겹씨(合成語)를 만들 때는 브랗만(brahman)을 쓰지 않고 브랗마(brahma)만 쓴다(보기: brahma-loka 브랗만 신의 세계·하늘). 브랗만교(婆羅門敎)와 힌두교(印度敎)에서는 창조신인 이 브랗만(brahman, 梵), 파괴의 신인 시바(śiva), 질서를 유지하는 비쉬누(Viṣṇu)와 함께 3대 신(trimūrti, 3神組織)을 이룬다. 한문으로 바라하마(婆羅賀摩)·몰라함마(沒羅含摩)·범마(梵摩)라고 옮겼는데, 경전에서는 줄여서 범(梵)이라고 많이 쓴다. 뜻으로는 맑고 깨끗한(淸淨)·욕망을 떠난(離欲)이라고 옮긴다. 불교에서는 욕계(欲界) 위의 하늘나라인 색계(色界, rūpa-dhātu)의 초선천(初禪天)을 백성 브랗마(Brahma-pāriṣadya, 梵衆天)·제관 브랗마(Brahma-purohita, 梵輔天)·마하 브랗마(Mahā-brahman, 大梵天)로 나누는데, 통틀어 브랗마(梵天)라 일컫는다. 그 가운데 마하 브랗마(大梵天)의 임금이 모든 브랗마(梵天)를 다스리는데, 보통 브랗마(梵天) 또는 브랗마 임금(brahma-deva 梵天王)이라고 하며, 그 임금의 이름은 시키(śikhī, 尸棄) 또는 쁘라자빠띠(Prajāpati, 世主)라고 한다. 앞에서 본 서른셋 하늘나라 임금 사끄라와 함께 불교를 보살피는 법신이다.

服乘白馬 寶冠瓔珞 遣之令還 捨珎⁶⁶⁾妙衣 而著法服 剃⁶⁷⁾除鬚髮. 端坐樹下 勤苦六年 行如所應. 現五濁刹⁶⁸⁾ 隨順羣⁶⁹⁾生 示有塵垢 沐浴金流 天按樹枝 得攀出池 靈禽翼從⁷⁰⁾ 往詣⁷¹⁾道場 吉祥感徵 表章功祚 哀受施草 敷佛樹下 加⁷²⁾趺而坐. 奮大光明 使魔知之 魔率官屬 而來逼試. 制以智力 皆令降伏 得微⁷³⁾妙法 成㝡⁷⁴⁾正覺.

흰말을 타고 나와 보석으로 꾸민 관(冠)과 구슬치렛거리(瓔珞)를 돌려보낸 뒤, 진귀한 옷을 버리고 수행자 옷으로 갈아입고, 머리와 수염을 깎는다. 나무 아래 바르게 앉아 부지런히 괴로운 6년을 제대로 닦는다.

다섯 가지 더러운 세상¹⁾에 나투시어 뭇 중생과 마찬가지로 먼

---

66) 다른 본들은 대부분 진(珍)으로 바꾸었지만, 고리대장경에서 속자로 쓴 것은 그대로 속자로 쓴다. 당시 한자 사용 예를 알 수 있기 때문이다. 고리대장경에서는 진(珎) 같은 속자나 만(万) 같은 약자가 뜻밖에 자주 쓰였다. 판각을 하는데 쉽게 하기 위해 그렇게 했을 가능성이 있다.

67) 다른 본에는 '아이머리 깎을 체(鬀)'로 썼으나, 고리대장경에 따라 '머리 깎을 체(剃)'자를 썼다. 대정신수대장경(大正新脩大藏經)에도 주가 없는 것을 보면 다른 본도 고리대장경과 같은 것이다.

68) 고리대장경에는 찰(刹)자를 다른 글자체로 쓰고 있다.

69) 다른 본들은 군(群)을 썼으나 고리대장경을 따랐다. 같은 뜻이다.

70) 고리대장경에는 종(從)자를 속자로 쓰고 있다.

71) 고리대장경에는 예(詣)자를 다른 글자체로 쓰고 있다.

72) 대정신수대장경 주(註): [宋]·[元]·[明]본과 [流布本]에는 가(加)=가(跏)로 되어 있다.

73) 고리대장경에는 미(微)자를 다른 글자체로 쓰고 있다.

74) 다른 본들은 모두 최(最)자를 썼으나 고리대장경을 따랐다. 같은 글자다.

지와 때가 있다는 것을 보이시고 맑은 물에 몸을 씻은 뒤, 하늘에서 드리운 나뭇가지를 붙잡고 물에서 나온다. 신령한 날짐승의 날갯짓 따라 도 닦는 곳에 다다르고, 길상이란 사람이 마음을 내서 공덕을 보이고자 하니, 가엽게 여겨 이바지한 풀을 받아 붇다나무 밑에 깔고 책상다리를 하고 앉는다.

밝고 환한 빛이 크게 떨쳐 마라(魔羅)[2]에게 알려지자, 마라가 딸린 식구들을 거느리고 와서 괴롭히고 시험한다. 슬기의 힘으로 눌러 (마라들이) 모조리 항복하게 하고, 미묘한 법을 얻어 바른 깨달음을 얻는다.

풀이

(1) 5가지 더러운 세상(五濁刹): 배고픔과 질병으로 얼룩지고(劫濁), 삿된 생각으로 가득 차고(見濁), 번뇌 때문에 어지럽고(煩惱濁), 죄와 불의에 물들고(衆生濁), 목숨은 줄어드는(命濁) 다섯 가지 더러움으로 물든 죄악의(五濁惡世) 싸하세계(Sahā-lokadhātu, 裟婆世界)를 말한다.

(2) 마라(魔羅, māra): 산스크리트 마라(māra)의 소릿값을 따서 한자로 마라(魔羅)라고 옮겼는데, 한자에서는 간단하게 줄여서 쓰는 습관이 있어 마(魔)라고 줄였다. 마라란 불도를 닦는 데 장애가 되는 귀신이나 사물을 말한다. 우리가 흔히 쓰는 마구니는 마라의 무리인 마군(魔群)을 부르다 변한 것이다. 한자에서는 마(魔)라고 줄여서 써도 괜찮지만, 한글에서는 한 글자로 된 단어가

많지 않아 마구니라는 어색한 단어가 생겨났는데, 산스크리트의 뜻이 아닌 음을 딴 것이기 때문에 마라(魔羅)라는 원음을 그대로 썼다.

한문

釋梵祈勸 請轉法輪 以佛遊步 佛吼而吼. 扣法鼓 吹法螺[75] 執法劍 建法幢 震法雷 曜法電 澍法雨 演法施 常以法音 覺[76]諸世間. 光明 普照 無量佛土 一切世界 六種震動 摠[77]攝魔界 動魔宮殿 衆魔懾[78] 怖 莫不歸伏. 摑裂邪網[79] 消滅諸見 散諸塵勞 壞諸欲塹 嚴護法城 開闡法門 洗濯垢汙[80] 顯明淸白 光融佛法 宣流正化. 入國分衛 獲 諸豐膳 貯功德 示福田 欲宣法 現欣笑[81] 以諸法藥 救療三苦. 顯現 道意 无量功德 授菩薩記 成等正覺. 示現滅度 拯濟無極 消除諸漏 殖[82]衆德本 具足功德 微妙難量. 遊諸佛國 普現道敎 其所修行 淸淨 无穢 譬如幻師 現衆異像 爲男爲女 無所不變 本學明了 在意所爲.

---

75) 고리대장경에는 나(螺)자를 다른 글자체로 쓰고 있다.
76) 고리대장경에는 각(覺)자를 다른 글자체로 쓰고 있다.
77) 다른 본에서는 총(總) 자를 쓰고 있으나 고리대장경을 따랐다. 총(摠)자의 약자를 쓰고 있다.
78) 대정신수대장경 주(註): [宋]·[元]·[明]본과 [流布本]에는 '섭(攝)=습(慴)'으로 되어 있다. 같은 뜻이다.
79) 고리대장경에는 망(網)자를 다른 글자체로 쓰고 있다.
80) 다른 본에서는 오(汚)자를 쓰고 있으나 고리대장경을 따랐다.
81) 고리대장경에는 소(笑)자를 다른 글자체로 쓰고 있다.
82) 대정신수대장경 주(註): [宋]·[元]·[明]본과 [流布本]에는 식(殖)=식(植)으로 되어 있다.

　서른셋하늘 임금(帝釋天)과 브랗마 임금(梵天)이 가르침의 바퀴 (法輪)[1]를 굴려주길 빌며 청하니, 붇다는 얽매임 없이 다니시며 붇다의 외침을 이어간다. 가르침의 북을 치고, 가르침의 소라를 불고, 가르침의 칼을 휘두르고, 가르침의 깃대를 세우고, 가르침의 우뢰를 떨치고, 가르침의 번개를 번뜩이고, 가르침의 비를 내리고, 가르침의 보시를 베풀어, 늘 가르침의 소리로 모든 세계를 깨우친다. 밝고 환한 빛이 끝없는 붇다나라를 두루 비추니 온 누리가 여섯 가지로 흔들리고, 마라(魔羅)의 세계를 모두 끌어당겨 마라의 궁전을 뒤흔드니, 마라의 무리들은 겁나고 두려워 항복하지 않을 수 없다.

　삿된 그물을 찢어버려 온갖 견해를 없애고, 모든 괴로움(煩惱)을 털어버려 갖가지 탐욕의 구렁을 허물고, 가르침의 성을 단단히 지키며 가르침의 문을 열고, 때 묻고 더러운 것을 씻어내고 맑고 밝게 빛나는 붇다의 가르침을 베풀어 바르고 좋은 곳으로 이끌었다.

　나라 안으로 들어가 나누어 다닐 때, 가지가지 넉넉한 이바지를 받으며 공덕을 쌓고 복을 심도록 하고, 가르침을 펴고자 할 때는 기쁜 웃음을 보이며 갖가지 가르침의 약으로 3가지 괴로움(三苦)[2]에서 구해준다. 도의 참뜻과 끝없는 공덕을 나타내 보여, 보디쌑바에게 수기(授記)[3]를 내려 바른 깨달음을 이루게 한다.

　니르바나(滅度)[4]를 나타내 보였지만, (중생을) 건지는 데는 끝이 없고, 모든 번뇌를 없애고 온갖 좋은 뿌리(善根)를 심어 공덕을 두루 갖춘 것이 미묘하여 헤아리기 어렵다.

여러 붇다나라를 다니며 널리 진리의 가르침을 퍼는데, 닦은 것이 맑고 깨끗해 더러움이 없어, 마치 요술쟁이가 사람들에게 남자나 여자 모습을 마음대로 보여주듯 바꿀 수 없는 것이 없으니, 본디 배움이란 분명하여 뜻하는 대로 이루어지는 것이다.

풀이

(1) 가르침의 바퀴(法輪): 붇다의 가르침을 전륜성왕이 굴리는 보석 바퀴(輪寶)가 산과 바위를 부수고 거침없이 나아감에 비유하여 일컫는 말이다.

(2) 3가지 괴로움(tisro-duḥkhatāḥ, 三苦): ① 마음과 몸의 괴로움에서 오는 아픔(duḥkha-duḥkhatā, 苦苦), ② 즐거운 것이 깨어진 결과로 받는 아픔(vipariṇāma-duḥkhatā, 壞苦), ③ 세상의 모든 현상의 변화가 끊임없어 받는 아픔(saṃskāra-duḥkha, 行苦).

(3) 수기(授記, vyākaraṇa): 붇다 제자에게 미래의 증과(證果)를 예언적으로 알려 주는 것.

(4) 니르바나(nirvāṇa, Ⓟ nibbāna, 滅度): 산스크리트 니르바나(nirvāṇa)는 (등불이나 불이) 꺼지다(blown or put out, extinguished), (해가) 지다(set), 고요해지다(calmed, quieted), 죽다(dead, deceased), 잃어버리다(lost), 사라지다(disappeared) 같은 뜻이다. 한자로 옮길 때는 소리 나는 대로 열반나(涅槃那)·열예반나(涅隸槃那)·니박

남(扭縛南)이라고 옮겼는데, 모두 니르바나를 한자식으로 쓴 것으로, 줄여서 열반(涅槃)·니환(泥洹)·니왈(泥曰)이라고 썼다. 뜻으로는 (나고 죽음이 함께) 고요하게 없어지다(寂滅)·없어져 (나고 죽음을) 넘어서다(滅度)·고요함(寂)·고요하고 고요함(寂靜)이라고 옮겼다. 한국에서는 '열반(涅槃)'이 한문으로 니르바나란 뜻을 가진 것으로 잘못 알고 있는데, 열반이란 앞에서 본 바와 같이 니르바나를 소리나는 대로 열반나(涅槃那)라고 옮긴 것을 줄여서 열반이라고 한 것이 본디 소리와 전혀 다르게 잘못 자리를 잡은 것이다. 한어 6세기 고대음에서는 니옐봔(niɛtb'uan)이고, 현재 보통화에서도 니에판(nièpán)으로 비슷한 소리를 낸다는 것을 알 수 있다. 그러나 소리글자(表音文字)인 한글로는 '니르바나'라고 정확하게 옮길 수 있다. 다만 현재 'ᄫ' 소리가 쓰이지 않기 때문에 '니르바나'라고 옮긴다고 해도 뜻글자(表意文字)인 한자에 비해 꽤 바르고 확실한 소리로 옮길 수 있다는 것을 알 수 있다. 한자로 비슷하게 옮겨놓은 것을 다시 그 한자를 한국식으로 읽어 니르바나(nirvāṇa)를 열반(yolban)이라고 읽는 것은 잘못된 것이기 때문에 '니르바나'로 옮긴다. '니르바나'는 이미 우리나라 사전을 비롯하여 대부분의 유럽 언어 사전에도 들어가 일반화되었기 때문에 전혀 무리가 없을 것으로 보인다.

3. 아난다가 가르침을 청하다

한문

此諸菩薩 亦復如是 學一切[83]法 貫綜縷練 所住安諦 靡不感[84]化 無數佛土 皆悉[85]普現 未曾慢[86]恣 愍傷衆生. 如是之法 一切具足 菩薩經典 究暢要妙 名稱普至 導[87]御十方 無量諸佛 咸共護念[88]. 佛所住者 皆已得住 大聖所立 而皆已立 如來道[89]化 各能宣布 爲諸菩薩 而作大師 以甚深禪[90]慧 開導衆人[91] 通諸法性 達衆生相 明了諸國. 供養諸佛 化現其身 猶如電光 善學無畏[92] 曉了幻法[93]. 壞裂魔網[94]

---

83) 고리대장경에는 체(切)자를 다른 글자체로 쓰고 있다.
84) 대정신수대장경 주(註): [流布本]에는 감(感)=치(致)로 되어 있다.
85) 고리대장경에는 실(悉)자를 다른 글자체로 쓰고 있다.
86) 고리대장경에는 만(慢)자를 다른 글자체로 쓰고 있다.
87) 대정신수대장경 주(註): [宋]·[元]·[明]본에는 도(導)=도(道)로 되어 있다.
88) 고리대장경에는 염(念)자를 다른 글자체로 쓰고 있다.
89) 대정신수대장경 주(註): [明]본에는 도(導)=도(道)라고 되어 있다.
   그러나 고리대장경에도 '도(道)'라고 되어 있기 때문에 고리대장경 원문을 잘못 읽은 것으로 보인다.
90) 고리대장경에는 선(禪)자를 다른 글자체로 쓰고 있다.
91) 대정신수대장경 주(註): [宋]·[元]·[明]본에는 중인(衆人)=중생(衆生)으로 되어 있다.
92) 대정신수대장경 주(註): [宋]·[元]·[明]본과 [流布本]에는 무외(無畏)=무외지망(無畏之網)으로 되어 있다.
   그러나 가능한 한 4자로 나가는 체제와 다르고, 없어도 뜻을 완전히 살릴 수 있기 때문에 고리대장경 문장이 간결하고 좋다.
93) 대정신수대장경 주(註): [宋]·[元]·[明]본과 [流布本]에는 환법(幻法)=환화지법(幻化之法)으로 되어 있다.
   이것도 4자 체제와 다르고, 뜻에는 큰 차이가 없다.
94) 고리대장경에는 망(網)자를 다른 글자체로 쓰고 있다.

解諸纏[95]縛 超越聲聞 緣覺之地 得空無相 无願三昧. 善立方便 顯示
三乘 於此中下[96] 而現滅度 亦無所作 亦無所有 不起不滅 得平等法
具足成就 無量摠[97]持 百千三昧 諸根智慧 廣普寂定 深入菩薩法藏
得佛華嚴三昧 宣揚[98]演說 一切經典 住深定門 悉覩現在 無量諸佛
一念之頃[99] 无不周遍. 濟諸劇[100]難 諸閑不閑 分別顯示 真實之際 得
諸如來 辯才之智 入衆言音 開化一切. 超過世間 諸所有法 心常諦住
度世之道 於一切万物 隨[101]意自在 為衆生類[102] 作不請之友 荷負[103]
群生 為之重任[104]. 受持如來 甚深法藏 護佛種性 常使不絕 興大悲
愍衆生 演慈辯授法眼 杜三趣 開善門 以不請之法 施諸黎[105]庶 猶如
孝子[106] 愛[107]敬父母. 於諸衆生 視之若己[108] 一切善本 皆度彼岸 悉

---

95) 고리대장경에는 전(纏)자를 다른 글자체로 쓰고 있다.

96) 대정신수대장경 주(註): [明]본에는 중하(中下)=화종(化終)으로 되어 있다.

97) 대정신수대장경(大正新脩大藏經)에서는 주를 달지 않고 총(總)자를 썼다. 고리대장경을 잘
      못 판독한 것으로 보인다.

98) 대정신수대장경 주(註): [流布本]에는 양(揚)=창(暢)으로 되어 있다.

99) 고리대장경에는 경(頃)자를 다른 글자체로 쓰고 있다.

100) 고리대장경에는 극(劇)자를 처(處)를 쓸 때 행서체를 쓰고 있다.

101) 대정신수대장경 주(註): [宋]·[元]·[明]본과 [流布本]에는 '어일체만물(於一切万物) 수의자재(隨
      意自在)'라는 두 문장 사이에 이음씨 '이(而)'자를 넣어 '어일체만물이수의자재(於一切万物而
      隨意自在)'라고 되어 있다.

102) 대정신수대장경 주(註): [宋]·[元]·[明]본과 [流布本]에는 위중생류(為衆生類)=위제서류(為諸庶
      類)라고 되어 있다.

103) 고리대장경에는 부(負)자를 다른 글자체로 쓰고 있다.

104) 대정신수대장경 주(註): [宋]·[元]·[明]본과 [流布本]에는 임(任)=담(擔)으로 되어 있다.

105) 고리대장경에는 여(黎)자를 다른 글자체로 쓰고 있다.

106) 대정신수대장경 주(註): [宋]·[元]·[明]본과 [流布本]에는 유여효자(猶如孝子)=여순효지자(如
      純孝之子)'라고 되어 있다. 같은 뜻이다.

107) 대정신수대장경 주(註): [明]본에는 애(愛)=수(受)로 되어 있다. 뜻으로 볼 때 [明]본이 명백
      하게 잘못된 글자다.

108) 대정신수대장경 주(註): [宋]·[元]·[明]본과 [流布本]에는 시지약기(視之若己)=시약자기(視若自己)로
      되어 있다.

獲諸佛 无量功德 智慧聖明 不可思議. 如是[109]菩薩 無量[110]大士 不可稱計 一時來會.

옮긴글

여기 모인 여러 보디쌑바도 마찬가지다. 모든 가르침을 다 배워 막힘없이 훤히 통해 머무는 곳이 편안하고, 수없이 많은 붇다나라에 두루 나투어 중생을 가르쳐 이끌지 않는 곳이 없으나 뽐내거나 함부로 한 적이 없고 중생을 가엾게 여겼다.

이처럼 모든 법을 다 갖춘 보디쌑바는 경전[1]의 알짬(要諦)과 미묘함을 샅샅이 밝혀 널리 펴니, 그 이름이 널리 시방세계까지 이르러, 그지없이 많은 여러 붇다가 다 함께 보살펴 준다. 붇다가 지키신 계를 모두 지키고, 대 성인이 세운 원을 모두 세워, 붇다의 가르침을 널리 펴서 여러 보디쌑바를 위한 큰 스승이 된다. 깊은 싸마디와 슬기로 중생을 깨우쳐 이끌고, 모든 사물의 본성을 훤히 알고, 중생의 사정을 꿰뚫어 막힘이 없으며, 모든 나라에 대해 분명히 알고 있다.

여러 붇다에게 공양할 때는 번갯불처럼 몸을 나투고, 두려움 없는 설법(無畏)[2]을 잘 익히며, 실체가 없다는 법을 깨달았다. 마라(魔羅) 그물을 찢어버리고 모든 번뇌를 벗어나 제자·홀로 깨달은 분의 경계를 넘어서고, 공(空) 싸마디·무상(無相) 싸마디·무원(無

---

109) 대정신수대장경 주(註): [宋]·[元]·[明]본과 [流布本]에는 여시(如是)=여시지등(如是之等)으로 되어 있다.

110) 대정신수대장경 주(註): [宋]·[元]·[明]본과 [流布本]에는 '무량(無量)'을 뺐다.

願) 싸마디란 3가지 싸마디(三昧)[3]를 이루었다.

방편을 잘 세워 3가지 탈 것에 관한 법(三乘法)[4]을 보이는데, 중·하의 경계인 제자와 홀로 깨달은 분 경계에서는 니르바나(滅度)를 보이지만, 본래 지은 바도 없고 얻은 바도 없으며, 생기지도 없어지지도 않는 평등법을 얻었으며, 헤아릴 수 없는 다라니[5]와 백천 가지 싸마디와 모든 근기의 지혜를 이루어 두루 갖추었다.

널리 두루 미치는 선정으로 보디쌀바의 가르침을 깊이 깨달아 붇다의 화엄싸마디[6]를 얻고, 모든 경전[7]을 연설하여 널리 퍼트린다. 깊은 선정에 머무르며, 한 생각 하는 틈에 헤아릴 수 없이 많은 모든 붇다를 두루 찾아뵙는다. (중생의) 갖가지 어려움에서 건져주기 위해 한가한지 바쁜지를 헤아려 참된 진리를 나타내 보일 때는 모든 여래의 말재주와 지혜를 얻어 말과 소리로 중생에게 파고들어 다 가르쳐 이끈다.

세간에 있는 일반법을 모두 벗어나 마음이 언제나 진리에 머무르며 세간의 길을 여의었다. 세상 모든 것을 마음대로 할 수 있으며, 중생을 위하여 부르지 않아도 찾아가는 벗이 되어 뭇 중생의 무거운 짐을 맡아서 지는 중요하고 큰 임무를 맡는다.

여래의 깊고 깊은 가르침을 받아 지녀, 붇다가 될 씨앗과 본성이 끊어지지 않도록 늘 보살피고, 큰 자비심으로 중생을 가엽게 여겨 도타운 사랑이 깃든 말씨로 진리의 눈을 뜨게 해주고, 3가지 나쁜 길[8]로 가는 것을 막고 착한 곳으로 가는 문을 열어준다. 부르지 않아도 찾아가는 가르침으로 모든 중생에게 베푸는 것이 마치 효자가 어버이를 사랑하고 받들어 모시는 것과 같다.

모든 중생을 자기 자신처럼 여겨 온갖 선근으로 모두 니르바나에 이르게 하니, 모든 붇다의 끝없는 공덕을 다 얻어 그 거룩하고 밝은 지혜가 헤아릴 수 없다. 이처럼 끝없는 보디쌑바들과 헤아릴 수 없이 많은 큰 보디쌑바들[9]이 한꺼번에 같이 와서 모이게 되었다.[10]

풀이
_____

(1) 경전(經典): 쌍가바르만이 옮긴 『불설 무량수경』에는 '경전(經典)'이란 낱말이 2번 나온다. 그러나 경전에 경전이란 말이 나오는 것은 논리적으로 큰 문제가 생긴다. 경전이란 붇다가 입적하신 뒤, 제자들이 모여서 붇다가 말씀하신 것을 모은 것이므로, 경전 안에서 "이 경은 …"이라든가 "이 경전을 …"이라고 이야기하는 것은 있을 수 없다. 이것은 마치 서부활극에서 인디언들이 서부활극을 보고 있는 것과 같다. 서부활극이 벌어진 시대는 영화가 없었고, 그 없던 시대의 이야기를 후대에 영화로 만들었기 때문이다. 따라서 경전 안에서 "이 경은 …"이라든가 "이 경전을 …"이라고 이야기한다면 그 경전은 후대에 만들어진 것이라는 결론이 나온다. 그래서 이 부분을 찬찬히 보고 가려 한다. 먼저 『불설 무량수경』에 나오는 두 대목을 보기로 한다.

① 이처럼 모든 법을 다 갖춘 보디쌑바는 경전의 알짬(要諦)과 미묘함을 샅샅이 밝혀 널리 펴니, 그 이름이 널리 시방세계까지 이르러, 그지없이 많은 여러 붇다가 다 함께 보살펴 준다. (如是之法 一切具足 菩薩經典 究暢要妙 名稱普至 導御十方 無量諸佛 咸共護念).

② 널리 두루 미치는 선정으로 보디쌀바의 가르침을 깊이 깨달아 붇다의 화엄싸마디를 얻고, 모든 경전을 연설하여 널리 퍼트린다. (廣普寂定 深入菩薩法藏 得佛華嚴三昧 宣揚演說 一切經典).

위의 두 문장을 보면 앞에서 우려했던 문제에서 벗어난다는 것을 알 수 있다. 첫째, 여기 나오는 '경전'은 지금 설하고 있는『불설아미따경』이야기가 아니라 '보디쌀바는 모든 경전을 잘 이해하고 편다'는 일반론을 이야기하고 있다. 둘째, '경전'이란 낱말이 2번 나온 이 장은 산스크리트 원문에 없을 뿐 아니라 5가지 한문 번역본에서도 500년 뒤 당나라 때 옮겨진『무량수여래회』을 빼놓고는 다른 3가지 번역본에는 나오지 않는다. 그러므로 학계에서는 이 장이 후대에 필요에 따라 덧붙여졌다고 보는 견해가 많다. 결과적으로 '경전'이란 낱말을 쓴 것도 그러한 설을 뒷받침해 준다고 할 수 있다.

(2) 무외(無畏, vaiśāradya): 불·보디쌀바가 갖춘 덕 가운데 하나로, 어떤 일이든 두려움 없이 안심하고 용감하게 법을 설하는 것.

(3) 3가지 삼매(三三昧): ① 공삼매-모든 것은 인연 따라 생기기 때문에 나(我)라는 것도 실체와 자성이 없는 것이라고 보는 삼매. ② 무상삼매-열반은 상(相)이 없는 것이라고 보는 행에서 일어나는 삼매. ③ 무원삼매-모든 법을 관하고, 더 바랄 것이 없다는 진리를 관하면서 일어나는 삼매. 3가지 해탈문이라고도 한다.

(4) 3가지 탈 것에 관한 법(三乘法): 제자(聲聞)·홀로 깨달은 분(獨覺)·보디쌀바(菩薩) 같은 3가지 탈 것을 가르치는 법.

(5) 다라니(dhāraṇī): 총지(摠持), 능지(能持), 능차(能遮)라고 번역하였다. 헤아릴 수 없이 많은 이치를 받아 지녀 잃어버리지 않는 슬기의 힘을 일컫는다. 이 다라니 글을 흔히 주문(呪文)이라고도 한다.

(6) 붇다의 화엄싸마디(佛華嚴三昧): 보통 화엄싸마디라고 하는데, 오직 하나인 참된 법계(一眞法界), 곧 아무런 차별이 없는 우주의 실상이 모두 한도 끝도 없는 인연에 따라 생겨난다는 이치를 완전히 깨달은 싸마디.

(7) 경전에 대한 앞의 주석을 볼 것

(8) 3가지 나쁜 길(三惡道·三惡趣): 원문에는 삼취(三趣)라고 되어있는데, 죽은 뒤 지옥 아귀 짐승으로 떨어지는 3가지 길을 말한다.

(9) 큰 보디쌀바(mahāsattva, Ⓟmahāsatta): 원문에 대사(大士)라고 되어 있다. 대사는 산스크리트의 마하쌑바(mahāsattva)를 한자로 옮긴 것으로, 개사(開士)라고도 쓰고 음을 따서 마하살(摩訶薩)이라고 한다. 붇다·보디쌀바의 통칭으로도 쓰이고, 흔히 큰 보디쌀바(大菩薩)란 뜻으로 쓰인다.

(10) 여기까지가 『무량수여래회』를 빼고는 다른 한문본이나 산스크리트에 없는 내용이다.

한문

介[111]時世尊 諸根悅[112]豫 姿色淸淨 光顏巍巍 尊者阿難 承佛聖旨[113] 即從座起 偏袒右肩 長跪[114]合掌 而白佛言. 今[115]日世尊[116] 諸根悅豫 姿色淸淨 光顏巍巍 如明鏡淨[117] 影暢表裏 威容顯耀[118] 超絕無量 未曾[119]瞻[120]覩 殊妙如今. 唯然大聖 我心念言 今日世尊 住奇特法[121] 今日世雄 住佛所住[122] 今日世眼 住導師行[123] 今日世英 住

---

111) 대정신수대장경(大正新脩大藏經)에는 주를 달지 않고 이(爾)자를 썼다. 현재 국내에는 고리대장경연구소를 비롯해서 모든 본들이 이(爾)자를 쓰고 있다. 그러나 고리대장경 경판에는 이(尒)자로 되어 있다. 옥편에 보면 '尒'자가 '爾'의 약자로 나와 있지 않고 다른 글자로 되어 있다. 여기서는 고리대장경을 따른다.

112) 고리대장경에서는 '열(悅)'자를 속자로 썼다.

113) 고리대장경에서는 '지(旨)'자를 다른 글자체로 쓰고 있다.

114) 고리대장경에서는 '궤(跪)'자를 다른 글자체로 쓰고 있다.

115) 고리대장경에서는 '금(今)'자를 다른 글자체로 쓰고 있다.

116) 고리대장경에서는 '존(尊)'자를 다른 글자체로 쓰고 있다.

117) 대정신수대장경 주(註): [流布本]에는 경정(鏡淨)=정경(淨鏡)으로 되어 있다.

118) 대정신수대장경 주(註): [流布本]에는 요(耀)=요(曜)로 되어 있다.

119) 대정신수대장경 주(註): [宋]·[元]본에는 증(曾)=상(嘗), [明]본에는 증(曾)=상(常)으로 되어 있다.

120) 고리대장경에서는 '첨(瞻)'자를 다른 글자체로 쓰고 있다.

121) 대정신수대장경 주(註): [宋]·[元]·[明]본에는 주기특법(住奇特法)=주기특지법(住奇特之法)으로 되어 있다.

122) 대정신수대장경 주(註): [宋]·[元]·[明]본과 [流布本]에는 주불소주(住佛所住)=주제불소주(住諸佛住)로 되어 있다.

123) 대정신수대장경 주(註): [宋]·[元]·[明]본에는 주도사행(住導師行)=주도사지행(住導師之行)으로 되어 있다.

寂勝道¹²⁴⁾ 今日天尊 行如來¹²⁵⁾德¹²⁶⁾ 去來現在¹²⁷⁾ 佛佛相念 得无今
佛 念諸佛耶 何故威神 光光乃尒. 於是世尊 告阿難曰, 云何阿難 諸
天教汝 來問佛耶. 自以慧見 問威顏乎. 阿難白佛. 無有諸天 來教我
者 自以所見 問斯義耳.

옮긴글

그때 세존께서는 온몸이 기쁨이 차고 얼굴에 드러난 빛이 맑고
깨끗하시어 빛나는 이마가 높고 커 보였다. 아난다 존자는 붇다의
거룩하신 뜻을 받들어 곧 자리에서 일어나, (까사야¹⁾를 걸어) 오른
어깨를 드러내고 무릎을 꿇고 앉아 두 손 모아 붇다께 사뢰었다.

"오늘 세존께서는 온몸에 기쁨이 차고 얼굴에 드러난 빛이 맑고
깨끗하시고, 빛나는 이마의 높고 크심이 마치 환한 거울이 맑은
것 같아 안팎의 모습이 즐겁고 편안해 보이시며, 훌륭한 모습이
눈부시게 드러나 말로 나타낼 수가 없을 정도인데, 일찍이 지금같
이 뛰어난 모습을 뵌 적이 없습니다.

큰 성인이시여, 제 마음에 생각하고 있는 바를 말씀드리겠습니
다. 오늘 세상이 우러러보는 분께서는 기묘하고 특별한 법에 머무
시고, 오늘 세상의 영웅께서는 붇다가 머물러야 할 곳에 머무시

---

124) 대정신수대장경 주(註): [宋]·[元]·[明]본에는 주최승도(住寂勝道)=주최승지도(住最勝之道)로
되어 있다.

125) 고리대장경에서는 '래(來)'자를 다른 글자체로 쓰고 있다.

126) 대정신수대장경 주(註): [宋]·[元]·[明]본에는 행여래덕(行如來德)=행여래지덕(行如來之德)으
로 되어 있다.
고리대장경에서는 '덕(德)'자를 다른 글자체로 쓰고 있다.

127) 대정신수대장경 주(註): [流布本]에는 재(在)=불(佛)로 되어 있다.

고, 오늘 세상의 눈인 분께서는 중생을 이끌어 주는 스승의 길에 머무시고, 오늘 세상에서 가장 뛰어난 분께서는 가장 좋은 길에 머무시고, 오늘 하늘같이 높은 분께서는 여래의 덕을 행하고 계십니다. 과거·현재·미래의 붇다들은 서로 생각하고 계셔서 특별히 오늘의 붇다라는 경계가 없다는데, 그런 여러 붇다를 생각하고 계시옵니까? 어찌하여 헤아릴 수 없는 빛들이 넘치고 계시옵니까?"

이에 세존께서 아난다에게 말씀하셨다.

"아난다여, 어떻게 된 것이냐? 천신들이 너에게 붇다에게 가서 물어보라고 가르쳐 준 것이냐, 아니면 스스로 슬기에서 우러나 위엄과 낯빛에 관해서 물어보느냐?"

아난다가 붇다께 사뢰었다.

"천신들이 제게 와서 가르쳐 주지 않았고, 스스로 보고 느낀 바를 여쭙는 것입니다."

풀이

(1) 까사야(kaṣāya, ℗ kasāya 또는 kasāva, 袈裟): 산스크리트 까사야(kaṣāya)를 한문으로 가사야(袈裟野)·가라사예(迦邏沙曳)로 옮겼는데, 줄여서 가사(袈裟)라고 썼다. 줄거나 오그라드는(astringent), 향기로운(fragrant); 빨강(red), 흐릿한 빨강(dull red), (불교의 빅슈들이 입는 옷처럼) 누르스름한 빨강[yellowish red(as the garment of buddhist bhikshu)] 같은 뜻을 가지고 있는데, 빅슈들이 입는 옷을 말한다. 장삼 위에, 왼쪽 어깨에서 오른쪽 겨드랑이 밑으로 걸쳐 입는 법복.

佛言 善哉阿難. 所問甚快. 發深智慧 眞妙辯才 愍念衆生 問斯慧
義. 如來 以無盡[128]大悲 矜哀三界 所以出興於世 光闡道教 普令群
萌 獲眞法利[129] 無量億劫 難値難見 猶靈瑞華 時時乃出. 今所問者
多所饒益[130] 開化一切 諸天人民. 阿難當知 如來正覺 其智難量 多所
導御 慧見无导 無能遏絕. 以一喰[131]之力 能住壽命 億百千劫 無數
无量 復過於此 諸根悅豫 不以毀損 姿色不變 光顔無異 所以者何 如
來定慧 究暢無極 於一切法 而得自在. 阿難諦聽 今為汝說.對曰唯然
願樂欲聞.

붇다께서 말씀하셨다.

"아난다여, 참 훌륭하다. 묻는 것이 시원하구나. 중생을 가엾게
여겨 깊은 슬기와 참으로 재치 있는 말솜씨로 슬기로운 질문을 하
는구나. 여래는 그지없이 큰 자비심으로 3가지 세계를 가엾게 여
기기 때문에 세상에 나타나 진리를 밝게 가르치고, 뭇 중생이 널
리 참다운 법의 이익을 얻을 수 있도록 하는 것이다. 이는 끝없는
1억 깔빠(劫)[1] 동안 만나기도 어렵고 보기도 어려운 일로, 마치 우

---

128) 대정신수대장경 주(註): [流布本]에는 진(盡)=개(蓋)로 되어 있다.
129) 대정신수대장경 주(註): [宋]·[元]·[明]본에는 보령군맹 획진법리(普令群萌 獲眞法利)=욕증제
    군맹혜이진실지리(欲拯濟群萌惠以眞實之利)로 되어 있고, [流布本]에는 보령군맹 획진법리(普
    令群萌 獲眞法利)=욕증군맹혜이진실지리(欲拯群萌惠以眞實之利)로 되어 있다.
130) 고리대장경에서는 '익(益)'자를 속자로 쓰고 있다.'
131) 대정신수대장경 주(註): [宋]·[元]본에는 식(喰)=손(湌)으로 되어 있고, [明]본에는 식(喰)=찬(餐)
    으로 되어 있다.

둠바라꽃[2]이 때가 되어야 피는 것과 마찬가지다. 오늘 묻는 것은 흠뻑 많고 넉넉하여 모든 천신과 사람들의 지혜가 열리게 할 것이다.

아난다여, 여래 정등각의 슬기로움은 헤아리기 어렵고, 많은 중생을 가르쳐 이끌고, 꿰뚫어 보는 슬기는 걸림이 없어 막거나 끊을 수가 없다는 것을 알아야 한다. 한 끼니만 먹은 힘으로도 백·천·억 깔빠[3]를 살 수 있으니 그지없고 헤아릴 수 없는 목숨은 이에 비할 바가 못 된다. 온몸은 기쁨에 넘쳐 흐트러지지 않고, 낯빛은 변하지 아니하며, 빛나는 얼굴은 달라지지 않는다. 왜냐하면 여래의 싸마디(定)와 슬기(慧)는 막힘이 없이 훤히 통하고 끝이 없어 모든 법을 거침이 없이 마음대로 할 수 있기 때문이다.

아난다여, 이제부터 이야기할 터이니 잘 듣도록 하여라."

아난다가 사뢰었다.
"그렇게 해주시면, 저는 즐거운 마음으로 듣고자 하나이다."

풀이

(1) 깔빠(劫, kalpa): 산스크리트의 깔빠(kalpa)를 한자로 겁파(劫簸)라고 옮겼는데 흔히 줄여서 겁(劫)이라고 쓴다. 6세기 고대음으로 겁파(劫簸)는 '깝빠'로 읽었기 때문에 본디 소리인 깔빠(kalpa)에 가까웠다. 그러나 현대 북경음으로는 지에뽀(jiepo)라고 읽어 전혀 다른 소리가 나고, 더구나 나중에는 어려운 po(簸)자를 떼어 내버리고 jie(劫)라는 글자만 쓰면서 처음 옮길 때 '소리 나는

대로 옮긴다'는 뜻이 완전히 사라져 버렸다. 한국에서는 그렇게 줄인 낱말을 다시 한국식으로 '겁'이라고 읽어서 그 낱말로 굳어진 것이다. 여기서는 본디 발음과 너무 큰 차이가 나기 때문에 본디 발음인 '깔빠'를 써서 처음 옮길 때의 소리에 가깝게 하였다. 깔빠(劫, kalpa)란 낱말의 뜻에 대해서는 수많은 설이 있지만 가장 많이 쓰는 『지도론(智度論)』 5권의 설만 소개한다. '사방 40리 성안에 겨자(芥子)를 가득 채우고 백 년마다 한 알씩 집어내어, 그 겨자가 다 없어져도 겁은 다하지 않는다.' '둘레 사방 40리 되는 바위를 백 년마다 한 번씩 얇은 옷으로 스쳐서 마침내 그 바위가 닳아 없어지더라도 겁은 다하지 않는다.' 사전에는 '천지가 한 번 개벽한 때부터 다음 개벽할 때까지의 동안이란 뜻으로, 계산할 수 없는 무한히 긴 시간(『우리말대사전』『민중국어사전』)'이라고 설명하고 있다.

(2) 우둠바라꽃(uḍumbara·udumbara, Ⓟ udumbara, 優曇跋羅華): 원문에는 영서화(靈瑞華)인데, 우둠바라(uḍumbara)꽃의 뜻을 한자로 옮긴 것이다. 인두에서 3000년에 한 번씩 바퀴 굴리는 왕(轉輪聖王)이 나타날 때 핀다는 상상의 식물로, 매우 드물다는 비유로 쓰이는 말이다.

(3) 백·천·억 깔빠: 한문본에는 억·백·천 겁(億百千劫)이라고 했는데, 우리가 생각하는 숫자 개념으로는 그저 어렴풋이 미루어 헤아릴 뿐 뚜렷한 뜻이 들어오지 않는다. 산스크리트본을 보

면 1깔빠(kalpa), 100깔빠(kalpaśata), 1000깔빠(kalpasahasra), (100×1000=)10만깔빠(kalpaśatasahasra), 100×1000×100만×1000만깔빠(kalpa-koṭi-niyuta-śata-sahasra)라고 해서 작은 수에서 끝없는 수까지 헤아리는 것을 볼 수 있다. 그래서 여기서도 작은 수에서 많은 수에 따라 100·1000·억으로 옮겼다.

II.

기쁨나라(極樂)는
누가 어떻게 만들었는가?

1. 지난 세상 53명 붇다들

佛告阿難. 乃往過去 久遠无量 不可思議 无央數劫 錠光如來 興出
於世 教化度脫 無量衆生 皆令得道 乃取滅度. 次有如來 名曰光遠 次
名月光 次名栴檀香 次名善山王 次名須弥天冠[132] 次名須彌等曜 次名
月色 次名正念 次名離垢 次名無著 次名龍天 次名夜光 次名安明頂
次名不動地 次名琉璃妙華 次名琉璃金色 次名金藏 次名炎光 次名炎
根 次名地種[133] 次名月像 次名日音 次名解脫華 次名莊嚴光明 次名
海覺神通 次名水光 次名大香 次名離塵垢 次名捨猒意 次名寶炎 次
名妙頂 次名勇立 次名功德持慧 次名蔽日月光 次名日月琉璃光 次名
無上琉璃光 次名㝡上首 次名菩提華 次名月明 次名日光 次名華色王
次名水月光 次名除癡冥[134] 次名度盖行 次名淨信 次名善宿 次名威神
次名法慧 次名鸞音 次名師子音 次名龍音 次名處世 如此諸佛 皆悉
已過.

介時次有佛 名世自在王 如來 應供 等正覺 明行足 善逝 世閒解 無
上士 調御丈夫 天人師 佛 世尊.

---

132) 고리대장경에서는 '관(冠)'자를 다른 글자체로 쓰고 있다.
133) 대정신수대장경 주(註): [流布本]에는 종(種)=동(同)으로 되어 있다.
134) 고리대장경에서는 '명(冥)'자를 다른 글자체로 쓰고 있다.

붇다께서 아난다에게 말씀하셨다.

"옛날, 그지없고 헤아릴 수 없고 셈할 수 없는 깔빠 이전의 지난 날, '등불 켜는 여래(錠光如來)[1]가 세상에 나타나셔서, 끝없는 중생을 가르쳐 삼계를 벗어나게 하시고, 모두 바른길을 깨달아 니르바나에 들게 하였다.

그다음 이어서[2] 나타나신 여래의 이름을 멀리 빛남(光遠)이라 부르고, 다음은 달빛(月光)이라 부르고, 다음은 짠다나향(栴檀香)이라 부르고, 다음은 좋은 산 왕(善山王)이라 부르고, 다음은 쑤메루산 하늘관(須弥天冠)이라 부르고, 다음은 쑤메루산 같은 빛(須弥等曜)이라 부르고, 다음은 달 빛깔(月色)이라 부르고, 다음은 바른 생각(正念)이라 부르고, 다음은 티끌떠남(離垢)이라 부르고, 다음은 집착 없음(無着)이라 부르고, 다음은 용 하늘(龍天)이라 부르고, 다음은 밤빛(夜光)이라 부르고, 다음은 편안하고 환한 꼭대기(安明頂)라 부르고, 다음은 흔들리지 않은 경지(不動地)라 부르고, 다음은 유리 참꽃(琉璃妙華)이라 부르고, 다음은 유리 금빛(琉璃金色)이라 부르고, 다음은 황금 곳간(金藏)이라 부르고, 다음은 불꽃 빛(炎光)이라 부르고, 다음은 불꽃 뿌리(炎根)라 부르고, 다음은 땅에 심음(地種)이라 부르고, 다음은 달 모습(月像)이라 부르고, 다음은 해 소리(日音)라 부르고, 다음은 해탈 꽃(解脱華)이라 부르고, 다음은 장엄 빛(莊嚴光)이라 부르고, 다음은 바다처럼 깨친 신통(海覺神通)이라 부르고, 다음은 물빛(水光)이라 부르고, 다음은 큰 향(大香)이라 부르고, 다음은 티끌과 때를 떠남(離塵垢)이라 부르고, 다음은 싫증 나는 생각을 버림(捨猒意)이라 부르고, 다음은 보배 불꽃(寶炎)이라 부르고, 다음은 묘한 정수리(妙頂)라 부르고, 다음은 날쌔게 일어섬(勇立)이라 부르고, 다음은 공덕 슬기(功德持慧)라 부르고, 다음은 해와 달을 덮는 빛(蔽日月光)이라 부르고, 다음은 해·달·유리 빛(日月琉璃光)이라 부르고, 다음은 위없는 유리 빛(無上琉璃光)이라 부르고, 다음은 가장 높은 머리(寂上首)라 부르고, 다음은 깨달은 꽃(菩提華)이라 부르고, 다음은 달 밝음(月明)이라 부르고, 다음은 햇빛(日光)이라 부르고, 다음은 꽃 빛깔 왕(華色王)이라 부르고, 다음은 물속 달빛(水月光)이라 부르고, 다음은 어리석음을 여읨(除癡冥)이라 부르고, 다음은 가로막음을 제도하는 행(度盖行)이라 부르고, 다음은 맑은 믿음(淨信)이라 부르고, 다음은 좋은 일에 머묾(善宿)³⁾이라 부르고, 다음은 헤아릴 수 없는 힘(威神)이라 부르고, 다음은 가르침 슬기(法慧)라 부르고, 다음은 방울소리(鸞音)라 부르고, 다음은 사자 소리(師子音)라 부르고, 다음은 용 소리(龍音)라 부르고, 다음은 세상살이(處世)라 불렀는데, 이와 같은 여러 붇다가 모두 이어서 나타나셨다.⁴⁾

이때 그다음을 이어 '세상에 거침없는 임금(世自在王)'⁵⁾이라고 부르는, 지난날 붇다들과 같은 길을 오가는 분(如來)⁶⁾, 아르한(阿羅漢)⁷⁾, 바르고 빈틈없이 깨닫고(正等覺)⁸⁾, 슬기와 실천을 갖추고(明行足)⁹⁾, 올바로 살아가고(善逝)¹⁰⁾, 세상일을 훤히 알고(世間解)¹¹⁾, 가장 높고(無上士)¹²⁾, 사나이를 길들이고(調御丈夫)¹³⁾, 신과 사람의 스승이고(天人師)¹⁴⁾, 깨달은 분이고(佛)¹⁵⁾ 우러러볼 만한 분(世尊)¹⁶⁾ 이 나타나셨다.

풀이

(1) 등불 켜는 여래(Dīpaṃkara, 錠光如來): 디빵까라(Dīpaṃkara)는 〈한문 경전〉에서 소리 나는 대로 디화갈라(提惒竭羅)로 옮겼는데, 디빵까라로 정확히 옮긴다. 뜻으로는 등 불빛 여래(錠光如來)나 등불 켜는 붇다(燃燈佛)라고 옮겼다. 정(錠)은 옛날 기름으로 밝힌 등잔을 뜻한다. 먼 옛날 사꺄무니 붇다에게 붇다가 될 것이라고 수기(授記)를 내린 붇다이기도 하다. 산스크리트에서 디빠(dipa)는 빛(light), 등불(lamp), 호롱불(lantern)을 나타내고, 까라(kara)는 행위자(doer), 만든 사람(maker), 원인이 되는 사람(causer)이라는 뜻이다. 그러므로 디빵까라(Dīpaṃkara)는 '빛내는 분(light-causer)'이나 '등불 켜는 분'이라는 뜻이다. 산스크리트 원문에는 dīpaṃkaro nāma tathāgato 'rhan samyaksaṃbuddho loka udapādi라고 되어 있는데, '등불 켜는 분(dīpaṃkara)'이라고 부르는(nāma: named, called) 여래(tathāgato) 아르한(arhan) 바르고 빈틈없이 깨달은 분(samyaksaṃbuddho, 正等覺)이 세상에 나타나셨다(loka udapādi)라고 옮길 수 있다.

(2) 붇다가 나타나는 순서가 여러 번역본과 산스크리트본에서 각각 다르게 옮겨져 일본 학계에서는 많은 논의가 있었다(『원시 정토사상 연구』 177~178, 『정토삼부경 개설』 68~71쪽 등). 이 『무량수경』은 '다음은 ~가 계셨고(次有)', '다음 이름은(次名)'이라 했고, 『대아미따경』은 '다음 또 붇다가 있으니(次復有佛)'라고 했고, 『평등각경』에는 '또 다음 붇다가 있으니(復次有佛)'라고 해서 가장 먼저 '등불

켜는 붇다'가 나오고 마지막 '세상에 거침없는 왕이라는 붇다(世自在王)'가 나오는데, 『무량수여래회』에서는 '붇다 이전에 또 여래가 있으니(佛前復有如來)', 『대승무량수장엄경』에서는 '~붇다 전에 붇다가 있으니(佛前有佛)'라고 해서 '세상에 거침없는 왕'이라는 붇다가 가장 오래된 붇다로 나온다. 산스크리트본을 옮긴 후지타 코타츠(福田宏達)는 '그보다 더 앞에(それよりに前に)'라고 했고 뵤도 츠쇼(平等通照)도 '더 앞에(更に前に)'라고 옮겨 순서가 『무량수경』과 완전히 반대다. 이런 논란은 산스크리트 '빠레나(pareṇa)'의 해석 차이에서 온 것이다. 빠레나는 두 가지 뜻이 있다. ① 더 앞에(farther), 지나간 과거의(past), ② 그 뒤 바로(thereupon), 그 뒤(afterwards), ~보다 뒤(later than), 다음에(after) 같은 뜻이다. 여기서는 ②의 해석에 따라서 옮긴 쌍가바르만(康僧鎧)의 설을 따른다.

(3) 불교에서 선숙(善宿)으로 읽을 때는 '좋은 일에 머뭄'이라 새기고, 선수(善宿)로 읽을 때는 별자리를 말한다. 산스크리트본 81명 이름에 별자리는 나오지 않아 선숙으로 새겼다.

(4) 맨 처음 등불 켜는 붇다(定光如來)를 비롯하여 여기까지 53명의 여래 이름이 이어지고, 이어서 다음에 54번째 세상에 거침없는 임금(世自在王, Lokeśvararāja)이라는 여래가 바로 아미따바 붇다 전생인 공덕샘(法藏)빅슈가 귀의한 붇다이시다. 그러므로 아미따바 붇다는 이 붇다 족보에 따르면 55번째 붇다가 되는 것이다. 그런데 다른 번역본들을 보면 모두 여래의 숫자가 다르다. 『평등

각』에는 37명, 『대아미따경』에는 33명, 『대보적경(大寶積經)』에 나오는 「무량수여래회(無量壽如來會)」에는 41명, 『불설대승무량수장엄경』에는 37명, 산스크리트본에는 무려 81명의 붇다가 나온다. 여기 나오는 붇다들의 이름을 모두 한글로 제대로 옮기려고 했으나, 다음과 같은 2가지 까닭으로 한자를 우리말로 옮겼다. ① 무량수경의 54명 붇다에 비해 산스크리트본의 81명은 너무 많아 서로 대조하여 정확한 이름을 알아내기가 어려웠다. ② 등불 켜는 붇다나 세상에 거침없는 왕이란 여래를 빼고는 다른 경전이나 논서에 거의 나오지 않는 과거 붇다들이기 때문이다.

(5) 세상에 거침없는 임금(Lokeśvararāja, 世自在王): 한문본에는 세자재왕(世自在王)이다. 산스크리트 로께스바라라자(Lokeśvararāja)를 옮긴 것인데, 로까(Loka)-이스바라(iśvara)-라자(rāja)를 합친 겹씨다. ① 로까(loka)는 공간(open space), 곳(place, 場所), 지방(region), 지역(district), 나라(country), 넓은 공간이나 세계(the wide space or world), 우주나 우주의 한 부분(the universe or any division of universe), 하늘(heaven), 땅(earth), 인류(inhabitants of the world), 평민(folk), 백성(people), 일상생활(ordinary life), 세상살이(worldly affairs, 世上事)라는 뜻인데, 한문 경전에서는 세(世) 세간(世間) 세계(世界) 백성(百姓) 중생(衆生)이라고 옮겼다. ② 이스바라(iśvara)는 할 수 있는(able to do), 유능한·역량있는(capable of)이란 뜻으로 한문에서는 자재(自在)라고 해서 마음대로, 거침없이 할 수 있는 역량을 말한다. 『평등각경』 세요(世饒)라고 해서 '세

상을 넉넉하게 하는'이라고 옮겼다. ③ 라자(rāja)는 왕(king) 군주(sovereign), 그 종족의 우두머리 또는 가장 좋은 것(chief or best of its kind)이란 뜻이다.

『대아미따경』에서는 루이담라(樓夷亘羅)라고 소리 나는 대로 옮겼고, 『평등각경』에서는 소리 나는 대로 루이담라(樓夷亘羅)라고 옮기고 이어서 세요왕(世饒王)이라고 뜻으로 옮겼다. 『무량수여래회』에서는 세간자재왕(世間自在王)이라고 했고, 『대승무량수장엄경』과 쌍가바르만의 『무량수경』에서는 세자재왕(世自在王)이라고 옮겼다. 소리 나는 대로 옮긴 루이담라(樓夷亘羅)는 본디 소리와 너무 동떨어지기 때문에 정확하게 로께스바라라자로 옮기고, 뜻으로는 세간보다는 더 알기 쉬운 세상을 써서 '세상자재왕(世上自在王)'이나 '세상풍요왕(世上豐饒王)'으로 옮기는 것이 좋겠고, 굳이 완전한 우리말로 옮긴다면 '세상에 거침없는 임금(世上自在王)' '세상을 넉넉하게 하는 임금(世上豐饒王)'이라고 옮길 수 있다.

(6) 같은 길을 오가는 분(tathāgata Ⓟ Tathāgata, 如來, 多陀阿伽陀): 붇다를 달리 이르는 이름 가운데 하나. 산스크리트 따타가따(Tathā-gata, 如來)에서 따타(Tathā)는 ~와 같이(so, 如), 이렇게(thus) 같은 뜻이고, 가따(gata)는 '오고 가는 것'을 뜻한다. 그래서 산스크리트-영어사전에서 따타-가따(Tathā-gata)는 '본디 특성이나 본질을 그대로 갖춘 존재(being in such a state or condition, of such a quality or nature)'라는 설명과 함께 '[과거 붇다들이 걸었던] 같은 길을 오가는 분(he who comes and goes in the same way[as the

Buddhas who preceded him])'이라고 덧붙여 가따(gata)가 '오고 가는 것'을 뜻한다는 것을 알 수 있다.

붇다를 이르는 총칭으로 쓰이고, 다음 10가지는 '여래의 열 가지 이름(如來十號)'이라고 한다. 여래까지 합하면 11가지가 된다.

(7) 아르한(arhan(남성)·arhat(중성)ⓟ arahant, 應供, 阿羅漢): 붇다를 달리 이르는 열 가지 이름 가운데 하나. 산스크리트 아르한(arhat)의 남성 단수 주격인 아르한(arhan)을 소리 나는 대로 옮긴 것이다. 한자로는 'ar-'라는 소리마디(音節)를 정확하게 옮길 수 없으므로 '阿羅'로 옮긴 것을 한국식으로 '아라'라고 읽은 것이다. 한글은 더 정확하게 아르(ar)라고 읽을 수 있으므로 '아라'보다는 '아르'로 소리 내는 것이 좋다. 이때도 '아르'를 한 소리마디로 해야 하기 때문에 '르'를 아주 짧게 소리 내야 한다. 앞으로 이 경에서는 '아르한'으로 옮긴다. 붇다 제자(聲聞)가 깨닫는 과정이 스로따-아빤나(srota-āpanna, ⓟ sotāpanna, 須陀洹)·싸끄릳-아가민(sakṛd-āgāmin, ⓟ sakad-āgāmin, 斯陀含)·안-아가민(anāgāmin, 阿那含)·아르한(阿羅漢) 4단계가 있는데, 그 가운데 가장 윗자리가 아르한이다. 3계의 번뇌(견혹과 미혹)를 모두 끊고 닦음이 완성되어 존경과 공양을 받을 수 있는(worthy, venerable, respectable) 지위를 얻은 분을 말한다. 한문으로는 '공양을 받을(應供) 자격이 있는 분'이라는 뜻으로 최고의 깨달음을 얻은 이를 말한다.

(8) 바르고 빈틈없이 깨달은 분(samyak-saṃbuddha ⓟ

sammāsambudha, 正等覺者·正遍知, 三藐三佛陀): 붇다를 달리 이르는
열 가지 이름 가운데 하나. 싸먁(samyak)은 싸먄쯔(samyañc)를 겹
씨로 만들 때 앞가지로 쓰인다. 옳은(correct), 빈틈없는(accurate),
올바른(proper), 진짜의(true), 바른(right) 같은 뜻이고, sam-은 움
직씨에 붙는 앞토씨로 '완전하다'는 뜻을 나타낸다. 그래서 쌈붇
다(sambuddha)는 빈틈없는(完全) 깨달음이라고 옮길 수 있다. 그
래서 '바르고 빈틈없는 깨달음'이라고 할 수 있다.

(9) 슬기와 실천을 갖춘 분(vidyā-caraṇa-sampanna Ⓟ
vijjācaraṇasampanna, 明行足): 붇다를 달리 이르는 열 가지 이름 가
운데 하나. 비댜(vidyā)는 앎(knowledge), 짜라나(caraṇa)는 행함
(acting) 행동(conduct), 쌈뻰나(sampanna)는 이룬(effected), 완성한
(accomplished), 마친(finished), 모두 갖춘(completed)이란 뜻이므로
'슬기와 실천을 갖춘 분'이라고 옮겼다. 숙명명(宿命明), 천안명(天眼
明), 누진명(漏盡明)의 3명(明)과 몸, 입, 뜻의 3행(行)을 원만히 갖추
었으므로 그렇게 부른다.

(10) 잘 해낸 분(sugata, 善逝): 붇다를 달리 이르는 열 가지 이름
가운데 하나. 쑤가따(sugata)는 잘 해낸 분(one who has fared well)
을 뜻한다. 깨달음의 경지에 가서 미혹의 세계로 다시 돌아오지
않음을 뜻한다.

(11) 세상을 훤히 아는 분(loka-vid, Ⓟ Lokavidū, 世間解): 붇다를

달리 이르는 열 가지 이름 가운데 하나. 로까는 세상이고, vid는 알고 있는(knowing)이란 뜻이므로 '세상을 훤히 아는 분'이라고 옮겼다.

(12) 가장 높은 분(anuttara P annuttaro, 無上士): 붇다를 달리 이르는 열 가지 이름 가운데 하나. 아눋다라(anuttara)는 가장 높은(best), 뛰어난(excellent)이란 뜻으로 '가장 높은 분'이라고 옮겼다. 붇다는 정을 가진 존재 가운데서 가장 높아서, 위가 없는 큰 사람(大士)이라는 뜻이다.

(13) 사나이를 길들이는 지도자(puruṣa-damya-sārathi, P purisadammasārathi, 調御丈夫): 뿌루사(puruṣa)는 사나이(a man), 남자(male), 인간(human being), 다먀(damya)는 길들일 수 있는(tamable), 싸라티(sārathi)는 지도자(any leader)나 안내자(guide)라는 뜻이므로 '사나이를 길들이는 지도자'라고 옮길 수 있다. 붇다는 큰 사랑과 큰 슬기를 가지고, 때로는 부드럽고 아름다운 말로, 때로는 슬프고 다급하거나 자질구레한 말로, 수많은 방편을 써서 수행자(사나이, 丈夫)를 다스려(調御) 니르바나에 이르게 한다는 뜻이다.

(14) 신과 사람의 스승(śāstā deva-manuśyāṇāṃ P satthā deva manussānaṃ, 天人師): 사스따(śāstā)의 원형인 사스뜨리(śāstṛ)는 스승(teacher), 지도자(instructor), 데바(deva)는 신(a deity, god), 마누샤

(manuśyā)는 사람, 인간(man)을 뜻하므로 '신과 사람의 스승'이라고 옮길 수 있다. 중생을 어떤 것은 해야 하고 어떤 것은 해서는 안 된다고, 또 어떤 것이 좋고 어떤 것이 나쁘다고 가르치고 이끌어 번뇌에서 벗어나게 하는 스승이라는 뜻이다.

(15) 깨달은 분(buddha, ℙ 같음, 佛): 남김없이 깨달은 분(a fully enlightened man who has achieved perfect knowledge of the truth and thereby is liberated from all existence and before his own attainment). 스스로 깨닫고 남을 깨닫게 하고, 과거 현재 미래 3세의 모든 법을 다 알아보는(知見) 분이라는 뜻.

(16) 우러러볼 만한 분(bhagavat ℙ Bhagavā, 世尊): 바가반(bhagavat)은 이름난(glorious), 뛰어난(illustrious), 신성한(divine), 우러러볼 만한(adorable), 훌륭한(venerable)이란 뜻이므로 우러러볼 만한 분이라고 옮겼다. 뭇 덕을 갖추고 있어 세상 사람들이 존중하고 공경하는 분이라는 뜻.

2. 임금 자리 버리고 출가한 공덕샘(法藏) 빅슈

한문

時有國王 聞佛說法 心懷悅豫 尋發无上 正真道意 棄國捐王 行作 沙門 号曰法藏 高才勇哲 與世超異. 詣世自在王如來所 稽首佛足 右 遶三帀 長跪合掌 以頌讚曰.

옮긴글

그 무렵 한 나라의 임금이 그 붓다의 설법을 듣고 마음에 커다 란 기쁨으로 가득 차, 도(道)를 찾겠다는 위 없고 바르고 참된 마 음을 내어, 나라와 임금 자리를 버리고 스라마나(沙門)[1]의 길을 걷 게 되었다. 호를 공덕샘(法藏)[2]이라고 불렀는데, 재주가 있고 날쌔 고 사리에 밝은 것이 세상의 여느 사람과 달리 뛰어났다.

그는 '세상에 거침없는 임금(世自在王)'이라는 붓다가 계시는 곳 으로 나아가 붓다 발에 머리를 조아리고 오른쪽으로 세 번 돈 뒤, 두 무릎을 대고 꿇어앉아 손은 모으고 게송(頌)[3]으로 공덕을 기려 사뢰었다.

풀이

(1) 스라마나(śramaṇa, ℙ samaṇa, 沙門): 고대 인두는 ① 브랗마 나(brāhmaṇa, 婆羅門, 祭司) ② 끄샤뜨리야(kṣatriya, 刹帝利, 王族) ③ 바이샤(vaiśya, 吠舍, 商人·農人) ④ 수드라(śūdra, 首陀羅, 奴隸) 같은 4

가지 계급이 있었는데, 제사를 비롯한 모든 종교적 행사는 오로지 브랑마나(婆羅門)가 담당했다. 그러나 사회가 발달하고 변하면서 계급제도가 무너지고 많은 사상가가 나타나기 시작하였다. 새로운 사상가들은 브랑마나와는 달리 가정생활을 하지 않고 집을 나와(出家) 산속 같은 조용한 곳에서 명상을 통해 깨달음을 얻은 뒤 전국을 돌아다니며 자신의 사상을 전했다. 이런 새로운 수행자들을 스라마나(śramaṇa, ⓟ samaṇa, 沙門)라고 했다. 스라마나는 본디 making effort('온 힘을 다하다, 애쓰다, 노력하다)라는 뜻인데, 힘든 수행(苦行)을 하는 사람(one who performs acts of mortification or austerity), 고행자(ascetic)를 뜻하게 되었다. 붇다 자신이 바로 스라마나였고, 붇다의 가르침을 듣고 많은 브랑마나가 집을 나와 제자가 되면 바로 그 순간부터 스라마나가 되었다. 초기경전에는 또 붇다가 제자들을 부를 때 빅슈(bhikṣu, 比丘)라는 낱말이 많이 나온다. 빅슈(bhikṣu, 比丘)는 본디 빌어먹는 사람(begger, 乞食者), 동냥아치(mendicant)를 뜻하는데, 특히 브랑마나들의 4가지 삶 가운데 마지막 단계를 그렇게 불렀다. 한자에서 스라마나(śramaṇa)를 실라말라(室羅末拏)·사라마나(舍囉摩拏)·질마나나(喧摩那拏)처럼 옮겼는데, 본디 소리와는 많이 다른 사문(沙門)이 일반화되었다. 이에 대해 사문(沙門)은 불교가 중앙아시아에 퍼지면서 쿠차(Kucīna, 龜玆, 현재 Kucha) 말인 싸마네(samāne)나 우전(Ku-stana, 于闐, 현재 Khotan) 말인 싸마나(ssamanā)를 옮긴 것으로 보고 있다.

(2) 공덕샘(法藏, Dharmākara): 한문 번역문에 법장(法藏)이라고

뜻에 따라 옮겼는데, 『대아미따경』에서는 담마가(曇摩迦), 『평등각경』에서는 담마가류(曇摩迦留)라고 소리 나는 대로 옮겼으며, 뜻으로는 『무량수여래회』에는 법처(法處), 『대승무량수장엄경』에는 작법(作法)이라고 했다. 다르마까라(Dharmākara)는 다르마(Dharma)와 아까라(ākara)를 합친 겹씨(合成語)다. 다르마(dharma)는 불변의 법령(steadfast decree), 법규(statute), 포고(ordinance), 법(law); 관습(usage), 풍습(practice), 관습법이나 규정된 행위(customary observance or prescribed conduct), 의무(duty): 올바름(right), 정의(justice); 덕(virtue), 덕성(morality), 종교(religion), 종교적 가치(religious merit), 좋은 일(good works, 善行) 같은 아주 많은 뜻을 가지고 있지만, 한문 경전에서는 모두 법(法)으로 옮겨버렸기 때문에 전체의 뜻을 잘 살피지 않으면 참뜻을 알기 어렵다. 아까라(ākara)는 흩뿌리는 사람(撒布者), 주는 사람(授與者); 넉넉하게 많음(豊富), 살림이 넉넉함(潤澤); 광산(鑛山), 근원(源) 같은 뜻을 가지고 있다. 산스크리트-영어 사전에서 다르마까라(dharmākara)는 'mine of virtue'라고 했다. 그렇기 때문에 여기서 다르마(dharma)는 우리가 흔히 아는 법(法)이 아니라 덕(virtue, 德)이고, 아까라(ākara)는 mine으로 광산(鑛山), 풍부한 자원(資源), 보물 곳간(寶庫) 같은 뜻이라는 것을 알 수 있다. 덕(德)이란 '밝고 크고 옳고 빛나고 아름답고 부드럽고 착하여 사람으로서 가야 할 올바른 길을 제대로 가는 마음이나 그 짓(行爲)'을 말하며, 그런 마음이나 짓을 힘들여 쌓아 이룬 것을 공덕(功德)이라고 한다. 쌍가바르만은 그런 '덕이나 공덕의 장(法藏)'이라고 옮겼는데, 여기서 장(藏)이란 흔히 우리가 많이 쓰는 감추다, 품다, 저장하다 같은 움직씨 말고, 이름씨 (名詞)로 쓸 때는 '(물건을 저장하는) 곳집'이란 뜻으로 쓰인다. 그러 므로 법장(法藏, Dharmākara)을 우리말로 옮기면 '공덕의 곳집'이 된다. 다르마까라(Dharmākara)의 다르마를 덕(德)보다는 공덕(功德)으로 옮기는 것은 붇다의 덕은 단순히 사람으로서의 길을 행 하는 것이 아니라 보디쌑바로서 수많은 깔빠(劫) 동안 공덕을 쌓 아 붇다가 되기 때문이다. 쌍가바르만이 곳집(藏)으로 옮긴 아까 라(ākara)는 앞에서 보았듯이 '넉넉하게 많음(豊富)', '살림이 넉넉함 (潤澤)'처럼 곳간에 쌓아놓은 재산이 많다는 뜻도 있지만 사전에 말하는 'mine'처럼 계속 캐낼 수 있는 보고(寶庫)나 광산, 그리고 물이 끊임없이 나오는 샘(根源)이라는 뜻도 있다. 그렇기 때문에 여기서는 쌓아놓는 곳간보다는 공덕이 끊임없이 나오는 샘(源)이 라는 뜻에서 '공덕샘'이라고 옮긴다. 공덕을 캐내는 광산보다는 공 덕이 끊임없이 솟아나는 샘이란 뜻이 더 들어맞기 때문이다.

(3) 게송(gāthā, 頌): 산스크리트를 음으로는 가타(伽陀)·게타(揭陀) 따위로 옮겼고, 뜻으로는 송(頌)·게송(偈頌)·풍송(諷誦) 따위로 옮겼다. 경전에서 붇다를 기리는 운문체의 시구(詩句)를 말하는 것으로, 8자(字)짜리 4토막(4句)이 한 마디(一節)를 이룬다.

한문

光顔巍巍 威神無極 如是炎明 無與等者

日月摩尼 珠光炎耀 皆悉隱蔽 猶如¹³⁵⁾聚墨

如來容顏¹³⁶⁾ 超世無倫 正覺大音 響流十方

戒聞精進 三昧智慧 威德無侶 殊勝希有

深諦善念 諸佛法海 窮深盡奧 究其崖¹³⁷⁾底

無明欲怒 世尊永無 人雄師子 神德無量

功德¹³⁸⁾廣大 智慧深妙 光明威相 震動大千

願我作佛 齊聖法王 過度生死 靡不解脫

布施調意 戒忍精進 如是三昧 智慧為上

吾誓得佛 普行此願 一切恐懼 為作大安

옮긴글

빛나는 얼굴 드높고 위신력 끝없어
불꽃처럼 밝은 빛 견줄 이 없으니,
해·달·마니¹⁾가 불타듯 빛나 보이지만
모두 다 가려지고 숨겨져 먹칠한 것 같아라.

거룩한 여래 얼굴 세간을 벗어나니 또래가 없고
바로 깨달은 높은 말소리 시방에 울려 퍼지니,
계 지킴²⁾, 부지런히 애씀, 싸마디³⁾, 슬기

---

135) 대정신수대장경 주(註): [流布本]에는 여(如)=약(若)으로 되어 있다.

136) 대정신수대장경 주(註): [宋]·[元]·[明]본에는 용안(容顏)=안용(顏容)으로 되어 있다.

137) 대정신수대장경 주(註): [宋]·[元]·[明]본과 [流布本]에는 애(崖)=애(涯)로 되어 있다.

138) 대정신수대장경 주(註): [宋]·[元]·[明]본과 [流布本]에는 덕(德)=훈(勳)으로 되어 있다.

점잖고 어짊이 벗할 이 없어 뛰어나고 드무네.

깊은 진리 훌륭한 생각, 여러 붇다가 가르친 바다는
더 할 수 없이 깊고 깊어 맨 끝 바닥에 이르고,
무명·탐냄·성냄 영원히 여의신 우러러볼 만한 분
인간 영웅과 스승의 신령한 공덕 그지없어라.

공덕과 어진 덕 크넓고 지혜 깊고 묘하여
밝은 위엄과 모습 대천세계를 흔드시니,
저도 붇다 되어 거룩한 법왕처럼 갖추어
나고 죽는 바다를 건너 해탈을 바라나이다.

베풀고 다잡고 계 지키고 참고 부지런히 힘써
붇다처럼 가장 높은 싸마디와 지혜 얻어[4]
붇다 되길 다짐하오니 이 바램을 널리 행하여
모든 두려움과 근심 여의고 평안을 이루게 하소서.

풀이

(1) 마니(摩尼, maṇi): 산스크리트를 음으로 옮긴 것으로 마니(摩尼)·말니(末尼)·마니보(摩尼寶)·마니주(摩尼珠)라고도 한다. 구슬(珠)·보석구슬(寶珠)이라는 뜻인데 구슬과 옥돌을 통틀어 일컫는 말이다. 일반적으로 마니에는 액운이나 재난을 없애주고 흐린 물을 맑게 해주는 덕이 있다고 한다. 특히 무엇이든 하고자 하는 대로

가지가지 덕을 주는 구슬을 여의보주 또는 여의주라고 하는데 산스크리트 cintā-maṇi를 옮긴 것이다. 천수관음의 40수 가운데 바른 손은 일정마니(日精摩尼), 왼쪽 손은 월정마니(月精摩尼)를 가지고 있다.

(2) 원문에 계문(戒聞)이라고 했는데, 문(聞)자는 '삼가 받다, 가르침을 받다, 알다'라는 뜻이 있어 계를 잘 받아 지녔다는 뜻이 있기 때문에 계를 지킨다는 뜻으로 옮긴다.

(3) 싸마디(samādhi ℙ 같음, 三昧): 산스크리트 싸마디(samādhi)는 온 신경을 집중하거나 마음을 어떤 것에 고정하는 것, 의도, 주의; intense application or fixing the mind on, 어떤 일에만 오로지 마음을 씀(intentness), 마음집중(attention); 생각을 집중(concentration of the thoughts), 깊은 또는 어려운 명상(profound or abstract meditation), (보는 사람이 명상 대상과 하나가 되도록) 어떤 특정 대상을 온 신경을 모아 보는 것(intense contemplation of any particular object-so as to identify the contemplator with the object meditated upon). 〈한문 경전〉에서 소리 나는 대로 삼매지(三昧地)·삼마지(三摩地)·삼마제(三摩提)·삼마제(三摩帝)라고 옮겼는데 모두 싸마디라고 읽어야 한다. 뜻으로는 등지(等持)·정(定)·정정(正定)·정의(定意)·정심행처(正心行處) 따위로 옮겼다. 수행은 대부분 마음을 한 곳에 멈추어(止) 흩어지지 않게 하여 편안하고 고요하게 이어가도록 하는 것인데, 이것을 싸마디(samādhi, 三昧)라고 한

다. 처음 경전을 옮길 때는 삼마지(三摩地, samādhi, 三昧·等持)·삼마발저(三摩鉢底, samāpatti, 等至·正受·正定·現前)·삼마히다(三摩呬多, samāhita, 等引·勝定)를 뒤섞어 썼는데, 나중에는 싸마디(三昧)가 일반화되었다. 우리가 흔히 말하는 삼매(三昧)란 이 싸마디(三摩地, 三昧地)를 말하는 것이다. 한문에서 이처럼 삼매지(三昧地)를 삼매(三昧)라고 줄여 쓴 것은 이 시구에서 보듯이 계문정진(戒聞精進) 삼매지혜(三昧智慧) 위덕무려(威德無侶) 수승희유(殊勝希有)처럼 모두 4자씩으로 짜여야 하는데 삼매지지혜(三昧地智慧)라고 할 수 없기 때문에 삼매지(三昧地)→삼매(三昧)로 줄인 것이다. 이 무량수경에 나오는 광보적정(廣普寂定) 심입보살법장(深入菩薩法藏)이란 문장의 적정(寂靜)이란 낱말도 바로 이 싸마디를 옮긴 것이다.

(4) 산스크리트 원문에는 dāna-damatha-śīla-kṣānti-vīrya-dhyāna-samādhi tathaiva agraśreṣṭhāṁ라고 되어 있다. 그대로 옮기면, '베풂(布施) 다잡음(調伏) 삼감(戒) 참음(忍辱) 힘씀(精進) 깊은 생각(禪那) 고요(定) 가운데 가장 뛰어나다(tathaiva agraśreṣṭhāṁ)'라는 뜻이다. 이것은 바로 6가지 빠라미따(pāramitā, 바라밀)를 이야기하는 것인데, 한문 번역에 들어 있는 슬기(prajñā, 智慧)가 빠지고 다잡음(damatha, selfcontrol, 調伏)이 더 들어가 있다.

假令[139]有佛 百千億万 無量大聖 數如恒沙

供養一切 斯等諸佛 不如求道 堅正不卻

譬如恒沙 諸佛世界 復不可計 無數剎土

光明悉照 遍此諸國 如是精進 威神難量

令我作佛 國土第一 其衆奇妙 道場超絕

國如泥洹 而無等雙 我當愍哀[140] 度脫一切

十方來生 心悅淸淨 已到[141]我國 快樂安隱[142]

幸佛信明[143] 是我眞證 發願於彼 力精所欲

十方世尊 智慧無礙 常令此尊 知我心行

假令[144]身止 諸苦毒中 我行精進 忍終不悔

이를테면 백 천 만억 붇다가 게시고
큰 성인 그지없어 강가강 모래1) 같아도,
모든 붇다께 다 이바지하고 꼭 도를 구해
굳게 다잡아 물러나지 않겠사옵니다.

---

139) 대정신수대장경 주(註): [流布本]에는 영(令)=사(使)로 되어 있다.

140) 대정신수대장경 주(註): [流布本]에는 민애(愍哀)=애민(哀愍)으로 되어 있다.

141) 대정신수대장경 주(註): [宋]·[元]·[明]본에는 도(到)=지(至)으로 되어 있다.

142) 대정신수대장경 주(註): [流布本]에는 은(隱)=은(穩)으로 되어 있다.

143) 대정신수대장경 주(註): [宋]·[元]·[明]본에는 신명(信明)=명신(明信)으로 되어 있다.

144) 대정신수대장경 주(註): [宋]·[元]·[明]본과 [流布本]에는 영(令)=사(使)로 되어 있다.

강가강 모래 같은 모든 붇다나라
헤아릴 수 없이 많은 나라가 있더라도,
밝고 환한 빛 모든 나라를 두루 비추듯
셀 수 없는 정진과 위신력 헤아리기 어려우리라.

제가 붇다 되면 나라 땅은 가장 으뜸이요
중생은 빼어나고 도량은 기준을 뛰어넘어,
나라가 니르바나[2]처럼 견줄 짝이 없게 되면
제가 모두를 가엾이 여겨 해탈시키겠나이다.

시방에서 와 나면 마음이 기쁘고 맑고 깨끗하며
저의 나라에 다다르면 즐겁고 조용하고 편안하리니,
바라오니 붇다의 믿음과 빛으로 저의 참뜻을 밝혀서
바라는 대로 힘과 정성을 다할 수 있도록 해주옵소서.

시방의 세존들은 지혜가 걸림이 없으니
늘 그 세존들께서 저의 마음 닦음을 아시고
어쩌다 이 몸이 힘든 괴로움에 머물더라도
부지런히 참고 닦아 끝까지 후회하지 않겠나이다.

풀이

(1) 강가강(Gaṅgā-nadi, 恒河 또는 恒河): 원문에는 항사(恒沙)라고 되어 있는데, 긍하(恒河)의 모래(沙)를 줄인 것이다. 우리가 흔히

항하(恆河 또는 恒河)라고 옮기는데, 잘못된 것이다. 산스크리트본에 강가(Gaṅga)라고 되어 있는데, 바로 강가라는 강(江) 이름이다. 인두(印度) 히말라야산맥에 근원을 두고 동쪽으로 흘러 뱅골만으로 흘러들어가는 강으로 길이는 1,557마일(2,506㎞)이다. 흔히 경전에서 헤아릴 수 없이 많은 단위를 이야기할 때 '강가강의 모래(恆河沙)와 같다'고 표현하였다. 현재도 인두 지도에는 이 강 이름이 Ganga라고 표시되어 있으나, 근대 인두를 지배한 영국인들이 Ganga의 영어 복수형인 갠지스(Ganges)를 쓰면서(4강을 합해 모두 5강으로 이루어졌다) 갠지스강으로 알려졌다. 한문으로는 소리 나는 대로 강가(强迦)·긍가(殑迦)·긍가(恆迦)로 옮기고, 강(江) 이름이기 때문에 한 글자를 줄여 긍(恆)에다가 한문의 강(江)을 뜻하는 하(河)나 수(水)를 더해 흔히 긍하(恆河) 또는 긍수(恆水)라고 불렀다.

　현재 한국의 옥편에도 [恆(恒자의 본디 글자)]자는 2가지로 읽히고 있다. '늘·언제나' 같은 뜻으로 새길 때는 항(hêng)이라고 읽고(보기: 恒常), '뻗치다·두루 미치다'는 뜻으로 새길 때는 긍(kêng)으로 읽는다. 지금 한국에서는 대부분 항하(恆河)로 읽고 있는데 잘못 읽은 것이며, 반드시 긍가(恆迦)·긍가하(恆迦河)·긍하(恆河)로 읽어야 한다. 강가(Gaṅgā)의 실제 소릿값은 우리말의 '강가'나 '겅가'에 가깝다. 산스크리트 홑소리(母音)에서 ā는 [a]를 길게 내는 소리지만, a는 [a]와 [ə]는 중간음으로 영어 sun(sʌn)의 [ʌ]에 가깝기 때문이다. 그리고 우리나라에서는 강 이름을 부를 때 한어(漢語)처럼 하(河)를 쓰지 않기 때문에 강가강(恒迦江)이라고 읽고, 또 그렇게 옮겨야 할 것이다.

(2) 원문에는 니환(泥洹)이라고 되어 있는데, 산스크리트 니르바나(nirvāṇa)를 소리 나는 대로 옮긴 것으로 6세기에는 니루완(niruan)으로 읽었다. 우리가 흔히 많이 쓰는 열반(涅槃)은 열반나(涅槃那)를 줄여서 쓰는 것인데, 이것도 니르바나(nirvāṇa)를 소리 나는 대로 옮긴 것이다. 처음 옮길 때는 넷봔나(niɛtbwanna)였는데, 현재 한어 표준어인 보통화에서는 涅[niè] 槃[pán]이라고 읽어 본디 소리와 비슷하다는 것을 알 수 있다. 그런데 한국에서 읽은 '열반'은 한문을 한국식으로 읽은 것으로 본디 소리와 너무 동떨어졌다는 것을 알 수 있다. 한편 영어에서도 nir·va·na[nəːrvάːnə, niər-, -vǽnə]라는 단어가 일반화되었기 때문에 우리도 '니르바나'로 읽는 것이 바람직하다.

한문
___

佛告阿難. 法藏比丘 說此頌已 而白佛言. 唯然世尊 我發無上 正覺之心 願佛為我 廣宣經法 我當修行 攝取佛國 清淨莊嚴 無量妙土. 令我於世 速成正覺 拔諸生死 勤苦之本.
佛語[145]阿難. 時世自在[146]王佛 告[147]法藏比丘 如所修行 莊嚴佛土

___

145) 대정신수대장경 주(註): [宋]·[元]·[明]본에는 어(語)=고(告)로 되어 있다.
146) 대정신수대장경 주(註): [流布本]에는 자재(自在)=요(饒)로 되어 있다.
147) 대정신수대장경 주(註): [宋]·[元]·[明]본에는 고(告)=어(語)로 되어 있다.

汝¹⁴⁸⁾自當知.

比丘白佛 斯義弘深 非我境界. 唯願世尊 廣為敷演 諸佛如來 淨土之行 我聞此已 當如說修行 成滿所願. 爾時 世自在王佛 知其高明志願深廣 即為法藏比丘 而說經言, 譬如大海 一人斗¹⁴⁹⁾量 經歷劫數 尚可窮底 得其妙寶 人有至心 精進求道不止 會當剋果 何願不得. 於是 世自在王佛 即為廣說 二百一十億 諸佛剎土 天人之善惡 國土之粗¹⁵⁰⁾妙 應其心願 悉現與之.

時 彼比丘 聞佛所說 嚴淨國土 皆悉睹見 超¹⁵¹⁾發無上 殊勝之願. 其心寂靜 志無所著 一切世間 無能及者 具足五劫 思惟攝取 莊嚴佛國 清淨之行.

阿難白佛. 彼佛國土 壽量幾何.

佛言. 其佛壽命 四十二劫.

옮긴글

붇다께서 아난다에게 말씀하셨다.

"공덕샘(法藏) 빅슈는 이처럼 게송으로 붇다를 기린 뒤, 붇다께 '세존이시여, 저는 가장 높은 바른 깨달음을 얻겠다는 마음을 내었습니다. 바라옵건대 붇다께서 저를 위해 경전의 가르침(經法)¹⁾을 널리 알려 주시면, 저는 그에 따라 수행하고 붇다나라를 이루어

---

148) 대정신수대장경 주(註): [流布本]에는 여(如)=여(汝)로 되어 있다.

149) 대정신수대장경 주(註): [流布本]에는 두(斗)=승(升)으로 되어 있다.

150) 대정신수대장경 주(註): [宋]·[元]·[明]본과 [流布本]에는 조(粗)=추(麁)로 되어 있다.

151) 대정신수대장경 주(註): [宋]·[元]·[明]본에는 초(超)=기(起)로 되어 있다.

그지없이 뛰어난 나라 땅을 맑고 깨끗하게 꾸미겠습니다. 제가 이 세상에서 빨리 바른 깨달음을 얻어 모든 나고 죽는 괴로움의 뿌리를 뽑아버릴 수 있게 해 주옵소서'라고 사뢰었다."

붇다께서 아난다에게 말씀하셨다.
"그때 세상에 거침없는 붇다가 공덕샘 빅슈에게, '그렇다면 어떻게 수행하여 붇다나라를 꾸밀 것인지 그대 스스로 알아야 하느니라'라고 말씀하셨다."

빅슈가 붇다께 "그것은 뜻이 넓고 깊어서 저의 능력을 벗어난 것입니다. 세존께서 여러 붇다가 어떻게 맑은나라(淨土)를 이룩하였는지 그 수행법을 알기 쉽게 자세히 말씀해 주시면, 그것을 듣고 반드시 말씀하신 대로 수행하여 바라는 바를 모두 이루겠습니다"라고 사뢰었다.
이때 세상에 거침없는 왕이란 붇다는 빅슈의 높고 밝은 뜻과 바램이 깊고 넓은 것을 아시고, 바로 공덕샘 빅슈에게 가르쳐 주시기를, "비유하자면, 한 사람이 말(斗)로 바닷물을 되어 헤아린다 해도 몇 깔빠(劫) 지나면 반드시 바닥끝까지 닿아 진기한 보배를 얻을 수 있듯이, 사람도 마음 깊이 힘써 도를 구하며 그치지 않으면 마땅히 열매(果)를 맺을 수 있는 것이니, 어떤 바램이라고 이루지 못하겠느냐?"라고 말씀하시고, 이어서 세상에 거침없는 왕 붇다께서 바로 210억 여러 붇다 나라에 살고 있는 천신·사람들의 착하고 악한 것, 나라 땅의 거칠고 뛰어난 것을 널리 말씀해 주시고, 공덕샘

(法藏) 빅슈의 마음 깊이 바라는 바에 따라 낱낱이 보여 주셨다.

그때 그 빅슈는 붇다가 말씀하신 바를 듣고, 장엄하고 맑고 깨끗한 나라들을 낱낱이 다 보고 나서, 위없이 높고 가장 뛰어난 바램(願)을 세웠느니라. 그의 마음은 고요하고 맑으며, 뜻은 집착하는 바가 없어, 모든 세상의 누구도 따를 수가 없었으니, (그런 마음과 뜻으로) 5깔빠(五劫)을 다 채워 대상을 두루 살피고 자비로 중생을 제도하며, 붇다나라를 세우기 위한 맑고 깨끗한 수행을 하였느니라."

아난다가 붇다께 여쭈었다.
"그 붇다와 나라의 목숨은 얼마나 되나이까?"

붇다께서 말씀하셨다.
"그 붇다의 목숨은 42깔빠(劫)이다."

풀이

(1) 경법(經法): 앞에서 경전 속에 경전이라는 낱말이 나오는 것은 논리적으로 맞지 않다고 했는데 경법(經法)도 같은 의미에서 문제가 있다. 정확하게 옮기면 '경전의 가르침(經法)'인데, 그렇게 되면 붇다가 가르침을 펼 당시 경전이 이미 있었다는 뜻이 되기 때문이다. 그러나 '경전'이란 낱말이 걸려 산스크리트본에서 같은 대목을 보니 한자의 법(法)에 해당하는 '다르마(dharma)'

만 있고 경전이라는 말은 없었다. 산스트리트 본에서 이 대목을 보면 "제가 빨리 위없이 바르고 빈틈없는 깨달음을 얻어 세간에서 맞설 이가 없는 여래가 될 수 있도록, 세존께서는 부디 저에게 가르침(dharma)을 주십시오(tasya me bhagavān sādhu tathā dharmaṁ deśayatu, yathāhaṁ kṣipram anuttarāṁ samyaksaṁbodhim abhisaṁbudheyaṁ ; asamasamas tathāgato loke bhaveyaṁ)."이다. 이 문장에서 다르맘 데사야뚜(dharmaṁ deśayatu)가 그 대목이다. 다르마(dharma)는 아주 많은 뜻이 있지만 한문 경전에서는 주로 법(法)이라고 옮겼다. 그러므로 법(法)을 잘 해석해야 하는데, 여기서는 붇다의 가르침(the law or doctrine of Buddhism)으로 옮겨야 한다. 데사야뚜(deśayatu)는 씨뿌리 '디스(√diś)'의 3인칭 단수 사역 명령형이고 디스(diś)는 주다(giving), 들어주다(granting)라는 뜻이므로 '가르침을 주십시오'라고 옮길 수 있다. 이렇게 보면 경법(經法)이란 경전(經典)의 가르침이 아니라 그냥 가르침(法)이라고 하면 충분하다는 것을 알 수 있다. 그래서 광선경법(廣宣經法)은 "가르침을 널리 베풀어 주시면"이라고 옮긴다.

한문

時法藏比丘攝取二百一十億諸佛妙土淸淨之行。如是修已, 詣彼佛所, 稽首禮足, 遶佛三匝, 合掌而住, [21]白言:『世尊!我已攝取莊嚴佛土淸淨之行。佛告比丘:汝今可說, 宜知是時。發起悅可一切大眾。菩薩聞已, 修行此法, 緣致滿足無量大願。比丘白佛, 唯垂聽察, 如我所[22]願, 當具說之。

이때 공덕샘 빅슈는 210억 여러 붇타의 기묘한 나라의 맑고 깨끗한 수행법을 받아들였다. 그 많은 수행법을 닦고 나서 그 붇타가 계신 곳을 찾아가 머리를 숙여 발에 대고 절을 한 뒤, 붇다를 세 번 돌고 손을 모으고 앉아 붇다께 사뢰었다.

"세존이시여, 저는 이미 장엄한 붇다나라의 맑고 깨끗한 수행을 받다들여 모두 닦았습니다."

붇다께서 빅슈에게 말씀하셨다.

"그대가 지금 생각하는 바를 모든 대중에게 알려서 깨닫겠다는 마음을 일으켜 기쁘게 할 때이다. 보디쌑바들은 듣고 나서 이 법에 따라 닦아 헤아릴 수 없는 큰 바램을 이루게 될 것이다."

빅슈가 붇다께 사뢰었다.

"제가 바라는 바를 찬찬히 말씀드릴 터이니 듣고 살펴주시길 바랄 뿐입니다."

3. 공덕샘 빅슈가 기획한 기쁨나라(極樂) 48가지 조건

한문

設我得佛 國有地獄餓鬼畜生者 不取正覺.

設我得佛 國中人天 壽終之後 復更三惡道者 不取正覺.

設我得佛 國中人天 不悉眞金色者 不取正覺.

設我得佛 國中人天 形色不同 有好醜者 不取正覺.

設我得佛 國中人天 不悉識宿命¹⁵²⁾ 下至¹⁵³⁾知 百千億那由他 諸劫
事者 不取正覺.

設我得佛 國中人天 不得天眼 下至¹⁵⁴⁾見 百千億那由他 諸佛國者
不取正覺.

設我得佛 國中人天 不得天耳 下至¹⁵⁵⁾聞 百千億那由他 諸佛所說
不悉受持者 不取正覺.

設我得佛 國中人天 不得見他心智 下至¹⁵⁶⁾知 百千億那由他 諸佛
國中 衆生心念者 不取正覺.

設我得佛 國中人天 不得神足 於一念頃 下至不能超過 百千億那
由他 諸佛國者 不取正覺.

---

152) 대정신수대장경에는 실(悉)자가 빠지고 '不識宿命'이라고만 되어 있다.

153) 대정신수대장경에는 '至'자 다음에 '不'자를 넣어 '下至不知'라고 되어 있다.

154) 대정신수대장경에는 '至'자 다음에 '不'자를 넣어 '下至不見'이라고 되어 있다.

155) 대정신수대장경에는 '至'자 다음에 '不'자를 넣어 '下至不聞'라고 되어 있다.

156) 대정신수대장경에는 '至'자 다음에 '不'자를 넣어 '下至不知'라고 되어 있다.

設我得佛 國中人天 若起想念 貪計身者 不取正覺.

設我得佛 國中人天 不住定聚 必至滅度者 不取正覺.

設我得佛 光明有能[157]限量 下至不照 百千億那由他 諸佛國者 不取正覺.

設我得佛 壽命有能限量 下至百千億那由他劫者 不取正覺.

設我得佛 國中聲聞 有能計量 乃至三千大千世界 衆生[158]緣覺 於百千劫 悉共計挍 知其數者 不取正覺.

設我得佛 國中人天 壽命無能限量 除其本願脩短自在 若不尒者 不取正覺.

設我得佛 國中人天 乃至聞有 不善名者 不取正覺.

設我得佛 十方世界 無量諸佛 不悉咨[159]嗟 稱我名者 不取正覺.

設我得佛 十方衆生 至心信樂 欲生我國 乃至十念 若不生者 不取正覺. 唯除五逆 誹謗正法.

設我得佛 十方衆生 發菩提心 修諸功德 至心發願 欲生我國 臨壽終時 假令不與 大衆圍遶 現其人前者 不取正覺.

設我得佛 十方衆生 聞我名号[160] 係[161]念我國 殖諸[162]德本 至心

---

157) 대정신수대장경에는 이 '능(能)'자가 없다.

158) 대정신수대장경에는 '실성(悉成)'이 추가 되어 있고, 유포본(流布本)에는 '중생' 대신 '성문(聲聞)'으로 되어 있다고 주를 달았다. 따라서 국내에서 대정신수대장경을 원본으로 삼아 번역한 것은 모두 '중생' 대신 '성문'으로 되어 있다. 여기서는 고리대장경에 따라 '중생'으로 옮겼다.

159) 대정신수대장경에는 자(諮)자로 되어 있다.

160) 일반적으로 '호(號)'자를 쓰지만 고리대장경에 따라 '호(号)'자를 쓴다. 뜻은 같고 지금도 약자로 쓰인다.

161) 대정신수대장경에는 〈원〉〈명〉본에 따라 '맬 계(繫)'자로 되어 있다.

162) 대정신수대장경에는 〈三〉본에 '식중(植衆)'이라고 되어 있고, 유포본에도 '식(植)'자로 되어 있다고 주를 달고, '植'자를 받아들였다.

迴¹⁶³⁾向 欲生我國 不果遂者 不取正覺.

設我得佛 國中人天 不悉成滿 三十二大人相者 不取正覺.

設我得佛 他方佛土 諸菩薩衆 來生我國 究竟必至 一生補處 除其本願 自在所化 為衆生故 被弘誓鎧 積累德本 度脫一切 遊諸佛國 修菩薩行 供養十方 諸佛如來 開化恒沙 無量衆生 使立無上 正眞之道 超出常倫 諸地之行 現前修習 普賢之德 若不尒¹⁶⁴⁾者 不取正覺.

設我得佛 國中菩薩 承佛神力 供養諸佛 一食之頃 不能遍至 無量無¹⁶⁵⁾數¹⁶⁶⁾億¹⁶⁷⁾那由他 諸佛國者 不取正覺.

設我得佛 國中菩薩 在諸佛前 現其德本 諸所欲求供養之求 若不如意者 不取正覺.

設我得佛 國中菩薩 不能演說 一切智者 不取正覺.

163) 대정신수대장경에는 회(迴)자로 되어 있다.
164) 일반적으로 모두 '이(爾)'자를 쓰지만 고려대장경에 따라 이(尒)를 쓴다. 뜻은 같고, 현재 중화인민공화국에서는 이(尔)라는 간체자를 쓰는데 거의 같은 것이다.
165) 일반적으로 '무(無)'자를 쓰지만 고려대장경에 따라 '무(无)'자를 쓴다. 뜻은 같다.
166) 대정신수대장경에는 무수무량(無數無量)으로 되어 있다.
167) 대정신수대장경에는 이 억(億)자가 없다.

1. 제가 붇다가 될 때[1], 나라 안에 지옥·배고픈 귀신[2]·짐승[3]이 있다면 깨달음을 얻지 않겠습니다.[4]

2. 제가 붇다가 될 때, 나라 안 사람과 하늘신[5]의 목숨이 다한 뒤 다시 3가지 나쁜 길에 떨어진다면 깨달음을 얻지 않겠습니다.

3. 제가 붇다가 될 때, 나라 안[6] 사람과 하늘신이 모두 진짜 금빛이 아니면 깨달음을 얻지 않겠습니다.

4. 제가 붇다가 될 때, 나라 안 사람과 하늘신의 생김새가 달라 잘나고 못남이 있다면 깨달음을 얻지 않겠습니다.

5. 제가 붇다가 될 때, 나라 안 사람과 하늘신이 전생의 삶을 훤히 알고(宿命通)[7], 나아가 백·천억 나유따[8] 여러 깔빠(劫) 일까지 모두 알 수 없다면 깨달음을 얻지 않겠습니다.

6. 제가 붇다가 될 때, 나라 안 사람과 하늘신이 하늘눈으로 보는 힘(天眼通)[9]을 얻고, 나아가 백·천억 나유따 모든 붇다나라까지 볼 수 없다면 깨달음을 얻지 않겠습니다.

7. 제가 붇다가 될 때, 나라 안 사람과 하늘신이 하늘귀로 듣는 힘(天耳通)[10]을 얻고, 나아가 백·천억 나유따 여러 붇다의 설법까지 다 듣고, 남김없이 받아 새길 수 없다면 깨달음을 얻지 않겠습니다.

8. 제가 붇다가 될 때, 나라 안 사람과 하늘신이 남의 마음을 꿰뚫어 보는 힘(他心通)[11]을 얻고, 나아가 백·천억 나유따 모든 붇다나라 중생의 마음과 생각까지 알 수 없다면 깨달음을 얻

지 않겠습니다.

9. 제가 붇다가 될 때, 나라 안 사람과 하늘신이 하늘발로 다니는 힘을 얻고(神足通)[12], 나아가 한 생각할 틈에 백·천억 나유따 모든 붇다나라까지 넘어서지 못하면 깨달음을 얻지 않겠습니다.

10. 제가 붇다가 될 때, 나라 안 사람과 하늘신이 헛된 생각(想念)을 일으켜 자신의 몸에 집착한다면 깨달음을 얻지 않겠습니다.

11. 제가 붇다가 될 때, 나라 안 사람과 하늘신이 붇다 되는 것이 완전히 확정된 무리(正定聚)[13]에 들어 반드시 니르바나에 이르지 못한다면 깨달음을 얻지 않겠습니다.

12. 제가 붇다가 될 때, 저의 밝고 환한 빛에 제한이 있고, 나아가 백·천억 나유따 여러 붇다나라까지 비출 수 없다면 깨달음을 얻지 않겠습니다.

13. 제가 붇다가 될 때, 저의 목숨에 제한이 있고, 나아가 백·천억·나유따 깔빠까지만 살 수 있다면 깨달음을 얻지 않겠습니다.

14. 제가 붇다가 될 때, 나라 안 제자[14] 수를 헤아릴 수 있거나 3천 큰 천세계(千世界)[15]의 중생과 홀로 깨달은 분[16]들이 백·천 깔빠 동안 다 함께 헤아리고 견주어 그 수를 알 수 있다면 깨달음을 얻지 않겠습니다.

15. 제가 붇다가 될 때, 나라 안 사람과 하늘신의 목숨이-과거세의 다짐(本願)에 따라 수행하여 길고 짧음을 마음대로 하는

경우를 빼고는-제한이 없어야지, 그렇지 않으면 깨달음을 얻지 않겠습니다.

16. 제가 붇다가 될 때, 나라 안 사람과 하늘신이 착하지 않은 이름이 있다는 것을 듣기만 해도 깨달음을 얻지 않겠습니다.

17. 제가 붇다가 될 때, 시방세계의 끝없는 여러 붇다가 모두 저의 이름을 찬탄하고 칭찬하지 않으면 깨달음을 얻지 않겠습니다.

18. 제가 붇다가 될 때, 시방 중생이 마음 깊이 믿고 기뻐하며(信樂) 저의 나라에 나고자(欲生) 10번까지 마음에 새겼는데도(十念)[17] 날 수 없다면 깨달음을 얻지 않겠습니다. 다만 오역죄[18]나 정법을 비방하는 자는 제외하겠습니다.

19. 제가 붇다가 될 때, 시방 중생이 깨닫겠다는 마음(菩提心)을 내어[19] 여러 가지 공덕[20]을 닦고, 저의 나라에 나고자 마음 깊이 바랬으나 목숨이 다할 때 제가 대중과 함께 그 사람 앞에 나타날 수 없다면 깨달음을 얻지 않겠습니다.

20. 제가 붇다가 될 때, 시방 중생이 제 이름을 듣고 저의 나라를 생각하며 온갖 좋은 뿌리(善根)[21]를 심고 마음 깊이 회향(迴向)[22]하며 저의 나라에 나고자 하였으나 이루지 못한다면 깨달음을 얻지 않겠습니다.

21. 제가 붇다가 될 때, 나라 안 사람과 하늘신이 모두 32가지 거룩한 모습(32大人相)[23]을 모자람 없이 이루지 못한다면 깨달음을 얻지 않겠습니다.

22. 제가 붇다가 될 때, 다른 붇다나라의 여러 보디쌑바가 제

나라에 와서 나면 마지막에 반드시 '한살이만 마치면 붇다 되는 자리(一生補處)$^{24)}$에 이르도록 하고, 다만 지난 세상에서 바랐던 것(本願)에 따라 중생을 위해 큰 다짐으로 무장하여 좋은 뿌리를(善根)를 차곡차곡 쌓고, 모든 것을 벗어나 여러 붇다나라를 다니며 보디쌑바행을 닦아 시방의 여러 붇다에게 이바지하고, 강가강 모래처럼 끝없는 중생을 교화하여 위없는 붇다의 법도를 세우고자, 험하지 않은 수행을 놔두고 여러 나라 땅에 가서 바로 눈앞에서 두루 어진 덕행(普賢之德)$^{25)}$을 배워 익히려는 보디쌑바들은 자기 마음대로 나툴 수 있게 해야지, 그렇지 않으면 깨달음을 얻지 않겠습니다.

23. 제가 붇다가 될 때, 나라 안 보디쌑바들이 붇다의 위신력(威信力)$^{26)}$을 이어 모든 붇다께 이바지할 때, 한 끼니 동안 끝없는 수 천·억 나유따 여러 붇다나라에 두루 이를 수 없다면 깨달음을 얻지 않겠습니다.

24. 제가 붇다가 될 때, 나라 안 보디쌑바들이 여러 붇다 앞에서 좋은 뿌리를 심으려는데, 그들이 바라는 이바지 물건을 뜻대로 얻을 수 없다면 깨달음을 얻지 않겠습니다.

25. 제가 붇다가 될 때, 나라 안 보디쌑바들이 '모든 법을 통틀어 아는 지혜(一切智)'$^{27)}$를 연설할 수 없다면 깨달음을 얻지 않겠습니다.

풀이

(1) 제가 붇다가 될 때(設我得佛): 산스크리트본에는 '세존

이시여, 만약 저의 붇다나라에…(sacenme bhagavaṃstasmin buddhakṣetre)'라고 시작되는데, 한문번역본에는 모두 다르게 표현하였다. 『대아미따경』은 붇다를 이룰 때(使某作佛時), 『평등각경』은 제가 붇다를 이룰 때(我作佛時), 『무량수여래회』는 제가 붇다가 될 때(若我成佛), 『대승무량수장엄경』은 제가 보디를 얻고 바른 깨달음을 이룰 때(我得菩提成正覺已)라고 옮겼는데 뜻은 거의 비슷하다. 산스크리트본과 『대승무량수장엄경』에서는 각 발원마다 '세존이시여'란 문구가 들어가지만 나머지 본에는 모두 생략했다.

(2) 배고픈 귀신(preta, ⓟ peta, 餓鬼): 쁘레따(preta)는 죽은 사람(dead person)이나 그 영혼, 유령·귀신(ghost)을 뜻한다. 〈한문 경전〉에서는 소리로 설려다(薛荔多)·폐려다(閉戻多)·비례다(俾禮多)·비리다(卑利多)·미려다(彌荔多)·폐다(閉多)로, 뜻으로 배고픈 귀신(餓鬼)이라고 옮겼다. 살았을 때 나쁜 업, 특히 탐욕으로 지은 죄가 큰 사람이 죽은 뒤 늘 배고프고 목마른 괴로움에 시달리는 귀신이 된다고 하는데, 몸이 앙상하게 마르고 목구멍이 바늘구멍 같아서 먹을 수 없어 늘 굶주린다고 한다. 3가지 나쁜 길(三惡道) 가운데 하나인데, 염치없이 먹을 것을 탐하는 사람을 견주어서 말하기도 한다.

(3) 지옥·배고픈 귀신·짐승(地獄餓鬼畜生): 중생이 스스로 지은 업에 따라가는 세계가 6가지 길이 있는데 이것을 6가지 길(六道, 六趣)이라고 한다. 곧 ① 지옥길(naraka-gati, 地獄道), ② 배고픈귀

신길(preta-gati, 餓鬼道), ③ 짐승길(tiryagyoni-gati, 畜生道), ④ 아수라길(asura-gati, 修羅道), ⑤ 사람길(manuṣya-gati, 人間道), ⑥ 하늘길(deva-gati, 天道)이다. 이 6가지 길 가운데 앞의 3가지를 '3가지 나쁜 길(三惡道)'이라 하고, 나머지를 '3가지 좋은 길(三善道)'이라고 하는데, 아수라길을 나쁜 길에 넣어 '4가지 나쁜 길(四惡道)'이라고도 한다.

　(4) 깨달음을 얻지 않겠습니다(不取正覺): 산스크리트본에는 '저는 위없이 바른 깨달음을 원만히 잘 깨닫지 않겠습니다(mā tāvad aham anuttarāṁ samyaksambodhim abhisambudhyeyam)'라고 했고, 『대아미따경』은 '이 바램이 이루어지지 않으면 붇다가 되지 않겠습니다(不得是願終不作佛)', 『평등각경』에는 '저는 붇다가 되지 않겠습니다(我不作佛)', 『무량수여래회』에는 쌍가바르만(강승개)과 마찬가지로 '깨달음을 얻지 않겠습니다(不取正覺)'라고 했는데, 『대승무량수장엄경』만 '모두 위없이 바른 깨달음을 얻게 하겠습니다(悉皆令得阿耨多羅三藐三菩提)'라고 해서 긍정적인 표현을 가지고 자기 바램을 더 강하게 표현하였다.

　(5)【宋】【元】【明】 대장경에서는 모두 천인(天人)이라고 되어 있다. 인천(人天)은 사람과 하늘사람(神)이라고 옮길 수 있지만, 천인(天人)은 그냥 하늘사람이라고 옮길 수 있다. 산스크리트본과 『무량수여래회』에서는 중생(sattva)이라고 되어 있다. 여기서는 고리대장경을 따른다.

(6) 나라 안(buddhakṣetra, 國中): 산스크리트본에는 붇다나라
(buddhakṣetra, 佛國土)라고 했는데, 『대아미따경』과 『평등각경』은
저의 나라에(我國中), 『대승무량수장엄경』은 저의 나라 땅(我利)이
라고 옮겼고, 쌍가바르만(강승개)의 『무량수경』과 『무량수여래회』
에는 '나라 안에(國中)'라고 했다.

(7) 전생의 삶을 훤히 아는 힘(ℙ pubbenivāsānussati-ñāṇa, 宿命
通): 수행자가 싸마디(定)에 깊이 들게 되면 모든 사물을 꿰뚫어
볼 수 있는 신통한 힘을 얻게 되는데, 6가지 꿰뚫어 보는 힘(六神
通, ṣaḍ abhijñāḥ)이라고 한다. 그 가운데 전생의 삶을 꿰뚫어 아는
힘(宿命通)을 얻게 되는데 『디가 니까야』에서는 그 힘을 이렇게 설
명한다. "수많은 세계가 허물어져 없어지고 수많은 세계가 생겨
나는 동안, 그때 나는 '이러한 이름과 이러한 성을 지니고, 이러
한 모습을 지니고, 이러한 먹거리를 먹고, 이러한 괴로움과 즐거
움을 맛보고, 이러한 목숨을 누렸다. 그곳에서 죽은 뒤 다른 곳
에서 태어났는데, 거기서 나는 이러한 이름과 이러한 성을 가졌
고, 이러한 모습을 지니고, 이러한 먹거리를 먹고, 이러한 괴로움
과 즐거움을 맛보고, 이러한 목숨을 누렸다. 그곳에서 죽은 뒤
여기서 태어났다'라고 기억합니다."

(8) 나유따(那由他 nayuta): 1000억을 말하는 것으로, 아주 많은
수를 나타낼 때 쓰는 말. 인두에서는 수(saṁkhya)를 셀 때 1에서
무수(asaṁkhya, 아쌍캬, 阿僧祇)까지 10진법으로 52수로 표시한다

(원래는 60수). 경전에 많이 나오는 수만 들어보면 다음과 같다. 1·10·100·1000·10,000·십만(lakṣa, 락샤, 落叉)·백만(atilakṣa, 아띨락샤, 度落叉)·천만(koṭi, 꼬띠, 俱胝)·억(madhya, 마댜, 末陀)·10억(ayuta, 아유따, 阿由多)·1000억(nayuta, 나유따, 那由多) …… 무수(asaṁkhya, 아쌍캬, 阿僧祇).

(9) 하늘눈으로 보는 힘(divya-cakṣur-jñāna-sākṣātkriyābhiiñā, P divvacakkhu-ñāṇa, 天眼通): 6가지 꿰뚫어 보는 힘(六神通) 가운데 하나. 『디가 니까야』에는 "인간을 뛰어넘는 맑고 깨끗한 하늘눈으로 중생을 살펴보아, 죽거나 다시 태어나거나, 천하거나 귀하거나, 아름답거나 추하거나, 행복하거나 불행하거나, 업보에 따라서 등장하는 중생에 관하여, '어떤 중생은 몸으로 나쁜 짓을 저지르고, 말로 나쁜 짓을 저지르고, 생각으로 나쁜 짓을 저지르고, 거룩한 분들을 책잡아서 나쁘게 말하고, 잘못된 생각을 지니고 잘못된 생각에 따라 행동했다. 그래서 그들은 몸이 부서지고 죽은 뒤 괴로운 곳, 나쁜 곳, 비참한 지옥에 태어난 것이다. 그러나 다른 중생은 몸으로 좋은 일을 하고, 말로 좋은 일을 하고, 생각으로 좋은 일을 하고, 거룩한 분들을 책잡아 나쁘게 말하지 않고, 올바른 견해를 지니고 올바른 견해에 따라 행동했다. 그래서 그들은 몸이 부서지고 죽은 뒤 좋은 곳, 하늘나라에 태어난 것이다'라고 꿰뚫어 압니다"라고 했다.

(10) 하늘귀로 듣는 힘(divya-śrotra-jñāna-sākṣātkriyābhijñā, P

dibbasota-ñāṇa, 天耳通): 6가지 꿰뚫어 보는 힘(六神通) 가운데 하나. 보통 귀로 들을 수 없는 모든 소리를 들을 수 있는 신통한 힘. 『디가 니까야』에는 "인간을 뛰어넘는 맑고 깨끗한 하늘귀로 멀고 가까운 하늘사람들과 인간의 두 가지 소리를 듣는다"라고 했다.

(11) 남의 마음을 꿰뚫어 보는 힘(para-cetaḥ-paryāya-jñāna-sākṣātkriyābhijparyā-jñāna-sākṣāthkiyābhijñā, ℙ parassa cetopariya-ñāṇa, 他心通): 6가지 꿰뚫어 보는 힘(六神通) 가운데 하나. 『디가 니까야』에서는 이렇게 설명한다. "① 탐욕(貪)이 가득 찬 마음은 탐욕이 가득 찼다고 꿰뚫어 알고, 탐욕에서 벗어난 마음은 탐욕에서 벗어났다고 꿰뚫어 압니다. ② 성냄(瞋)으로 가득 찬 마음은 성냄으로 가득 찼다고 꿰뚫어 알고, 성냄에서 벗어난 마음은 성냄에서 벗어났다고 꿰뚫어 압니다. ③ 어리석음(癡)으로 가득 찬 마음은 어리석음으로 가득 찼다고 꿰뚫어 알고, 어리석음에서 벗어난 마음은 어리석음에서 벗어났다고 꿰뚫어 압니다. ④ 한곳에 모인 마음(一心)은 한곳에 모인 마음이라고 꿰뚫어 알고, 어수선한 마음은 어수선한 마음이라고 꿰뚫어 압니다. ⑤ 깨우쳐 열린(啓發) 마음은 깨우쳐 열린 마음이라고 꿰뚫어 알고, 깨우쳐 열리지 않는 마음은 깨우쳐 열리지 않는 마음이라고 꿰뚫어 압니다. ⑥ 위 있는 마음은 위 있는 마음이라고 꿰뚫어 알고, 위없는 마음은 위없는 마음이라고 꿰뚫어 압니다. ⑦ 싸마디(定)에 든 마음은 싸마디에 든 마음이라고 꿰뚫어 알고, 싸마디에 들지 않은 마

음은 싸마디에 들지 않은 마음이라고 꿰뚫어 압니다. ⑧ 굴레를 벗어난(解脫) 사람은 굴레를 벗어났다고 꿰뚫어 알고, 굴레를 벗어나지 못한 사람은 굴레를 벗어나지 못했다고 꿰뚫어 압니다."

(12) 하늘발로 다니는 힘(P iddhi-vidha-ñāṇa, 神足通): 6가지 꿰뚫어 보는 힘(六神通) 가운데 하나. 『디가 니까야』에서는 이렇게 설명한다. "하나가 여럿이 되고, 여럿이 하나가 되고, 나타나기도 하고 사라지기도 하고, 아무것도 없는 빈 곳(空間)처럼 담을 통과하고 성벽을 통과하고 산을 통과하고, 물속처럼 땅속을 들어가고, 땅 위에서처럼 물위에서도 빠지지 않고 걸어 다니고, 날개 달린 새처럼 공중에서 앉은 채 날아다니고, 이처럼 큰 능력을 지녀, 달과 해를 손으로 만지고 쓰다듬고, 하느님 나라에 이르기까지 마음먹은 대로 몸을 움직인다."

(13) 완전히 확정된 무리(samyaktva-niyata-rāśi, P sammatta-niyata-rāsi, 正定聚): 싸먁뜨바(samyaktva)는 바름(rightness), 흠잡을 데 없음(completeness), 더할 나위 없음(perfection), 니야따(niyata)는 붙박아 놓은(fixed), 확정된(established), 변치 않는(settled), 틀림없는(sure), 바뀔 수 없는(invariable), 라시(rāśi)는 더미(a heap), 떼(group), 무리(multitude)라는 뜻으로 '완전히 확정된 무리'라고 옮길 수 있다. 붇다가 될 수 있는 바탕을 3가지로 나누어 3무리(三聚) 또는 3가지 마음이 정해진 무리(心三定聚)라고 하는데, 완전 확정된 무리(正定聚), 확정이 어긋난 무리(邪定聚), 정해지지 않은 무

리(不定聚)이다. 완전히 확정된 무리(正定聚)는 마음 바탕이 늘 앞서 나아가 꼭 붇다가 될 수 있는 무리이고, 확정이 어긋난 무리는 믿을 만한 마음 바탕이 없이 타락하여 가는 무리이며, 정해지지 않은 무리는 인연이 있으면 붇다가 되고 없으면 타락할, 일정한 마음의 바탕이 마련되어 있지 않는 무리이다.

(14) 제자(śrāvaka, ℗ sāvaka, 聲聞): 스라바까(śrāvaka)는 들음(hearing) 귀여겨들음(listening to); 제자(a pupil, disciple) 같은 뜻이 있는데, 〈한문 경전〉에서는 '소리 들음(聲聞)'이라고 했다. 산-영 사전에 "붇다 제자(a disciple of the buddha)라는 보기가 있어, '소리 들음' 대신 '제자'로 옮겼다.

(15) 3천 큰 천세계(tri-sāhasra-mahā-sāhasra-loka-dhāteu, ℗ ti-sahassī-mahā-sahassīloka-dhāteavo)란 고대 인두인의 세계(loka-dhāteu)와 우주에 관한 견해를 말할 때 많이 쓴다. 싸하쓰라(sāhasra)는 숫자 1,000(천, 千)과 관계되는 것, 1,000배(Thousandfold), 아주 많은(exceedingly numerous), 끝없는(infinite) 같은 뜻이 있어, 1,000이라는 단위이면서 동시에 헤아릴 수 없이 많다는 뜻으로 쓰인다는 것을 알 수 있다. 그런데 이 1,000세계에 다시 큰 1,000세계(mahā-sāhasra)를 곱하는 큰 우주를 말한다.

인류가 사는 이 세계는 쑤메루(須彌)산을 중심으로 4개의 대륙이 있고, 그 둘레에 9개의 산과 8개의 바다로 이루어져 있는데, 이것을 작은 세계(小世界)라고 한다. 이 작은 세계는 땅속부터 하늘의 타화자재천까지 모든 것을 포함한 것으로, 쉽게 말하면 현재의 은하계라고 생각할 수 있다. 이 작은 세계를 1,000개 모은 것이 작은 천세계(小千世界), 작은 천세계를 1,000개 모은 것이 가운데 천세계(中千世界), 가운데 천세계를 1,000개 모은 것이 큰 천세계(大千世界)이다. 그런데 여기서 말하는 삼천대천세계란 바로 그런 큰 천세계가 또 3,000개가 있는 것을 말하는 것으로 끝없고 가없는 온 우주를 뜻하는 것이다.

'삼천대천(三千大千)은 삼천대천(三天大天)이어야 하는데 하늘 천(天)자를 1천 천(千)자로 잘못 쓴 것이 아니냐?'고 묻는 사람들이 꽤 있다. 불교 세계관에서 하늘(天)이란 개념은 한 세계의 부분으로, 작은 범위에 들어간다. 삼천대천세계란 위에서 본 소·중·대 3가지 세계를 모두 일컫는 말로 간추려 셈해 보면 다음과 같다.

① 작은 세계(小世界, 은하계)×1,000개= 작은 천세계(小千世界)
② 작은 천세계(千世界)×1,000개= 가운데 천세계(中千世界)
③ 가운데 천세계×1,000개= 큰 천세계(大千世界)
④ 큰 천세계 × 3,000개=3천 큰 천세계(三千 大千世界)

여기서 은하계 같은 작은 세계 1,000개를 하나로 묶은 '작은 천세계(小千世界)'라는 우주 단위가 생겨나고, 여기에 1,000을 곱하면 100만 개의 작은 세계를 가진 '가운데 천세계(中千世界)'라는 단위가 생겨나며, 여기에 또 1,000을 곱하면 10억 개의 작은 세계를 가진 '큰 천세계'라는 단위가 생긴다. 곧 은하계 같은 작은 세계 10억 개가 모인 것이 큰 천세계다. 그런데 이런 큰 천세계(大千

世界)가 다시 3,000개, 곧 3조 개의 작은 천세계가 모인 것이 바로 본문에 나오는 3,000개의 큰 천세계(三千大千世界)이다. 그리고 이 경에서 보듯이 불경에 나온 3,000 큰 천세계(三千大千世界)는 붇다 한 분이 가르침을 펴는 범위로 나온다. 그리고 또 수많은 붇다가 존재한다. 이것이 불교의 우주관이다.

(16) 홀로 깨달은 분(pratyeka-buddha, ⓟ pacceka-buddha, 獨覺): 쁘라떼까(pratyeka)는 각각(each one, every one), 홀로(each single one)라는 뜻으로, 붇다의 가르침을 받지 않고 홀로 나고 죽는 것을 뛰어넘는 진리를 깨달은 사람이다. 한자로 벽지불(辟地佛)·독각(獨覺)·연각(緣覺)이라고 한다. '홀로 깨달은 분(獨覺)'으로 옮긴다.

(17) 〈10번까지 (마음에) 새겼는데도(乃至十念)〉: '새기다(念)'는 사전에 '마음 가운데 기억하여 둔다'라고 되어 있는데, 여기서는 '붇다를 마음에 새기는 것'이기 때문에 바로 '염불(念佛)'하는 것을 말한다. 염불은 붇다 이름을 마음에 새기는 것으로, 소리 내서 부른다(稱)는 뜻은 아니다.

지금까지 '내지십념(乃至十念)'을 옮긴이에 따라 여러 가지로 옮겼다. "다만 열 번만 불러도 제 나라에 태어날 수 없다면…"(청화, 『정토삼부경』, 2007, 82쪽), "열 번만 염불하여 저의 나라에 태어날 수 없다면…"(이충담, 『염불(정토삼부경)』, 1996, 186쪽), "나무아미따바 붇다의 칭명염불을 열 번만 하여도 정토에 태어나지 못한다면… 〈해설〉십념(十念)은 십성(十聲)을 말한다."(효란, 『정토삼부경 강설』, 2001, 113쪽), "십념 정도를 하였음에도 불구하고 태어나지 못하는 사람이 있다면…"(보광, 『정토삼부경』, 2000, 48쪽), "십념을 해도 태어날 수 없다면…. 〈해설〉 나무아미따바 붇다의 명호를 부르면서 부처님에 대한 생각을 계속한다면(乃至十念) …."(태원, 『정토삼부경 역해』, 2016)". 이상 우리나라에서 나온 것은 대부분 소리 내서 부르는 것이라고 옮기고 있다.

18원을 '이름을 소리 내서 부른다(稱名)'고 해석한 것은 당나라 때 선도(善導)가 '10번까지 염해도(乃至十念)'를 ① 「관념 아미따불 상해삼매 공덕법문(觀念阿彌陀佛相海三昧功德法門)」에서 '내 이름을 불러 10번까지 염하여 나의 원력을 탔는데도(稱我名子 下至十念 乘我願力)'라고 바꾸었고, ② 같은 책 「의경명 오종 중상연의(依經明五種增上緣義)」에서 "내 이름을 10성까지 불렀는데(稱我名 下至十聲)"라고 해서 염(念)을 칭(稱)과 성(聲)을 바꾸면서 시작되었다. 선도가 이처럼 '마음에 새기다(念)'를 '입으로 부르다(稱)'로 해석한 근거로 『관무량수경』 「하품하생」의 구절을 내세우고 있다. 그러나 『관무량수경』에서는 오히려 '염(念)'과 '칭(稱)'을 철저하게 구별하고 있다. "목숨이 다할 때 좋은 동무(善知識)를 만나 (그 좋은 동무가) 여러 가지로 위로하고 신묘한 가르침을 설하며 붇다를 염하도록(念佛) 가르치게 된다. 그러나 그는 괴로움이 몹시 심해 붇다를 염(念佛)할 겨를이 없다. (그러면) 좋은 동무(善友)가 "그대가 만일 그 붇다를 마음에 새길 수 없으면(念佛) '무량수불(無量壽佛)께 귀명(歸命)합니다'라고 불러야(稱) 한다"고 일러 주어야 한다. 이렇게 하여 마음깊이(至心) 그 소리가 끊어지지 않게 '나모아미따불(南無

阿彌陀佛)'을 부르는 것을 열 번을 다 채우면(具足十念), 붇다의 이름을 불렀기 때문에 (붇다를) 마음에 새기는 동안 80억 깔빠 나고 죽는 죄가 없어지고, ……" 이 내용을 간추려 보면 다음 4문장이 된다. ① 좋은 동무는 먼저 염불(念佛)을 하도록 한다. ② 괴로움이 심해 염불(念佛)할 수 없는 사람일 때는, ③ '염불(念佛)을 할 수 없으면 나모아미따불(歸命無量壽佛)을 부르도록 한다.' ④ 나모아미따불을 열 번 다 채우면……. 여기서 ①②는 모두 붇다를 염(念)하라고 가르친다. ③에서는 염(念)을 못하는 사람에게는 칭(稱)을 하라고 가르친다(不能念者 應稱歸命無量壽佛). 그러면 염(念)을 할 수 없는 사람은 ④에서 칭(稱)을 하게 된다. 결국 '염(念)하지 못하는 사람에게는 칭(稱)하게 하라'고 하였기 때문에 염(念)과 칭(稱)은 완전히 다르다는 것을 말해주는 것이다. 그렇다면 산스크리트본에서는 10념을 어떻게 표현했을까? 우선 산스크리트본 18원에서 십념(十念)에 해당하는 부분만 보면, "antaśo daśabhiś cittotpādaparivartaiḥ"이다. 이 부분을 옮긴 책들을 보면 "열 번만이라도 그러한 마음을 내고 지속할 경우"(최봉수 옮김), "열 번을 진심으로 염(念)하여서도"(坪井 옮김)라고 해서 "부른다(稱)"는 해석은 없다. 여기서 핵심적 낱말을 좀 더 깊이 해석해 보면 다음과 같다. 찔또빠다(cittotpāda)에서 'citto=마음(心)', 'utpāda=(제안 따위가) 나오다(coming forth), 낳다·일으키다(birth), 생산(production)'이라는 뜻으로 cittotpāda(= citta-utpāda)는 '마음을 내다(일으키다)'라는 뜻이다. (자세한 것은 서길수,『극락 가는 사람들』, 1004쪽 이하를 볼 것).『아미따경』에 나오는 염불(念佛)도 마나씨-까라(manasi-kāra)는 붇다를 마음에 새기다〈take (buddha) to heart〉를 뜻하는 것이고, 다른 염불인 쓰리띠(smṛti)는 기억한다(念)는 뜻으로 8정도의 정념(正念)과 같은 뜻이다(자세한 것은 『모든 붇다가 보살피는 아미따경』을 볼 것). 실제로 말세에 마음으로 염하는 것은 어렵기 때문에 부르도록(稱) 하는 것은 좋은 방편이다. 그러나 '18원의 염불이 소리 내서 하라는 것은 아니다'는 것은 알아둘 필요가 있다.

(18) 5가지 큰 죄(五逆): 산스크리트본에서는 ānantarya-kārina 라고 했는데, 아난따랴(ānantarya)는 틈 없음(no interval), 까린(kārin)은 몸가짐(doing), 만들기(making), 결과(effecting), 행함(acting)이란 뜻으로, 틈이 없는 업(無間業)이라고 옮길 수 있다. 틈이 없는 지옥(無間地獄)에 떨어지는 죄이고, 이 죄는 용서할 수 없는 죄(an unpardonable sin) 5가지를 말한다. 일반적으로 초기불교의 5가지 큰 죄와 대승불교의 5가지 큰 죄로 나눈다.

초기 불교 5가지 죄는 ① 어머니를 죽인 죄(mātṛ-ghāta, 殺母, matricide), ② 아버지를 죽인 죄(pitṛ-ghāta, 殺父, parricide, parricide), ③ 아르한을 죽인 죄(arhad-ghāta, 殺阿羅漢, killing an Arhat), ④ 나쁜 마음을 내 붇다 몸에 피를 흘리게 한 죄(tathāgatasyāntike duṣṭā-citta-rudhirotpādana, 惡心出佛身血, shedding the blood of a buddha), ⑤ 쌍가 화합을 깬 죄(saṃgha-bheda, 破和合僧·鬪亂衆僧, causing divisions among the brotherhood) 같은 5가지로, 앞의 2가지는 은혜의 밭을 버린 것이고, 뒤의 3가지는 덕의 밭을 부셔버린 것이라 죄가 무거워 틈 없는 지옥(無間地獄)에 떨어지므로 5가지

틈 없는 업(pañca anantarya-karmāṇi, 五無間業)이라고 한다.

대승에서 5가지 큰 죄는 『대살차니건자소설경(大薩遮尼乾子所說經)』에 ① 탑이나 절을 파괴하고, 경이나 불상을 태우고, 3보 물건을 훔치는 것, 또는 그런 일을 다른 사람에게 시키고 마음으로 즐거워하는 것, ② 붇다 제자, 홀로 깨달은 분, 대승 법을 헐뜯어서 방해하는 것, ③ 출가인의 수행을 막아 못하게 하는 것, ④ 소승의 5가지 큰 죄 가운데 하나를 범하는 것, ⑤ 모든 업보가 없다고 주장하며 10가지 악업을 행하고 후세의 과보를 두려워하지 않고, 다른 사람에게 10가지 악업을 시키는 것이라고 했다.

위의 5가지 큰 죄와 더불어 바른 법(正法=佛法)을 비웃고 헐뜯어 말하는 것도 기쁨나라에 갈 수 없다고 했다.

* 청화 『정토삼부경』에는 이 단서 조항이 빠져 있다. 옮긴이가 참고하고 있는 2007년 판(82쪽)은 물론이고, 2021년 비움과 소통에서 펴낸 청화 큰스님 옮김, 『정토삼부경』(58쪽)에도 이 부분이 없다. 뒤에 붙인 한문 원문은 이 단서 조항이 나와 있다.

(19) 깨닫겠다는 마음(bodhi-citta, 菩提心): 보디(bodhi)는 깨달음(perfect knowledge)을 말하고 찓따(citta)는 마음을 뜻하므로 깨닫겠다는 마음이다. 여기서 보디(bodhi)를 '보리'라고 읽는 것은 보디(bodhi)를 입천장소리되기(口蓋音化)에 따라 바꾼 것으로, 우리말이 아닌 외래어는 입천장소리되기를 하여서는 안 되기 때문에 반드시 '보디'라고 읽어야 한다.

(20) 공덕(guṇa, 功德): 구나(guṇa)는 30가지에 비슷한 뜻이 있으나, 여기서는 덕행(virtue), 공적(merit), 뛰어남(excellence)이란 뜻으로, 〈한문 경전〉에서는 소리로 구낭(懼曩)·우낭(麌曩)·구나(求那)로, 뜻으로 공덕(功德)이나 복덕(福德)이라고 옮겼다. 좋은 일을 해서 얻은 열매(果報)를 말한다.

(21) 좋은 뿌리(kuśala-mūla, ℙ kusala-ūla, 善根): 꾸살라(kuśala)는 옳은(right), 올바른(proper), 알맞은(suitable), 좋은(good)이란 뜻이고, 물라(mūla)는 뿌리(a root)라는 뜻이니 좋은 뿌리(善根)라고 옮길 수 있다. 한문 경전에서는 좋은 뿌리(善根) 말고도 좋은 바탕(善本)·덕의 뿌리(德本)라고 옮겼다. 초기경전에서는 탐냄·화냄·어리석음을 나쁜 뿌리(akuśala-mūla, 不善根)라 하고, 그 반대로 탐내지 않고, 화내지 않고, 어리석지 않은 것을 좋은 뿌리라고 했다. 『아미따경』에는 "작은 '좋은 뿌리'를 가지고는 기쁨나라(極樂)에 갈 수 없다"라고 했다.

(22) 회향(pariṇāma, 廻向): 빠리나마(pariṇāma)를 한문으로 '회향'으로 옮겼는데, 산-영사전에 나오는 8가지 뜻 가운데 딱 들어맞는 뜻이 없고, 결과(result)나 마무리·끝맺음(end) 같은 비슷한 뜻이 있다. 한문 경전에서 회향으로 옮긴 빠리나미까(pariṇāmika)에는 자연스럽게·꾸밈없이(natural) 주다(disposition)라는 뜻이 있다. 영어의 disposition은 넘겨주다(讓渡)·공짜로 주다(贈與)·마음을 쓰다(配慮) 같은 뜻이 있으므로 빠리나미까에서 회향이란 뜻

을 찾을 수 있다. 〈한문 경전〉에서는 회향(回向)·전향(轉向)·시향(施向)이라 옮기고 자기가 닦은 선근과 공덕을 중생에게 돌려주고, 그런 공덕으로 스스로는 깨달음에 들어가는 보디쌑바행을 말하고 있다.

(23) 32가지 생김새(dvātriṃśanmahā-puruṣa ṇahā-lakṣaṇāni, Ⓟ dvattiṃsa mahā-purisa-lakkhaṇāni. 三十二相): 전륜성왕이나 붇다의 몸은 32가지 생김새를 갖추고 있다. 32가지 생김새는 몇 가지 설이 있으나 『대지도론(大智度論)』(권 4)에 나온 내용을 산스크리트 본과 대조해 작성한 『불광사전』에 따르면 다음과 같다. (가능한 한 산스크리트 원문을 바탕으로 옮겨본다.)

① 단단히 버텨주는 발(su-pratiṣṭhita-pāda, 足下安平立相): 쑤-쁘라띠스티따(su-pratiṣṭhita)는 단단히 서는(standing firm), 단단히 버티다(firmly supporting)라는 뜻이니 '단단히 버텨주는 발'이라고 옮길 수 있다. 〈한문 경전〉에서는 발바닥이 평평하다고 옮긴 자료가 많다. ② 바퀴 새겨진 손·발바닥(cakrāṅkita-hasta-pāda-tala, 手足輪相): 짜끄랑까따(cakrāṅkita)는 바퀴가 새겨진(marked with a wheel)이란 뜻이다. ③ 긴 손가락(梵 dīrghāṅguli, 長指相): 디르가(dīrgha=long) + 앙굴리(aṅguli=finger)=긴 손가락이다. ④ 넓은 발뒤꿈치(āyata-pāda-pārṣṇi, 足跟廣平相). ⑤ 그물로 붙어있는 손발(jālāvanaddha-hasta-pāda, 手足指縵網相): 잘라(jāla)는 그물(a net), 아바낟다(avanaddha)는 묶여 있는(bound on), 붙어 있는(tied), 덮힌(covered with)이란 뜻이니, 그물로 붙어 있는 손발을 말한다.

손·발가락 사이에 물갈퀴처럼 그물로 이어져 있는데, 오므렸을 때는 나타나지 않는다. ⑥ 부드럽고 젊은 손·발바닥(mṛdu-taruṇa-hasta-pāda-tala, 手足柔軟相): 므리두(mṛdu)는 부드러운(soft), 고운(delicate), 연한(tender)이란 뜻이고, 따루나(taruṇa)는 쌩쌩한(young), 젊은(juvenile)이란 뜻이므로 '부드럽고 젊은 손·발바닥'이라고 옮긴다. ⑦ 도드라진 발등(ucchaṅkha-pāda, 足趺修高充滿): 산-영 사전에 웃창카ucchaṅkha)가 나오지 않아 산-일 사전에 나온 해석에 따른다. 〈한문 번역〉에서 '가득 찬'을 빼고 '발등이 도드라진 생김새(足趺隆起相)'라고 옮기는 것이 더 옳다. ⑧ 아이네야 무릎(aiṇeya-jaṅgha, 伊泥延足專相): 아이네야(aiṇeya)는 검은 영양(the black antelope)을 뜻하는데, 옛날 사슴 왕 때 붇다의 가르침을 열심히 들었던 이야기와 관계가 있다. ⑨ 똑바로 서서 무릎까지 늘어뜨리고 남는 팔(thitānavanata-pralamba-bāhutā, 正立手摩膝相): 쓰티따(sthita)는 서다(standing), 아나바나(anavana)는 넉넉하고 남는다(affording no help), 쁘라람바(pralamba)는 밑으로 늘어 뜨리다(hanging down)란 뜻이므로 '똑바로 서서 밑으로 넉넉하게 늘어뜨리고 남는 팔'이라는 뜻이다. 그런데 한문 번역을 보면 팔이 무릎(膝)까지 닿는다는 뜻이 있어 이해하기 쉽게 "무릎까지"를 넣었다. ⑩ 숨겨진 남근(kośopagata-vasti-guhya, 陰藏相): 꼬소빠가따(kośopagata)=kośa는 남근이고, 우빠가따(upagata)는 이른(attained), 얻은(obtained), 만난(met)이란 뜻이고, 밧띠(vasti)는 머물다(staying), 규하(guhya)는 덮여 있다(to be covered), 숨겨져 있다(concealed or hidden)라는 뜻인데, '숨겨진 남근'이라고 옮

졌다. ⑪ 냐그로다 몸(nyagrodha-parimaṇḍala, 尼俱盧陀身相): 냐그
로다(nyagrodha)는 『자따까』에 나온 붇다 전생의 사슴 이름이고,
빠리만달라(parimaṇḍala)는 하늘 몸(sphere), 활동 범위(orbit), 영역
(circumference) 같은 뜻인데, 냐그로다 몸이라고 옮겼다. ⑫ 위로
똑바로 선 털(梵 ūrdhvaṃ-ga-roma, 毛上向相): 우르드바(ūrdhva)는
위로 오르다(rising or tending upwards), 똑바로 서다(erect, upright)
이고, 로마(roma)는 사람이나 동물의 몸에서 나는 털(the hair on
the body of men and animals)을 뜻하는 로만(roman)의 겹씨 앞
가지이다. ⑬ 하나하나의 털이 오른쪽으로 돈다(ekaika-roma-
pradakṣiṇāvarta, 身毛右旋相): 에까이까(ekaika)는 하나하나(one by
one, every single one)란 뜻이고, 쁘라닥시나바르따(pradakṣiṇāvarta)
는 털이 경건한 쪽으로 돈다(turned towards the reverential)는 뜻이
다. 여기서 경건한 쪽은 오른쪽이다. ⑭ 금빛 모습(suvarṇa-varṇa,
金色相): 바르나(varṇa)는 겉모습(outward appearance, exterior), 모습
(form), 사람 모습(figure) 같은 뜻이므로 금빛 모습이라고 옮긴다.
⑮ 큰 빛 모습(大光相): 산스크리트가 없어 한문본을 따른다. ⑯
맑고 빛나는 살빛(sūkṣma-suvarṇa-chavi, 細薄皮相): 쑥스마(sūkṣma)
는 맑은(fine), 엷은(thin), 쑤바르나(suvarṇa)는 좋고 아름다운 빛
깔(of a good or beautiful colour), 빛나는 빛깔(brilliant in hue), 금빛
(golden), 차비(chavi)는 살갗(skin), 살빛(colour of the skin)이란 뜻
이므로 '맑고 빛나는 살빛'이라고 옮겼다. ⑰ 7가지 뛰어난 모습
(saptotsada, 七處隆滿相): 쌉따(sapta)는 7이고, 웃싸다(utsada)는 뛰어
난(excellent)이니, 7가지 뛰어난 모습을 말한다. 7가지는 두 손, 두

발바닥, 두 어깨, 목을 말한다. ⑱ 꽉 찬 겨드랑이(citāntarāṃsa, 兩腋下隆満相): 안따라(antara)는 속(the interior part of a thing)이고, 암사(aṃsa)는 어깨(the shoulder)이므로 안타람사(antarāṃsa)는 겨드랑이다. 찌따(cita)는 꽉 찼다(heaped)는 뜻이므로 꽉 찬 겨드랑이라고 옮겼다. ⑲ 사자 같은 윗몸(siṃha-pūrārdha kāya, 上身如獅子相): 사자(siṃha) 몸(kāya)인데 꽉찬(pūra=fulfilling) 절반(ardha=half)의 몸이란 뜻으로 해석이 되는데, 한문 해석에 따라 윗몸(上半身)으로 옮긴다. ⑳ 몸이 크고 똑바로 선 모습(ṛjuātratā, 大直身相): 리주(ṛju)는 몸이 똑바로 선(upright)이란 뜻이다. ㉑ 아주 잘생긴 어깨(su-saṃvṛta-skandha, 肩圓好相), 아주 잘생긴(su-saṃvṛta=very carefully kept) 어깨(skandha=the shoulder). ㉒ 40개 이(catvāriṃsad-danta, 四十齒相). ㉓ 이가 고르다(sama-danta, 齒齊相): 싸마(sama)는 이(denta)가 고르다(regular), 매끄럽다(smooth), 나란하다(parallel)는 뜻이다. ㉔ 이가 아주 희다(suśukla-danta, 牙白相). ㉕ 사자 뺨(siṃha-hanu, 獅子頬相): 사자(siṃha=lion) 뺨(hanu=cheek). ㉖ 최고의 맛을 보는 혀(rasa-rasāgratā, 味中得上味相): 라사(rasa)는 최고(the best or finest), 맛(taste, flavour)이란 뜻이 있고, 혀(the tongue)라는 뜻도 있다. 그리고 아그라따(agratā)는 맨 위(最上)라는 뜻이 있어 맛 가운데 최고의 맛을 보는 혀라고 옮겼다. ㉗ 혀가 커서 밖으로 나오고 얇다(prabhūta-tanu-jihva, 大舌相): 바(jihva)는 혀(tongue)라는 뜻이고, 쁘라부따(prabhūta)는 아주 크고(great), 밖으로 나오고(come forth)라는 뜻이며, 따누(tanu)는 얇고(thin), 날씬하다(slender)는 뜻이다. ㉘ 브랗마 목소리 (brahma-svara, 梵聲相). ㉙ 아주 검은

눈(abhinīla-netra, 眞靑眼相): 아비닐라(abhinīla)는 아주 검은이나 어두운(very black or dark)이란 뜻이므로 '아주 검은 눈'이라고 옮겼다. 한문으로 옮긴 짙은 남빛(眞靑)과 크게 크게 다르다. ㉚ 소 속눈썹(go-pakṣmā, 牛眼睫相): 고(go)가 갖는 많은 뜻 가운데 소(cow)라는 뜻이 있는데, 소왕(牛王)을 말하고, 빡스마(pakṣmā)는 속눈썹(eye-lash)을 뜻한다. 『쑻따니빠따』(제5장 「저 언덕으로 건너는 품」)에 "이긴 분, 슬기 가득한 분, 총명한 분, 무거운 짐을 내린 분, 때 묻지 않은 분, 머리가 떨어지는 것을 알고 계시는 분, 소왕(牛王)과 같은 분인 사꺄족 아들, 그는 꼬살라 도시 사받띠에 계신다"에서 붇다를 소왕(牛王) 같은 분이라고 했다. ㉛ 살 상투(肉髻)가 있는 정수리(uṣṇīṣa-śiraskatā, 頂髻相): 우스니사(uṣṇīṣa)는 왕관(diadem, crown)·터반(turban)이란 뜻인데, 붇다 머리에 생긴 굳은살(혹) 같은 것을 말한다(a kind of excrescence on the head of buddha). 한문으로는 살상투(肉髻)라고 했다. 시라스(śiras=śiraska)는 머리(the head)의 가장 높은 부분인 정수리를 뜻한다. ㉜ 두 눈썹 사이에 난 털이 (오른쪽으로) 감김(ūrṇā-keśa, 眉間毫相): 우르나(ūrṇā)는 두 눈썹 사이에 난 털의 감김(a circle of hair between the eyebrows)이란 뜻인데, 한문 번역에서는 '오른쪽으로 감긴다'고 했다. 께사(keśa)는 머리털(mane)이란 뜻이다.

(24) 한살이만 마치면 붇다 되는 자리(eka-jāti-pratibaddha, 一生補處): 에까(eka)는 하나, 자띠(jāti)는 태어남(birth)이니 에까자띠는 한살이(一生)를 뜻한다. 제한하다(bound to), 묶이다(fastened), 고정

되다(fixed)라는 뜻으로 한살이만 살면 된다는 뜻으로 쓰인다. 다시 말해 한살이(一生)만 마치면 붇다의 지위에 오를 수 있는 보디쌑바로, 보디쌑바 가운데 가장 높은 지위이다. 한문 경전에는 일생보처(一生補處), 줄여서 보처(補處)라고 옮겼다.

(25) 두루 어진 행(普賢之德): 지금까지 한국에서 번역된『무량수경』이나『정토삼부경』에서는 '보현의 덕'을 모두 보현보살과 연관시켜 번역하였다. "보현보살의 공덕"(청화,『정토삼부경』, 1980), "보현보살의 덕"(이충담,『염불(정토삼부경)』, 1996), "보현보살의 덕행"(효란,『정토삼부경 강설』, 2001), "보현보살의 십대원"(보광,『정토삼부경』, 2000), "보현보살의 덕"(태원,『정토삼부경 역해』, 2016)". 그런데 공덕샘 빅슈의 48가지 바램은 아미따바 붇다가 붇다가 되기 이전 수행한 곳(因地)에서 한 것이기 때문에 적어도 15깔빠 전의 일이다. 공덕샘 빅슈가 이 48가지 큰 바램을 세우고 5깔빠 동안 수행하여 기쁨나라를 이루고, 그리고 10깔빠가 더 지났기 때문이다. 그러므로 사꺄무니 붇다의 10대 보디쌑바인 보현보살의 덕이나 십대원을 본받아 행한다는 것은 앞뒤가 맞지 않는다.

산스크리트 원문은 싸만따-바드라-짜랴(samanta-bhadra-carya)인데 다음 4가지 번역본을 보면 다음과 같다. 1) 최봉수『극락장엄경』(동산법문, 2000, 196~197쪽)에는 산스크리트 번역은 '보현의 수행법', 한문 번역본은 '보현의 공덕'이라 옮겼다. 일본에서 나온 산스크리트 번역본을 보면 모두 '보현보살'의 행이라고 주석을 달았다. 2) 뵤도 츠쇼(平等通照,『梵文佛說阿彌陀經-極樂莊嚴經 小經』, 印

度學研究所, 1985. 해설 8쪽)는 '보현의 교법 실천'이라고 옮기고, "모든 붇다의 이덕(理德)·정덕(定德)·행덕(行德)을 맡는다. … 그렇기 때문에 문수는 사자를 타고 붇다 왼쪽에, 보현은 흰 코끼리를 타고 붇다의 오른쪽에서 모신다"라고 해서 보현보살의 행임을 뚜렷하게 했다. 3) 후지타 코타츠(福田宏達, 『梵文無量寿経·梵文阿弥陀経』, 法藏館, 2011, 213쪽)는 "サマンタバドラ(普賢)の行"이라고 samanta-bhadra를 소리나는 대로 옮기고, 해설에서 "보현보살의 행원을 가리킨다"라고 뚜렷하게 했다. 4) 이와나미문고(岩波文庫) 『정토삼부경』(1991, 257쪽) 산스크리트-일본어 번역문에서도 "특히 『화엄경』에서 말하는 살아있는 모든 것에 봉사하는 실천이다. 그 이상은 보현보살의 모습에 상징적으로 구현되어 있다"라고 했다.

산스크리트본 48가지 다짐과 바램 가운데 21번째 바램에 싸만따-바드라-짜랴(samanta-bhadra-carya)가 바로 이 대목이다. (최봉수, 『극락장엄경』에는 19번째 바램에 20번째 바램이 합해져 있어, 이 문장이 하나 빠른 20번째 바램에 들어 있다.) 싸반따-바드라(samanta-bhadra)는 두루 어진(普賢)이란 뜻임을 이미 보았고, 짜랴(carya)는 미세한 겹씨나 겹씨의 끝가지에 주로 쓰이는데(often in fine compositive or 'at the end of a compound'), 행동(proceeding), 행실(behaviour), 지도(conduct) 같은 뜻이다. 그러므로 이 번역본에서는 보디쌑바의 이름이 아니라 두루이름씨(普通名詞)로 보고, 한문 번역의 덕(德)도 살려 '두루 어진 덕행(普賢德行)'이라고 옮긴다.

(26) 원문에 나온 '불신력(佛神力)'을 대부분 번역본이 '신통력(神

通力'이라고 옮겼지만, 신통력은 붇다가 되기 이전에도 선정에 들면 얻을 수 있는 힘인 데 비해, 붇다가 된 뒤(佛果位) 얻는 존엄하고 끝없는 힘은 '위신력(威神力)'이라고 하기 때문에 여기서는 위신력이라고 옮겼다.

(27) 모든 것을 아는 슬기(一切智, sarava jñā): 3가지 슬기(三智) 가운데 하나. 3가지 슬기는 ① 도 슬기(道種智)-보디쌑바가 중생을 교화할 때 세간과 출세간(出世間), 유루(有漏)와 무루(無漏)를 말하는 지혜. ② 모든 슬기(一切智)-모든 법의 총체적 모습을 아는 지혜. 그림의 윤곽을 그리는 것과 같다. ③ 갖가지 슬기(一切種智)-모든 법의 부분적 모습을 아는 지혜.

한문

設我得佛 國中菩薩 不能演說 一切智者 不取正覺.
設我得佛 國中菩薩 不得金剛那羅延身者 不取正覺.
設我得佛 國中人天 一切万[168]物 嚴淨光麗 形色殊特 窮微極妙 无能稱量 其諸衆生 乃至逮得天眼 有能明了 辨其名數者 不取正覺.
設我得佛 國中菩薩 乃至少功德者 不能知見 其道場樹 无量光色高四百万里者 不取正覺.
設我得佛 國中菩薩 若受讀經法 諷誦持說 而不得辯才智慧者 不

---

168) 일반적으로 '만(萬)'자를 쓰지만, 고리대장경에 따라 '만(万)'을 쓴다. 뜻은 같고 지금도 약자로 많이 쓴다.

取正覺.

設我得佛 國中菩薩 智慧辯才 若可限量者 不取正覺.

設我得佛 國土清淨 皆悉照見 十方一切 無量無數 不可思議 諸佛
世界 猶如明鏡 覩其面像 若不尒者 不取正覺.

設我得佛 自地以[169]上 至于虛空 宮殿樓觀 池流華樹 國土[170]所有
一切万物 皆以無量 雜寶百千種香 而共合成 嚴飾奇妙 超諸人天
其香普薰 十方世界 菩薩聞者 皆修佛行 若不尒[171]者 不取正覺.

設我得佛 十方無量 不可思議 諸佛世界 衆生之類 蒙我光明 觸其
體[172]者 身心柔軟 超過人天 若不尒者 不取正覺.

設我得佛 十方無量 不可思議 諸佛世界 衆生之類 聞我名字 不得
菩薩 無生法忍 諸深摠[173]持者 不取正覺.

設我得佛 十方無量 不可思議 諸佛世界 其有女人 聞我名字 歡喜
信樂 發菩提心 猒[174]惡女身 壽終之後 復為女像者 不取正覺.

設我得佛 十方無量 不可思議 諸佛世界 諸菩薩衆 聞我名字 壽終
之後 常修梵行 至成佛道 若不尒者 不取正覺.

設我得佛 十方無量 不可思議 諸佛世界 諸天人民 聞我名字 五體
投地 稽首作禮 歡喜信樂 修菩薩行 諸天世人 莫不致敬 若不尒者

---

169) 대정신수대장경에는 이(已)자로 되어 있다.

170) 대정신수대장경에는 중(中)으로 되어 있다.

171) 대정신수대장경에는 이(尒) 대신에 여시(如是)라고 되어 있다.

172) 대정신수대장경에는 신(身)자로 되어 있다.

173) 대정신수대장경에는 총(總)자로 되어 있다.

174) 일반적으로 '염(厭)'자를 쓰는데, 고리대장경에 따라 '염(猒)'자를 썼다. 염(厭) 자는 싫다는
뜻이고, 猒 자는 '싫증난다'는 뜻이 있는데, 꾸마라지바 원본에 염(猒) 자를 썼거나, 고리시
대에는 두 글자가 같은 뜻으로 쓰였던 것으로 보인다.

不取正覺.

設我得佛 國中人天 欲得衣服 隨念卽至 如佛所讚 應法妙服 自然在身 若有裁縫染治[175]浣濯者 不取正覺.

設我得佛 國中人天 所受快樂 不如漏盡比丘者 不取正覺.

設我得佛 國中菩薩 隨意欲見 十方無量 嚴淨佛土 應時如願 於寶樹中 皆悉照見 猶如明鏡 覩其面像 若不介者 不取正覺.

設我得佛 他方國土 諸菩薩衆 聞我名字 至于得佛 諸根缺陋 不具足者 不取正覺.

設我得佛 他方國土 諸菩薩衆 聞我名字 皆悉逮得 淸淨解脫三昧 住是三昧 一發意頃 供養無量 不可思議 諸佛世尊 而不失定意 若不介者 不取正覺.

設我得佛 他方國土 諸菩薩衆 聞我名字 壽終之後 生尊貴家 若不介者 不取正覺.

設我得佛 他方國土 諸菩薩衆 聞我名字 歡喜踊躍 修菩薩行 具足德本 若不介者 不取正覺.

設我得佛 他方國土 諸菩薩衆 聞我名字 皆悉逮得 普等三昧 住是三昧 至于成佛 常見無量 不可思議 一切如來[176] 若不介者 不取正覺.

設我得佛 國中菩薩 隨其志願 所欲聞法 自然得聞 若不介者 不取正覺.

設我得佛 他方國土 諸菩薩衆 聞我名字 不卽得至 不退轉者 不取

---

175) 대정신수대장경에는 도염(擣染)으로 되어 있다.
176) 대정신수대장경에는 여래(如來)가 제불(諸佛)로 되어 있다.

正覺.

設我得佛 他方國土 諸菩薩衆 聞我名字 不即得至 第一第二第三
法忍 於諸佛法 不能即得 不退轉者 不取正覺.

옮긴글

26. 제가 붇다가 될 때, 나라 안 보디쌑바들이 나라야나(nārāyaṇa)
    금강역사(金剛力士)[1] 같은 몸을 얻지 못한다면 깨달음을 얻지 않
    겠습니다.

27. 제가 붇다가 될 때, 나라 안 사람과 하늘신, 그리고 온갖 물
    건들이 모두 점잖고 깨끗하고 빛이 우아하며, 생김새가 빼어
    나고 더할 나위 없이 미묘해 가늠할 수 없어야지, 여러 중생
    이 하늘눈을 얻어 이름과 수를 밝혀 알아낼 수 있다면 깨달
    음을 얻지 않겠습니다.

28. 제가 붇다가 될 때, 나라 안 보디쌑바나 공덕이 적은 이들
    까지도 도 닦는 곳의 나무가 그지없이 빛나고 높이가 4백만
    리나 되는 것을 알아보지 못한다면 깨달음을 얻지 않겠습
    니다.

29. 제가 붇다가 될 때, 나라 안 보디쌑바가 경전의 교리(經法)를
    받아 읽고 외우고 가르치고도[2] 말재주와 지혜를 얻을 수 없
    다면 깨달음을 얻지 않겠습니다.

30. 제가 붇다가 될 때, 나라 안 보디쌑바들의 슬기와 말재주에
    제한이 있다면 깨달음을 얻지 않겠습니다.

31. 제가 붇다가 될 때, 나라가 맑고 깨끗하여 시방의 온갖 끝없

는 여러 붇다세계를 모두 낱낱이 비쳐 보는 것이 마치 맑은 거울에서 그 겉면에 비친 모습을 보는 것 같아야지[3], 그렇지 않으면 깨달음을 얻지 않겠습니다.

32. 제가 붇다가 될 때, 땅 위에서 허공까지 궁전·다락집·못도랑·꽃나무 같은 나라 안에 있는 온갖 것이 다 헤아릴 수 없는 갖가지 보배와 백 천 가지 향으로 꾸며지고, 그 장엄하게 꾸민 기묘함이 모든 사람 사는 세계나 하늘나라를 뛰어넘으며, 그 향내가 시방세계에 두루 퍼지면 보디쌀바들이 맡고 모두 붇다의 행을 닦아야지, 그렇지 않으면 깨달음을 얻지 않겠습니다.

33. 제가 붇다가 될 때, 시방의 그지없고 헤아릴 수 없는 모든 붇다나라 여러 중생이 저의 밝고 환한 빛을 받아 그들의 몸에 닿으면 몸과 마음의 부드러움이 사람 사는 세계나 하늘나라를 뛰어넘어야지, 그렇지 않으면 깨달음을 얻지 않겠습니다.

34. 제가 붇다가 될 때, 시방의 그지없고 헤아릴 수 없는 모든 붇다나라 여러 중생이 제 이름을 듣고, 보디쌀바가 나고 죽음을 여읜 경계(無生法忍)[4]와 갖가지 깊이 있는 다라니(摠持)[5]를 얻을 수 없다면 깨달음을 얻지 않겠습니다.

35. 제가 붇다가 될 때, 시방의 그지없고 헤아릴 수 없는 모든 붇다나라에 사는 여인이 제 이름을 들은 뒤 즐거이 믿고 기뻐하며, 깨닫겠다는 마음을 내고(發菩提心) 여자 몸을 싫어했으나, 목숨을 마친 뒤 다시 여인이 된다면 깨달음을 얻지 않

겠습니다.

36. 제가 붇다가 될 때, 시방의 그지없고 헤아릴 수 없는 모든 붇다나라 여러 보디쌀바가 제 이름을 들으면, 목숨을 마친 뒤에 늘 맑고 깨끗한 수행을 하여 끝내 붇다가 되는 길에 이르러야지, 그렇지 않으면 깨달음을 얻지 않겠습니다.

37. 제가 붇다가 될 때, 시방의 그지없고 헤아릴 수 없는 모든 붇다나라 온갖 하늘신과 사람들이 제 이름을 듣고 온몸을 땅에 던져 머리 숙여 절하며 환희 속에 믿고 기뻐하며 보디 쌀바행을 닦을 때, 모든 하늘신과 사람들이 공경하지 않는 이가 없어야지, 그렇지 않으면 깨달음을 얻지 않겠습니다.

38. 제가 붇다가 될 때, 나라 안 사람과 하늘신이 옷을 입고자 하면, 생각하자마자 바로 붇다가 찬탄하신 법에 맞는 신기 한 옷처럼 저절로 입혀져야지, 옷을 짓거나 물들이거나 빨 래를 해야 한다면 깨달음을 얻지 않겠습니다.

39. 제가 붇다가 될 때, 나라 안 사람과 하늘신이 받는 유쾌하고 즐거운 느낌이 어둠과 번뇌를 다 끊은(漏盡通)[6] 빅슈와 같지 않으면 깨달음을 얻지 않겠습니다.

40. 제가 붇다가 될 때, 나라 안 보디쌀바들이 시방에 있는 그 지없이 장엄하고 맑은 붇다나라를 보고자 하면, 그때마다 바라는 대로 보배나무 속에서 맑은 거울 겉면에 비친 모습 을 보듯 모두 낱낱이 볼 수 있어야지, 그렇지 않으면 깨달음 을 얻지 않겠습니다.

41. 제가 붇다가 될 때, 다른 나라 여러 보디쌀바가 제 이름을

듣고도 붇다가 될 때까지 6가지 뿌리(六根)⁷⁾에 흠이 있어 다 갖추지 못한 자가 있다면 깨달음을 얻지 않겠습니다.

42. 제가 붇다가 될 때, 다른 나라 여러 보디쌑바가 제 이름을 들으면 모두 맑고 깨끗한 해탈싸마디⁸⁾를 얻고, 그 싸마디에 들어 한 생각 하는 사이 그지없고 헤아릴 수 없는 모든 붇다에게 이바지하고도 싸마디를 잃지 않아야지, 그렇지 않으면 깨달음을 얻지 않겠습니다.

43. 제가 붇다가 될 때, 다른 나라 여러 보디쌑바가 제 이름을 들으면 목숨이 다한 뒤 지위가 높고 귀한 집에 태어나야지, 그렇지 않으면 깨달음을 얻지 않겠습니다.

44. 제가 붇다가 될 때, 다른 나라 여러 보디쌑바가 제 이름을 듣고 뛸 듯이 기뻐하며 보디쌑바행을 닦아 모든 좋은 뿌리를 다 갖추어야지, 그렇지 않으면 깨달음을 얻지 않겠습니다.

45. 제가 붇다가 될 때, 다른 나라 여러 보디쌑바가 제 이름을 들으면, 모두 다 '끝없는 붇다를 한꺼번에 뵙는 싸마디(普等三昧)'를 얻고, 그 싸마디에 머무르며 붇다가 될 때까지 언제나 그지없고 헤아릴 수 없는 모든 붇다를 뵈올 수 있어야지, 그렇지 않으면 깨달음을 얻지 않겠습니다.

46. 제가 붇다가 될 때, 나라 안 보디쌑바들은 바라는 대로 듣고자 하는 가르침을 저절로 들을 수 있어야지, 그렇지 않으면 깨달음을 얻지 않겠습니다.

47. 제가 붇다가 될 때, 다른 나라 여러 보디쌑바가 제 이름을 듣고도 바로 '한 번 도달한 경계에서 물러서지 않는 자리(不

退轉)'를 얻을 수 없다면 깨달음을 얻지 않겠습니다.

48. 제가 붇다가 될 때, 다른 나라 여러 보디쌑바가 제 이름을 들은 뒤, 설법을 듣고 깨닫는 경계(音響忍), 스스로 진리에 순응하여 깨닫는 경계(柔順忍), 나고 죽음을 여읜 경계(無生法忍)까지 바로 이루고, 모든 불법에서 물러나지 않는 자리를 얻을 수 없다면 깨달음을 얻지 않겠습니다.

풀이

(1) 금강역사는 하늘나라에서 다이아몬드 공이(金剛杵)를 들고 붇다의 가르침을 지키는 하늘신을 말하는데, 특히 나라야나(那羅延, nārāyaṇa) 금강역사는 그 힘이 코끼리의 100만 배만큼 세다고 한다.

(2) 경법(經法): "경전의 교리를 받아 읽고 외우고 가르치고(若受讀經法 諷誦持說)"라는 문장에서 경법(經法)은 경전의 가르침이라고 옮길 수 있다. 그러나 붇다가 말씀하신 BC 5세기에도 경전이 없었는데 공덕샘 빅슈가 바램을 한 15깔빠 이전에 경전이 있었을까 하는 의문이 생긴다. 앞에서 한 번 나온 경법은 산스크리트 원문의 법(dharma)을 옮긴 것이라 쉽게 '(붇다의) 가르침'이라고 옮겼다. 그런데 역서는 '경의 가르침을 읽는다(讀經法)'는 표현이 있어 읽으려면 반드시 글로 된 경전이 있어야 한다. 그래서 이 부분도 다른 번역본과 산스크리트본을 견주어 보았다. 『불설 무량수경』이전에 옮겨진 두 번역본에는 이 내용이 없다. 그리고 『무량수여래

회』에서는 "경전을 소리 내어 읽는다(讀誦經典)"고 경전이 있었음을 뚜렷하게 하였고, 『대승무량수장엄경』에서는 "법장에 막힘없이 훤히 통함(通達法藏)"이라고 옮겼다. 산스크리트본을 원문과 번역을 보면 이렇다.

> 29. 세존이시여, 만일 제가 깨달음을 얻을 때, 그 붇다나라에서 어떤 중생이 (가르침을) 설하거나 소리 내 외워야(暗誦) 하는데, 그들 모두가 걸림 없는 이해표현력(無礙解·無礙智)를 얻지 못하면 위없이 바르고 빈틈없는 깨달음을 얻지 않겠습니다. (sacen me bhagavan bodhiprāptasya, tatra buddhakṣetre kasyacit sattvasyoddeśo vā svādhyāyo vā kartavyaḥ syān, na te sarve pratisaṁvitprāptā bhaveyur, mā tāvad aham anuttarāṁ samyaksaṁbodhim abhisaṁbudhyeyam).

여기서 문제가 되는 낱말은 쓰바댜야(svādhyāya)에 대한 해석이다. 후지이는 "소리 내어 읽거나 외움(讀誦)"이라고 했고 뵤도(平等)는 "소리 내어 외움(暗誦)"이라고 옮겼다. 산-영 사전에서 쓰바댜야(svādhyāya)를 찾아보면, ① 소리 내어 외우거나(暗誦) 자신에게 되풀이해 말해 익혀줌(reciting, or repeating or rehearsing to one's self), ② 베다를 자신이 듣도록 작은 목소리로 소리 내어 외우는 것(repetition or recitation of the veda- in a low voice to one's self), ③ 베다를 되풀이해 소리 내어 외우다(repeating the veda- aloud), ④ 신성한 구절을 외우거나 읽음(recitation or perusal of any sacred texts)

이라고 옮겼다. 베다를 소리 내어 외우는 것(暗誦) 뜻하는 말이라는 것을 알 수 있다. 베다는 붇다가 가르침을 설할 때까지 이처럼 외워서 이어졌지, 책으로 나오지 않았고, 붇다의 가르침도 1세기까지는 베다처럼 외워서 이어졌다. 그렇기 때문에 붇다는 가르침을 설할 때 "경전을 읽는다(讀經)"는 표현은 쓰지 않았다고 봐야 한다. 산스크리트 원문에서는 경전(經典)이나 법(法)이나 경법(經法)이라는 낱말을 쓰지 않았다. 그런데 한문으로 옮기는 과정에서 당시의 문법과 당시의 표현으로 "경전의 교리를 받아 읽고 외우고 가르친다(若受讀經法 諷誦持說)"라고 표현한 것이다. 그래서 이 번역본에서는 "가르침을 받아 지녀 외우고 가르친다"라고 옮겼다.

(3) 대부분 번역본이 "마치 거울에 얼굴을 비추어 보듯이"라고 옮겼다. 그러나 "명경(明鏡) 도기면상(覩其面像)"에서 '그(其)'란 거울을 가리키는 말이기 때문에 '其面'은 거울의 겉면을 나타내고 '像'이란 바로 그 겉면에 비친 모습을 이야기한다. '면상'이 얼굴이란 뜻도 있지만, 얼굴을 나타낼 때는 '면상(面相)'이라고 쓴다. 청화 스님 번역본이 나온 뒤 대부분 그 번역본을 따라 번역했고, 모두 그렇게 새기고 있었기 때문에 더러 이 번역에 대해 의문을 가질까 봐 주를 달아 밝힌다.

(4) 나고 죽음을 여읜 경계(anutpattika-dharma-kṣānti, 無生法忍):
① '안웉빹띠까(anutpattika)' 뜻: 안웉빹띠까(anutpattika)는 안(an)+웉빹띠까(utpattika)의 겹씨(합성어)다. 웉빹띠(utpatti)는 생산

(production), 내력(genesis), 유래(origin), 태어남(birth)을 나타내는 여성명사인데, 경전에서는 특히 나고 죽는 문제에 적용하기 때문에 태어남(生)이라는 낱말로 쓰였다. 이 낱말에 앞가지 /an-/을 합하면 '안 태어나는(不生, not birthed)', '태어남이 없는(無生, non-birth)'이란 뜻이 된다. 여기서는 '태어남(生)'과 '태어남이 없는(無生)' 문제를 아우른 것이라고 볼 수 있다.

② 이해하기 어려운 '법인(法忍)'이란 뜻: '태어남이 없으면(無生) 죽지 않는다(不死)'라는 가르침은 12연기법에서 뚜렷하게 하였으므로 더 설명할 필요가 없다. 그러나 법인(法忍)에서 참을 '인(忍)'은 쉽게 이해하기 어렵다. 산스크리트에서 끄샨띠(kṣānti)는 참음(endurance), 너그러움(forbearance), 끈기(patience), 끈기 있게 기다림(patiently waiting) 같은 뜻이 있고, 한문 『불경』에서는 참다(忍)·욕된 것을 참음(忍辱), 참는 것을 즐기다(安忍)·참아내다(堪忍), 참아낼 수 있는(能堪忍), 견디어내다(和忍), 참고 정진하다(忍加行)처럼 여러 가지로 옮겼다. 그러나 다르마-끄샨띠(dharma-kṣānti)를 직역한 '법인(法忍)'의 참뜻이 쉽게 이해되지 않는다.

③ 산스크리트-영어사전의 해석은 더 이해가 안 간다: 산스크리트 사전에는 안웁빳띠까-다르마-끄샨띠(anutpattika-dharma-kṣānti)를 다음과 같이 3가지로 풀이하고 있다. ㉠ 아직 일어나지 않은 결과에 대해 생각을 버림(resignation to consequences which have not yet arisen) ㉡ 미래 상태에 대한 준비(preparation for a future state) ㉢ 아직 일어나지 않은 상태를 받아들임(acquiescence in the state which is still future).

④ 한어(漢語) 계통 사전의 설명:『불광사전』에 법인(法忍)을 이렇게 설명하였다. "갖가지 법인(法忍)이 있는데, 2인(二忍), 3인(三忍), 6인(六忍). 10인(十忍) 따위가 있다. 태어나는 법인(生法忍)은 2인(二忍) 가운데 하나인데, ㉠ 마음의 법이 아닌 춥고 더움, 비바람, 목마르고 배고픔, 늙어 병들어 죽음 같은 것에 대해 끈기 있게 참고 번뇌를 일으키거나 원망하지 않고, ㉡ 마음 법인 화냄, 근심 같은 번뇌를 일으키지 않고 끈기 있게 기다리는 경계를 말한다." 그러나 확 와 닿는 해석이 아니다. 그러나 여기서 어떤 일이 일어나도 참아낼 수 있는 경계라는 것을 알 수 있다.

정리하면 업이 일어났을 때 번뇌를 일으키지 않고 참아내는 경계를 말하는 것으로, 번뇌를 벗어난, 여읜 경계라고 할 수 있다. 그래서 '나고 죽음 여읜 경지(anutpattika-dharma-kṣānti, 無生法忍)'라고 옮긴다.

(5) 다라니(dhāraṇi, 攝持): 다라니(dhāraṇī, 陀羅尼): 소리로 타린니(陀憐尼)라고도 하고, 뜻으로 '모두 가짐(總持)'·'지닐 수 있음(能持)'·'막을 수 있음(能遮)'이라고 옮겼다. 여기서는 우리에게 더 익숙한 '다라니'라고 옮겼다. 다라니는 헤아릴 수 없이 많은 붇다의 가르침을 잃어버리지(亡失) 않고 모두(總) 굳게 지켜(攝) 잊지 않고(憶) 지니는(持) 염혜력(念慧力)을 말한다.『대지도론』권 5와『불지경론(佛地經論)』권5에 따르면, 다라니는 일종의 기억술로, 하나의 가르침에서 모든 가르침을 알아서 지니고, 하나의 글월에서 모든 글월을 알아서 지니고, 하나의 뜻에서 모든 뜻을 알아서 지니는 것으로, 하나의 가르침

(法)·하나의 글월(文)·하나의 뜻(義)에서 모든 가르침(一切法)을 생각해 낼 수 있으므로, 헤아릴 수 없이 많은 붇다의 가르침을 잃어버리지 않고 모두 갖게(總持) 되는 것이다. 다라니는 갖가지 좋은 가르침(善法)을 가질 수 있고(能持), 갖가지 나쁜 가르침을 막을 수 있다(能遮). 보디쌀바는 남을 이롭게 하는 것(利他)을 으뜸으로 삼아 다른 사람을 가르쳐 이끌기 때문에 반드시 다라니를 얻어야 한다. 그래야만 헤아릴 수 없이 많은 붇다의 가르침을 잃어버리지 않게 되어 많은 사람 속에서 두려워하지 않고 거침없이 설교를 할 수 있다. 보디쌀바가 다라니를 얻는 이야기는 여러 경에 아주 많이 나온다. 후세에 이르러 다라니 형식이 주문(咒)과 같아져, 사람들이 다라니와 주문(咒)을 구별하지 못하고 뒤섞어서 보게 되어 주문도 다라니라고 부르게 되었다. 그러나 잣귀의 길고 짧음을 가지고 따로따로 나눌 수 있으니, 구절이 긴 것은 다라니고, 구절이 짧은 것은 진언(咒)이다.

(6) 더할 나위 없는 곧바른 힘(ⓅP āsavakkhaya-ñāṇa, 漏盡通): 6가지 곧바른 힘(ṣaḍabhijña, 六神通) 가운데 하나로, 마음대로 번뇌를 끊을 수 있는 신통한 힘을 말한다. 『디가 니까야』에서는 그 경계를 이렇게 말한다. "① '이것은 괴로움이다(苦)'라고 있는 그대로 꿰뚫어 압니다. ② '이것이 괴로움이 생겨나는 까닭이다(集)'라고 있는 그대로 꿰뚫어 압니다. ③ '이것이 괴로움이 사라져 없어지는 것이다(滅)'라고 있는 그대로 꿰뚫어 압니다. ④ '이것이 괴로움을 쓸어 없애는 길이다(道)'라고 그대로 꿰뚫어 압니다. 이와 같이

알고 이와 같이 보았을 때, 그는 마음이 감각적 쾌락에 대한 욕망에서 생기는 번뇌(慾漏)에서 벗어나고, 존재에서 생기는 번뇌(有漏)에서 벗어나고, 어둠(無明)에서 생기는 번뇌(無明漏)에서 벗어납니다. 번뇌를 벗어나면(解脫) '번뇌를 벗어났다'라는 더할 나위 없는 슬기(漏盡通)가 생겨나며, '태어남은 부서졌고, 맑고 깨끗한 삶이 이루어졌고, 해야 할 일을 마쳤고, 더 이상 윤회하지 않는다'라고 꿰뚫어 알게 됩니다.

(7) 6가지 뿌리(六根): 눈(眼) 귀(耳) 코(鼻) 입(舌) 몸(身) 뜻(意) 같은 느끼는 기관.

(8) 해탈싸마디(vimokṣa-samādhi, 解脫三昧): 해탈이란 번뇌에서 벗어나 미혹의 고통에서 풀려나오는 것을 말한다. 그렇기 때문에 해탈싸마디는 번뇌를 완전히 벗어나는 싸마디에 드는 것을 말한다.

한문

佛告阿難, 尒時 法藏比丘 說此願已 而說[177]頌曰.
我建超世願 必至[178]無上道 斯願不滿足[179] 誓不成等[180]覺

---

177) 대정신수대장경 주(註): [宋]·[元]·[明]본에는 이설(而說)=이게(以偈)로 되어 있다.
178) 대정신수대장경 주(註): [宋]·[元]본에는 지(至)=지(志)로 되어 있다.
179) 대정신수대장경 주(註): [宋]·[元]본에는 족(足)=구(具)로 되어 있다.
180) 대정신수대장경 주(註): [流布本]에는 등(等)=정(正)으로 되어 있다.

我於無量劫 不為大施主 普濟諸貧苦 誓不成等[181]覺

我至成佛道 名聲超十方 究竟靡不[182]聞 誓不成等[183]覺

離欲深正念 淨慧修梵行 志求無上道[184] 為諸天人師

神力演大光 普照無際土 消除三垢冥 明[185]濟衆厄難

開彼智慧眼 滅此昏[186]盲闇 閉[187]塞諸惡道 通達善趣門

功祚成滿足 威曜朗十方 日月戢重暉 天光隱不現

為衆開法藏 廣施功德寶 常於大衆中 說法師[188]子吼

供養一切佛 具足衆德本 願慧悉成滿 得為三界雄

如佛無量[189]智 通達靡不遍[190] 願我功德[191]力 等此寂[192]勝尊

斯願若剋果 大千應感動 虛空諸天人[193] 當雨珍[194]妙華

---

181) 대정신수대장경 주(註): [流布本]에는 등(等)=정(正)으로 되어 있다.

182) 대정신수대장경 주(註): [宋]·[元]본과 [流布本]에는 불(不)=소(所)로 되어 있다.

183) 대정신수대장경 주(註): [流布本]에는 등(等)=정(正)으로 되어 있다.

184) 대정신수대장경 주(註): [宋]·[元]·[明]본에는 도(道)=존(尊) 으로 되어 있다.

185) 대정신수대장경 주(註): [流布本]에는 명(明)=광(廣)으로 되어 있다.

186) 대정신수대장경에는 혼(昬)=혼(昏)으로 되어 있다. 주가 없는 것으로 보아 잘못 읽은 것이다. 뜻은 차이가 없다.

187) 대정신수대장경에는 폐(閇)=폐(閉)로 되어 있다. 주가 없는 것으로 보아 잘못 읽은 것이다. 뜻은 차이가 없다.

188) 흔히 '사자후(獅子吼)'라고 쓰기 때문에 국내 번역본에 그대로 쓴 것이 있는데, 고리대장경에는 사(師)자로 되어 있고, 대정신수대장경에도 주가 없는 것으로 보아 송나라·원나라·명나라 때 발간한 대장경에도 사(師)자로 되어 있다는 것을 알 수 있다.

189) 대정신수대장경 주(註): [宋]·[元]·[明]본과 [流布本]에는 량(量)=애(礙)로 되어 있다.

190) 대정신수대장경 주(註): [宋]·[元]·[明]본과 [流布本]에는 편(遍)=조(照)로 되어 있다.

191) 대정신수대장경 주(註): [流布本]에는 덕(德)=혜(慧)로 되어 있다.

192) 고리대장경에는 다른 글자체인 최(寂)자를 쓰고 있다.

193) 대정신수대장경 주(註): [宋]·[元]·[明]본에는 인(人)=신(神)으로 되어 있다.

194) 고리대장경에는 보배 진(珍) 약자인 진(珎)자를 썼다.

붇다께서 아난다에게 말씀하셨다.

"이때 공덕샘 빅슈는 위와 같은 바램을 아뢰고, 이어서 게송으로 사뢰었다.

세상에 없는 바램 세워 위없는 도 꼭 이룰지니
이 바램 다 이루지 못하면 깨달음 이루지 않으리.

끝없는 깔빠 동안 큰 시주(施主)가 되어
온갖 가난과 고통 널리 건지지 못하면 깨달음 이루지 않으리.

제가 붇다가 되면 그 이름이 시방세계를 다 넘어서야지
끝까지 듣지 못한 사람 있다면 깨달음 이루지 않으리.

욕심 떠나 바른 생각 깊게 하고 맑은 슬기로 맑은 행을 닦아
위없는 도[1]를 구하는 데 뜻을 두어 모든 하늘과 사람의 스승 되리.

위신력이 내는 큰 빛으로 가없는 세계 널리 비추어
3가지 더러운 어둠[2] 쓸어버리고 중생 재난에서 건지리.

중생의 슬기 눈 열리게 하여 어둡게 닫힌 문 없애고
온갖 나쁜 길 막아 좋은 길 가는 문 활짝 열리라.

공덕3)을 넉넉하게 갖추어 그 위엄 시방에 빛나면
해·달이 빛을 거두고 하늘빛도 숨어 드러나지 못하리.

중생 위해 가르침 곳간 열어 공덕을 널리 베풀고
언제나 뭇사람에게 사자 소리처럼 가르침을 펴리.

모든 붇다께 이바지하여 온갖 좋은 뿌리 다 갖추고
바램과 슬기 모두 이루어 삼계의 영웅 되리라.

붇다의 끝없는 슬기처럼 미치지 않는 곳 없이 두루 다다라
제 공덕의 힘이 가장 뛰어난 세존과 같길 바라나이다.

위와 같은 바램 이루어지면 큰 천세계(千世界) 감동하고
허공의 하늘사람도 반드시 진귀한 꽃비 내려 주리라."

풀이
_____

(1) [宋]·[元]·[明]본에는 도(道)=존(尊)으로 되어 있으나 고리대
장경에 따른다.

(2) 3가지 더러운 어둠(三垢冥): 더러운 어둠은 탐내고 화내고 어
리석은 3가지 독한 마음을 말한다.

(3) 원문 공조(功祚)는 옛날 충신이 건국에 공로를 세우거나 후

세에 빛나는 일에 공헌한 것을 뜻한다. 불교에서는 공덕이란 말과 같다.

佛語阿難, 法藏比丘 說此頌已 應時普地 六種震動 天雨妙華 以散其上 自然音樂 空中讚言 決定必成 無上正覺. 於是 法藏比丘 具足修滿 如是大願 誠諦不虛 超出世間 深樂寂滅.

붇다께서 아난다에게 말씀하셨다.

"공덕샘 빅슈가 이 게송을 읊고 나자 때맞추어 모든 땅이 여섯 가지로 흔들려 움직이고[1], 하늘에서 진귀한 꽃비가 내려 그 위에 뿌려졌다. 저절로 음악이 울려 퍼지며 공중에서 '반드시 위없는 바른 깨달음을 이룰 것이니라'라고 기리어 말했다. 이에 공덕샘 빅슈는 이와 같은 큰 바램을 모자람 없이 닦아 다 갖추기 위해 정성껏 살펴 빈틈이 없었으며, 세간을 완전히 벗어나 마음의 고요[2]를 즐거움으로 삼았다."

(1) 6가지 흔들림(六種震動): 6진(六震)이라고도 하는데, 여러 가지 설이 있다. 세간에 상서로움이 있을 때 땅이 흔들리는 6가지 모양인데, 곧 흔들려서 불안한 동(動), 아래로부터 위로 오르는 기

(起), 솟아오르고 꺼져 내려가 육방(六方)으로 출몰(出沒)하는 용
(湧), 은은한 소리가 울리는 진(震), 꽝 하는 소리가 나는 후(吼),
물건(物件)을 깨닫게 하는 각(覺)이다.

(2) 고요(vyupaśama, ℗ vūpasama, 寂滅): 뷰빠사마(vyupaśama)
는 그침(cessation), 끝(end)이란 뜻인데, 한문에서는 적멸(寂滅)이라
고 옮겼다. 적멸은 나고 죽음을 벗어나 미혹의 세계를 완전히 벗
어난 니르바나와 같은 경계를 말한다. 그래서 붇다는 "적멸을 즐
거움으로 삼는다(寂滅爲樂)"고 했다. 여기서는 아직 붇다의 경지에
이른 것이 아니라 '고요'라고 옮겼다. 우리말 고요는 "움직임이나
흔들림이 없는 안온한 상태"를 말한다. 물건을 깨닫게 하는 각(覺)
이다.

4. 공덕샘 빅슈는 어떻게 기쁨나라를 이룩했는가?

한문

阿難 法藏[195]比丘 於彼[196]佛所 諸天魔梵 龍神八部 大衆之中 發
斯弘誓 建此願已 一向專志 莊嚴妙土. 所修佛國 開[197]廓廣大 超
勝獨妙 建立常然 无衰無變 於不可思議 兆載永劫 積殖[198]菩薩 无
量德行. 不生欲覺 瞋覺害[199]覺 不起欲想 瞋想害想 不著色聲 香
味觸之[200]法 忍力成就 不計衆苦 少欲知足 無染恚癡 三昧常寂 智
慧無㝵[201]. 無有虛僞 諂曲之心 和顏軟[202]語 先意承問 勇猛精進
志願無惓[203] 專求淸白之法 以慧[204]利群生. 恭敬三寶 奉事師長
以大莊嚴 具足衆行 令諸衆生 功德成就. 住空無相 無願之法 無
作無起 觀法如化. 遠離麤言 自害害彼 彼此俱害 修習善語 自利利
人 彼[205]我兼利. 棄國捐王 絶去財色 自行六波羅蜜 敎人令行 無央

---

195) 대정신수대장경 주(註): [流布本]에는 법장(法藏)=시피(時彼)로 되어 있다.

196) 대정신수대장경 주(註): [宋]·[元]·[明]본과 [流布本]에는 피(彼)=기(其)로 되어 있다.

197) 대정신수대장경 주(註): [流布本]에는 개(開)=회(恢)로 되어 있다.

198) 대정신수대장경 주(註): [明]본과 [流布本]에는 식(殖)=식(植)으로 되어 있다.

199) 고리대장경에서는 다른 글자체를 쓰고 있다.

200) 대정신수대장경 주(註): [宋]·[元]·[明]본과 [流布本]에는 지(之)자가 없다.

201) 고리대장경에는 무애(无㝵)로 되어 있으나, 대정신수대장경에서는 무애(無礙)로 옮기고,
청화 스님은 무애(無碍)로 바꾸었다. 고리대장경에 따른다.

202) 대정신수대장경 주(註): [宋]·[元]·[明]본과 [流布本]에는 연(軟)=애(愛)로 되어 있다.

203) 대정신수대장경 주(註): [流布本]에는 권(惓)=권(倦)으로 되어 있다.

204) 대정신수대장경 주(註): [宋]·[元]·[明]본과 [流布本]에는 혜(慧)=혜(惠)로 되어 있다.

205) 대정신수대장경 주(註): [宋]·[元]·[明]본과 [流布本]에는 피(彼)=인(人)으로 되어 있다.

數劫 積功累德.

아난다여, 공덕샘 빅슈는 그 붇다가 계신 곳에서 여러 하늘
신·마라(māra, 魔羅)[1]·브랗마(Brahma, 梵天)·용신(龍神) 같은 여덟
대중이 지켜보는 가운데 그러한 큰 다짐(誓)을 세웠고, 이 바램(願)
을 세우고 나서 한결같은 뜻으로 세상에 없는 나라를 꾸미는 데만
온 힘을 쏟았다.

그가 세우려는 붇다나라는 다 트이고 크넓으며 모든 것을 뛰어
넘어 세상에 다시없는 것으로, 그 나라가 언제나 약해지거나 변
함이 없이 이어지도록 헤아릴 수 없이 많은 세월 동안 보디쌑바의
끝없는 덕행을 쌓고, 심었다.

탐내는 마음·화내는 마음·해치는 마음은 생기지 않았고, 탐내
는 생각·성내는 생각·해치는 생각은 일어나지 않았으며, 모습·소
리·향내·맛·닿는 느낌·온갖 것에 집착하지 않았다. 참아내는 힘
을 얻어 어떤 괴로움도 따지지 않았고, 바라는 바가 적어 만족함
을 알고 성내고 어리석음에 물들지 않았으며, 싸마디에 들어 언제
나 고요하고, 슬기는 걸림이 없었다.

거짓말하거나 알랑거리는 마음이 없고, 아늑하고 따뜻한 얼굴
에 부드럽고 상냥한 말로 먼저 생각하고 물었으며, 뜻을 세운 바
램을 위해 지치지 않고 무섭게 정진하여 오로지 높고 맑은 법을
구해 지혜로 뭇 중생을 이롭게 하였다.

3가지 보물을 공경하고 스승과 어른을 받들어 섬겼으며, 큰 장엄으로 온갖 덕행을 실천해 모든 중생이 공덕을 이루게 하였다. 모든 것이 공하고, 상이 없고, 바랄 것이 없다는 법에 머무르며, 짓는 것도 없고 생겨나는 것도 없으니, 모든 것은 곡두[2]라고 관하였다.

자기를 해치거나 남을 해치거나 자신과 남 모두 해치는 거친 말을 완전히 버리고, 착하고 바른말을 배우고 익혀 자신을 이롭게 하고 남을 이롭게 하고 자신과 남 모두를 이롭게 하였다. 나라를 버리고 임금 자리를 내놓고 재물과 여색을 완전히 끊어버리고, 스스로 6가지 빠라미따[3]를 닦고 다른 사람에게도 닦도록 가르치며, 헤아릴 수 없이 많은 세월 동안 공덕을 쌓고 복덕을 늘렸다.

풀이

(1) 마라(māra, 魔羅): 산스크리트본에 '그 마라를 포함해서(sa-māra-kasya)'라고 해서, 마라도 참석했다고 했다. 그 마라(māra)를 한문 번역본에서 마(魔) 또는 마라(魔羅)라고 옮겼다. 산-영 사전에서는 파괴자(the Destroyer), 간사하고 나쁜 자(Evil One)라는 뜻이라고 했고, 구체적으로 다음과 같이 설명한다. "인간을 유혹하여 정욕에 빠지게 하며, 붇다와 그의 종교에 최대의 적이다. 존재를 구성하는 5가지(skandha, 蘊魔) 마라, 번뇌(kleśa) 마라(煩惱魔), 하느님 아들(devaputra) 마라(天子魔), 죽음(mṛtyu) 마라(死魔) 같은 4가지 마라(四魔)가 있다. 그러나 후기 불교 신(神) 종류에 관

한 이론에는 우두머리 마라가 지배하는 수백만 마라에 대한 지어낸 이야기로 이어졌다. (who tempts men to indulge their passions and is the great enemy of the buddha- and his religion; four māra-s are enumerated in , viz. skandha--, kleśa--, devaputra--,and mṛtyu--; but the later Buddhist theory of races of gods led to the figment of millions of māra-s ruled over by a chief māra-)

(2) 산스크리트 원문에는 "공(空)하고, 상이 없고(無相), 바랄 것이 없다(無願)는 법에 머무르며, 짓는 것도 없고(無作) 생겨나는 것(無起)도 없이 머문다"라고 끝나는데, 한문 경전에서는 전체를 아울러 마무리 짓는 의미에서 "모든 것은 바뀌는 것이라고 관했다(觀法如化)"라고 덧붙였다. 여기서 법(法)이란 모든 것을 뜻하고, 화(化)는 실체가 없는 것이 있는 것처럼 보이는 것(幻化)을 말하며, 결국 늘 바뀌어 덧없다(幻化無常)는 것을 뜻한다. 여기서 실체가 없는 환화(幻化)의 환(幻)은 우리말 곡두와 똑같은 뜻이다. 곡두는 "실제로 눈앞에 없는 사람이나 물건의 모습이 마치 있는 것 같이 보였다가, 가뭇없이 사라져 버리는 현상(幻影)"을 말한다.

(3) 6가지 빠라미따(ṣaḍ-pāramitā, ṣaṭ-pāramitā, 六波羅蜜): 빠라미따(pāramitā)는 건너 쪽 기슭으로 가거나 이끎(coming or leading to the opposite shore); 완전한 다다름·이룸(complete attainment)이라는 뜻이고, 합성어로 쓰일 때는 ~을 완전히 이룸(perfection in, 完成)이라고 옮긴다. 그러므로 6가지 빠라미따(pāramitā, 波羅蜜)는 6

가지를 완전히 이루는 것(達成)·다 이루는 것(完成)을 뜻한다. 산-영 사전은 특히 6가지(또는 10가지) 빠라미따는 "뛰어난 어진 일(transcendental virtue, 殊勝德行)"이라고 했다. 〈한문 경전〉에서는 소리 나는 대로 바라밀다(波羅蜜多)라로 옮겼는데 줄여서 바라밀(波羅蜜·波羅蜜)이라고 했다. 뜻으로는 저 언덕에 이르다(度=到彼岸)라고 옮겼다. 큰 탈것(大乘) 불교에서 보디쌑바가 붇다가 되려면 실천해야 할 6가지 덕목이다.

① 베풂 빠라미따(dāna-pāramitā, 布施波羅蜜): ㉠ 재물로 베풂(財施): 옷·먹을거리·논밭이나 집·값진 물건 같은 것을 베푸는 것. ㉡ 가르침으로 베풂(法施): 부처님의 가르침을 전하는 것. 재물로 베푸는 것은 다함이 있으나 가르침으로 베푸는 것은 끝이 없고, 재물로 베푸는 것은 세간의 열매를 얻고 언젠가는 다시 잃어버리지만 가르침은 니르바나를 얻고 다시 물러서지 않는다(不退轉). ㉢ 두려움을 없앰으로 베풂(無畏施, abhaya-dāna): 중생에게 산 것을 죽이는 것을 못하게 하여 두려움이 일어나지 않게 하고, 그 마음을 편안하게 해준다. 3가지는 너무 아끼는 마음(吝嗇)과 탐하는 마음(貪慾)을 다스려 주고 가난함을 막아 준다.

② 삼감 빠라미따(sīla-pāramitā, 持戒波羅蜜): 삼가야 할 것을 지켜 늘 스스로를 반성하여야 나쁜 업을 짓지 않고 몸과 마음을 맑힐 수 있다.

③ 너그러움(참음) 빠라미따(kṣānti-pāramitā, 忍辱波羅蜜): 남이 한 것을 너그럽게 받아 주고, 들어 주고, 받아들이며, 괴롭히며 못살게 해도 끈기 있게 참고 견뎌서 성내는 것(瞋恚)을 없애 마음

을 편하게 하는 것이다.

④ 힘씀 빠라미따(vīrya-pāramitā, 精進波羅蜜): 다른 5가지 덕목을 실천할 때, 게으름을 고쳐, 나쁜 것은 없애고, 좋은 것은 더욱 살리기 위해 힘쓰는 것.

⑤ 댜나 빠라미따(dhyāna-pāramitā, 禪定波羅蜜): 싸마타(禪定)을 닦아 어지러운 마음을 다스리는 것.

⑥ 슬기 빠라미따(prajñā-pāramitā, 智慧波羅蜜): 진리를 모르는 어리석음을 다스려 슬기가 열리도록 하는 빠라미따이다.

한문

隨其生處 在意所欲 無量寶藏 自然發應 教化安立 無數衆生 住於無上 正眞之道. 或為 長者居士 豪姓尊貴 或為 刹利國君 轉輪聖帝 或為 六欲天主 乃至梵王 常以四事 供養恭敬 一切諸佛 如是功德 不可稱說.

口氣香潔 如優鉢[206]羅華 身諸毛孔 出栴檀香 其香普熏 无量世界. 容色端正 相好殊妙 其手常出 無盡之寶 衣服飮食 珎妙華香 諸[207] 盖幢幡 莊嚴之具 如是等事 超諸人天[208] 於一切法 而得自在.

---

206) 대정신수대장경 주(註): [宋]·[元]·[明]본과 [流布本]에는 발(鉢)=발(盋)로 되어 있다.
207) 대정신수대장경 주(註): [明]본과 [流布本]에는 제(諸)=회(繪)로 되어 있다.
208) 대정신수대장경 주(註): [宋]·[元]·[明]본과 [流布本]에는 인천(人天)=천인(天人)으로 되어 있다.

그는 자기가 태어날 곳을 뜻대로 바라는 대로 골랐고, 끝없는 미묘한 가르침이 저절로 우러나와 수없는 중생을 가르치고 편안하게 하여, 위없는 바른 진리의 길에 머물게 하였다. 큰 부자·거사·학자·높은 벼슬아치가 되거나, 귀족[1]·나라임금·바퀴 굴리는 임금(轉輪聖王)[2]이 되거나, 6가지 욕망이 있는 하늘나라[3]와 브랗마[4]의 왕이 되어, 언제나 4가지 것[5]으로 모든 분다에게 빠짐없이 이바지하고 공경하였으니, 이런 공덕은 이루 다 말할 수가 없다.

입에서 나는 향기는 우둠바라꽃처럼 깨끗하고, 몸의 모든 털구멍에서는 그윽한 짠다나[6] 향내를 내면, 그 향내가 널리 끝없는 세계에 퍼졌다. 낯빛은 단정하고 생김새는 아주 아름다우며, 손에서는 언제나 보배·옷·음식·진귀한 꽃과 향·갖가지 일산과 깃대[7] 같은 꾸미개들이 끝없이 나오는데, 이런 것들은 온갖 사람과 하늘신을 뛰어넘어 모든 법에서 막힘이 없었다.

(1) 원문은 찰리(刹利)인데, 산스크리트 끄사뜨리야(kṣatriya)를 한자로 옮긴 것이다. 끄사뜨리야는 "군사나 지배계급의 구성원-후에 (인두에서) 두 번째 계급을 이루었다(a member of the military or reigning order which in later times constituted the second caste). 한문으로 찰제리(刹帝利)라고 옮긴 것을 줄인 것인데, 사꺄무니도 이 계급에 속했다.

(2) 바퀴 굴리는 임금(cakra-varti-rājan, ℙ raja cakkavattin, 轉輪聖王): 차크라(cakra)는 탈것이나 해 전차의 바퀴(the wheel of a carriage, of the Sun's chariot)라는 뜻이고, 바르띠(varti=vartin의 겹씨 앞가지)는 돌리는(turning), 움직이는(moving), 가는(going)이라는 뜻이고, 라잔(rājan)은 왕(king), 군주(sovereign), 왕자(prince), 우두머리(chief)이므로 '바퀴 굴리는 왕'이라고 옮길 수 있다. 〈한문 경전〉에서는 작가라-벌랄절-알라도(斫迦羅伐辣底遏羅闍)·차가라발제(遮迦羅跋帝)·차가월(遮加越)이라 했고, 뜻으로는 바퀴 굴리는 임금(轉輪王)·바퀴 굴리는 성제(轉輪聖帝)·바퀴 임금(輪王)·날아가며 바퀴 굴리는 임금(飛行轉輪帝)·날아가는 황제(飛行皇帝)라고 옮겼다. 이 임금은 바퀴, 코끼리, 말. 구슬, 여인. 거사, 공경대부·신하·군대 같은 7가지 보물을 손에 쥐고, 긴 수명, 질병 없음, 뛰어난 생김새, 가득 찬 보물 곳간 같은 4가지 덕을 다 갖추고, 쑤메루산 아래 4개 대륙을 통일하여. 바른 법으로 세상을 다스리니, 그 나라는 흠뻑 많아서 넉넉하고, 백성은 평화롭고 즐겁다.

(3) 6가지 욕망이 있는 하늘(六欲天): 욕계(欲界) 가운데 하늘에 있는 여섯 하늘나라를 말한다.

① 네 큰 임금 하늘(梵 Cātur-mahā-rājakāyika-deva, 四大王天): 라자-까이까(rāja-kāyika)의 까이까(kāyika)는 집단이나 군중에 속한(belonging to an assemblage or multitude)이라는 뜻이고 데바(deva)는 '하늘의(heavenly)'라는 뜻이다. 그러므로 4명의 하늘에 속하는 큰 임금이라는 뜻이다. 한문에서 데바(deva)를 하늘(天)로 옮기

면서 '네 큰 임금 하늘(四大王天)·네 임금 하늘(四王天)이라고 옮겼다. 4명의 임금은 나라를 지키는(持國)·늘이고 자라는(增長)·눈이 너른(廣目)·많이 듣는(多聞) 하늘 임금들이고, 욕망이 있는 하늘나라(欲界天)의 첫 하늘나라다. 키가 ¼ 끄로사(1 krośa=¼ yojana, 1 yojana=약 13㎞)이고, 인간의 50살이 하루이고, 500살까지 산다.

② 서른셋 하늘(Trāyas-triṃśa, Ⓟ Tāvatṃśa, 三十三天). 뜨라야스뜨림사(Trāyas-triṃśa)는 33이라는 뜻인데, 한문 경전에서 소리 나는 대로 다라야등능사(多羅夜登陵舍), 달라야달라사(怛囉耶怛囉奢)라고 옮기고, 33천(三十三天) 또는 도리천(忉利天)이라고 옮겼다. 하느님(帝釋天)이 가운데 하늘에 머물고, 그 4방에 8개의 하늘이 있어 모두 33개 하늘이 된다. 키는 ½끄로사(krośa)이고 인간 100살이 하루이며 1,000살까지 산다.

③ 야마 하늘 (Yāma, 夜摩天): 감(going)·길(road) 탈것(carriage) 같은 뜻인데, 한문 경전에서는 주로 소리로 야마하늘(夜摩天)·염마하늘(炎摩天)·염마하늘(焰摩天)이라고 옮겼다. 키는 ¾끄로사(krośa)이고, 인간 200살이 하루이고, 2,000살까지 산다.

④ 뚜시따 하늘 (Tuṣita, 兜率天): 산-영 사전에는 하늘에 존재하는 부류(class of celestial beings)라고 했는데, 한문 경전에서는 기쁨 넉넉 하늘(喜足天)·기쁨 갖춘 하늘(具喜天)이라 옮겼고, 소리 나는 대로 도사다하늘(睹史多天)·두솔타하늘(兜率陀天)이라 옮겼다. 키가 1끄로사(krośa)이고, 인간 400살이 하루이고, 4,000살까지 산다.

⑤ 니르마나 하늘(梵 Nirmāṇa-rati, 化樂天): 새로 만듦(creation), 세워 만듦(building), 맞춰 만듦(composition), 탈바꿈(transformation)

같은 뜻인데, 한문 경전에서는 바꿈을 즐기는 하늘(化樂天·樂變化天)이라 하고, 소리 나는 대로 니마라 하늘(Nirmāṇa)이라고 옮겼다. 키는 1¼끄로사(kroṥa)이고, 인간 800살이 하루이고, 8,000살까지 산다.

⑥ 남의 기쁨을 내 것으로 여기는 하늘(Paranirmita-vaṥa-vartin, 他化自在天): 빠라미따 바사 바르띤 (Paranirmita-vaṥa-vartin)은 "남의 기쁨을 늘 즐긴다(constantly enjoying pleasures provided by others)"는 뜻이다. 한문으로는 남 것을 내 것으로 바꾸는 하늘(他化自轉天), 남 것을 내 기쁨으로 바꾸는 하늘(他化樂天), 소리 나는 대로 파라니밀 하늘(波羅尼蜜天)이라고 옮겼다. 키는 1½끄로사(kroṥa)이고, 인간 1,600살이 하루이고, 16,000살까지 산다.

네 큰 임금 하늘은 쑤메루산(須彌山) 중간에 있고, 서른셋 하늘은 쑤메루산 꼭대기에 있어 땅에 있는 하늘(地居天)이라 하고, 야마 하늘 이상의 4개 하늘과 모습이 있는(色界) 하늘은 서른셋 하늘 위쪽 공간에 있으므로 공중에 있는 하늘(空居天)이라고 한다.

(4) 브랗마(梵天): 모습이 있는 하늘(色界天) 가운데 첫 하늘인 첫 다냐 하늘(初禪天)의 우두머리.

(5) 네 가지 것(四事): 수행승이 일상생활에 필요한 것으로, 음식·옷·이부자리·약을 말한다. 설법에서는 4가지 일이란 ① 법을 정확히 알리는 것 ② 가르치는 것 ③ 이익을 주는 것 ④ 붇다를 찬탄하여 기쁨을 주는 것을 말한다.

(6) 짠다나(Candana, 栴檀): 인두에서 나는 향나무의 하나. 목재는 불상 만드는 재료로, 뿌리는 가루로 만들어 향으로 쓴다.

(7) 깃대(幢幡): 불교에서 불당을 꾸미는 깃대로 당(幢, dhvaja 馱縛若)과 번(幡, paṭāka 波吒迦)이 있다. 당(幢)은 긴 막대기 끝(竿頭)에 용머리 모양을 만들고 비단 폭을 단 것. 번(幡)은 정(定)·혜(慧)의 손이나 4바라밀의 발을 본떠서 만든 깃발이다. 지금은 당과 번을 하나로 만들어서 꾸미개로 달아놓는다.

III.

공덕샘 빅슈가 꾸민 기쁨나라(極樂)는 어떤 모습인가?

1. 기쁨나라 붇다와 백성들

1) 공덕샘 빅슈가 이룩한 세상에 없는 나라

한문

阿難白佛, 法藏菩薩 為已成佛 而取滅度 為未成佛 為今現在.

佛告阿難, 法藏菩薩 今已成佛 現在西方 去此十万億刹 其佛世界
名曰安樂.

阿難又問, 其佛成道已來 為經[209] 幾時.

佛言. 成佛已來 凡歷十劫.

옮긴글

아난다가 붇다께 여쭈었다.

"공덕샘 보디쌀바는 이미 붇다가 되시어 니르바나에 드셨습니
까? 아직 붇다가 되지 않으셨습니까? 지금 어디 계십니까?"

붇다께서 아난다에게 말씀하셨다.

"공덕샘 보디쌀바는 이미 붇다가 되어[1] 이제 여기서 10만 억 나
라를 지난 서녘에 계시는데, 그 붇다나라를 기쁨나라(安樂)라 부
른다."

---

209) 고리대장경에서는 다른 글자체를 쓰고 있다. "

아난다가 또 여쭈었다.

"그 붇다께서 도를 이루시고 나서 얼마나 많은 세월이 지났습니까?"

붇다께서 말씀하셨다.

"붇다가 되신지 벌써 10깔빠²⁾가 지났다.

풀이
_____

(1) 이미 붇다가 되어: 산스크리트 원문에는 아미따바라 부르는 여래·아르한·바르고 빈틈없이 깨달은 붇다(amitābho nāma tathāgato 'rhan samyaksaṁbuddho)라고 해서 아미따바(無量光) 붇다라고 이름이 나와 있다.

(2) 깔빠(劫, kalpa): 산스크리트의 칼파(kalpa)를 음에 따라 한자로 겁파(劫波)라고 옮겼는데, 줄여서 겁(劫)이라고 쓴다. 뜻은 긴 시간(長時)이란 뜻으로 어떤 시간 단위로도 셈할 수 없는 그지없이 긴 시간을 말한다. 『지도론(智度論)』5권에 보면, '사방 40리 성 안에 겨자(芥子)를 가득 채우고 100년에 한 알씩 집어내어 그 겨자가 다 없어져도 깔빠(劫)는 다하지 않는다.' '사방 40리 되는 바위를 100년마다 한 번씩 엷은 옷으로 스쳐서 마침내 그 바위가 닳아 없어지더라도 깔빠(劫)는 다하지 않는다'고 하였다.

其佛國土 自然七寶 金銀琉璃 珊瑚琥珀[210] 車磲[211] 瑪瑙[212] 合成為
地 恢廓曠[213]蕩 不可限極 悉相雜[214]廁 轉相入閒[215] 光赫焜耀[216]
微妙奇麗 淸淨莊嚴 超踰十方 一切世界 衆寶中精 其寶猶如 第六
天寶. 又其國土 無須弥山 及金剛[217]圍 一切諸山 亦無大海小海
溪渠井谷 佛神力故 欲見則見[218] 亦無地獄 餓鬼畜生 諸難之趣 亦
無四時 春秋冬夏 不寒不熱 常和調適.

그 붓다나라 땅은 금·은·유리·산호·호박·차거[1)]·마노 같은 7가
지 보석이 저절로 섞여 이루어지고, 얼마나 크고 넓은지 끝을 알
수가 없다. 모든 것이 서로 섞이고 서로 주고받아 찬란하게 빛나
고, 미묘하고 아름다우며, 맑고 깨끗하고 장엄함이 시방의 모든 세

---

210) 대정신수대장경 주(註): [宋]본에는 호박(琥珀)=호박(虎珀)으로 되어 있다.

211) 대정신수대장경 주(註): [元]·[明]본에는 차거(車磲)=차거(硨磲)로 되어 있고, [宋]본과 [流布本]
    에는 차거(車渠)로 되어 있다. 우리말 사전에는 두 가지가 모두 나와 있다. 다만 고리대장
    경의 '거' 자는 渠자가 아니라 渠의 氵변 대신 王(玉)인데 그 글자가 옥편이나 사전에 없고
    컴퓨터 내장 한자에도 없기 때문에 옥편과 사전에 있는 車渠를 쓴다.

212) 대정신수대장경 주(註): [宋]본에는 마노(瑪瑙)=마노(馬瑙), [元]본에는 마노(瑪瑙)=차노(硨磠),
    [明]본과 [流布本]에는 마노(瑪瑙)=차뇌(硨磖)로 되어 있다. 우리 사전에는 마노(瑪瑙)로 되어
    있다. 다만 고리대장경에는 마노(馬瑙)의 노(瑙)자를 '王+(巛+山)'의 다른 글자체를 썼다. (참
    고: 瑪瑙=馬瑙【宋】, =碼瑙【元】, =碼磠【明】【流布本】) 碼 마노 마 / 磠 조개이름 차)

213) 대정신수대장경 주(註): [宋]·[元]·[明]본에는 광(曠)=광(廣)으로 되어 있다.

214) 고리대장경에서는 다른 글자체를 쓰고 있다. "

215) 대정신수대장경 주(註): [明]본에는 입간(入閒)=간입(閒入)으로 되어 있다. 閒 틈 한(사이 간).

216) 대정신수대장경 주(註): [宋]·[元]·[明]본에는 혼요(焜耀)=욱삭(煜爍)으로 되어 있다.

217) 대정신수대장경 주(註): [流布本]에는 금강(金剛)=금강철(金剛鐵)로 되어 있다.

218) 대정신수대장경 주(註): [流布本]에는 견(見)=현(現)으로 되어 있다.

계를 뛰어넘으니, 뭇 보배 가운데 가장 뛰어나서 마치 '남의 기쁨을 내 것으로 여기는 하늘'²⁾의 보배 같다.

또 그 나라 땅은 쑤메루산(須彌山)³⁾이나 다이아몬드 두른 산(金剛圍山)⁴⁾ 같은 산이 전혀 없고, 큰 바다·작은 바다·시내·도랑·우물·골짜기 같은 것도 없으나, 붇다의 위신력 때문에 보고 싶어 하면 바로 나타난다. 또한 지옥·배고픈 귀신·짐승 같은 갖가지 괴로움의 세계도 없고, 봄·여름·가을·겨울 4철도 없어 춥지도 덥지도 않고 언제나 꼭 알맞게 맞추어진다.

풀이

(1) 대정신수대장경 주(註)에 보면, [元]·[明]본과 [流布本]에는 차거(車渠)=차거(硨磲)로 되어 있다. 우리말 사전에는 두 가지가 모두 나와 있다. 다만 고리대장경의 '거' 자는 渠자가 아니라 渠의 氵변 대신 王(玉)인데 그 글자가 옥편이나 사전에 없고 컴퓨터 내장 한자에도 없기 때문에 옥편과 사전에 있는 車渠를 쓴다. 세조가 훈민정음으로 옮긴 『불설아미따경』에서 '자거'라고 읽기 시작한 뒤 대부분의 보급본과 번역본에 '자거'라고 옮기고 있으나 실제 생활에서 '자거'라는 보석이 사용되지 않고, 사전에는 차거(車渠 또는 硨磲)라고 되어 있어, 여기서는 사전에 따른다.

(2) 원문에는 여섯째 하늘(第六天)이라고 했는데, 욕망이 있는 하늘(欲界) 가운데 가장 위인 남의 기쁨을 내 것으로 여기는 하늘(他化自在天)을 가리킨다.

(3) 쑤메루 산(須彌山, sumeru-parvata): 세계의 한가운데 있다는 산. 이 산 주위에 7산과 8바다가 있고 또 쇠 두른 산(鐵圍山)으로 둘려 있는데, 물 위에 보이는 것이 8만 요자나, 물속에 잠긴 것이 8만 요자나라고 한다. 꼭대기에 33하늘(帝釋天)이 있고, 중턱에 네 큰 임금 하늘(四天王)이 있다고 한다.

(4) 다이아몬드 두른 산(金剛圍山): 우리가 많이 알고 있는 다이아몬드 산(金剛山)을 말하는 것으로 다이아몬드 바퀴 산(金剛輪山)이라고도 한다. ① 세계를 둘러싼 쇠 두른 산(鐵圍山) ② 하느님(帝釋天)이 머무는 쑤메루산 ③ 바다 한 가운데 있다는 법기(法起) 보디쌀바가 있는 곳 같은 3가지 뜻이 있는데 이곳에서는 쇠 두른 산을 뜻한다.

한문

尒時阿難白佛言, 世尊 若彼國土 無須弥山 其四天王 及忉利天 依何而住.

佛語阿難, 第三炎天 乃至色究竟天 皆依何住.

阿難白佛, 行業果報 不可思議.

佛語阿難, 行業果報 不可思議 諸佛世界 亦不可思議, 其諸衆生 功德善力 住行業之地 故能爾耳.

阿難白佛. 我不疑此法 但爲將來衆生 欲除其疑惑 故問斯義.

그때 아난다가 붇다께 여쭈었다.

"세존이시여, 만일 그 나라에 쑤메루산이 없다면 네 임금 하늘 (四天王)과 33하늘나라(忉利天)¹⁾는 무엇에 의지해 살 수 있습니까?"

붇다께서 아난다에게 말씀하셨다.

"야마하늘(夜摩天)²⁾이나 모습 있는 세계 마지막 하늘(色究竟天)³⁾은 무엇에 의지해 살겠느냐?"

아난다가 사뢰었다.

"지은 업에 따라 받은 열매는 헤아릴 수가 없습니다."

붇다께서 아난다에게 말씀하셨다.

"지은 업에 따라 받은 과보가 헤아릴 수 없듯이 모든 붇다나라 도 헤아릴 수 없다. 그 나라의 모든 중생은 공덕과 선행의 힘에 따 라 그에 알맞은 땅에 머무르기 때문에 그렇게 될 수 있는 것이다."

아난다가 붇다께 사뢰었다.

"저는 그러한 법을 의심하지 않습니다. 다만 앞으로 올 중생을 위하여 그 의혹을 없애기 위해 그 뜻을 여쭙는 것입니다."

(1) 33하늘나라(Trāyastriṃśa, 忉利天): 28개 하늘나라 가운데 2

번째 하늘이며, 흔히 옥황상제라 부르는 제석천(帝釋天, Śakra-devānām indra) 이란 임금이 사천왕과 32개의 하늘을 다스리며 불법과 불법에 귀의하는 사람들을 보살핀다고 한다. 쑤메루산 꼭대기에 있으며, 가운데 선견성(善見城)이 있고 4방에 8개씩 성이 있어 모두 32성인데 선견성까지 합하여 33하늘(33天)이라고도 한다. 이곳 임금 제석천(Śakkra Devānām-indra, 帝釋天)은 삭끄라(Śakkra) 데바남-인드라(Devānām-indra)를 옮긴 것인데 한문으로 석가(釋迦) 제환인타라(提桓因陀羅)라고 옮겼고, 줄여서 석제환인(釋提桓因), 석가제바(釋迦提婆)라고 했고, 천제석(天帝釋)이나 천주(天主)라고 했다. 아울러 인타라(因陀羅)·교시가(憍尸迦)·사바바(娑婆婆)·천안(千眼) 같은 다른 이름이 있다. 본디 힌두교의 신으로 옛날 인두에서는 인드라(因陀羅)라고 불렀다. 불교로 들어온 뒤 제석천(帝釋天)이 되었다. 경전에 실린 것을 보면, 제석천은 본디 마가다나라 브랗마나였는데 보시 같은 복덕을 닦아 마침내 서른셋 하늘나라에 태어나서 33천의 하느님(天主)이 되었다.

(2) 원문에는 제3염천(第三炎天)이라고 했는데 야마 하늘(夜摩天)을 달리 부르는 것이다. 야마 하늘이 6가지 욕망이 있는 하늘(六欲天) 가운데 3번째 하늘이므로 이렇게 부른다.

(3) 모습 있는 세계 마지막 하늘(Akaniṣṭha, P Akaniṭṭha, 色究竟天): 아까니스타(Akaniṣṭha)는 가장 어리다(of whom none is the youngest)는 뜻인데, 한문 경전에서는 모습이 있는 세계(色界)에 있

는 18개 하늘 가운데 가장 높은 데 있다는 뜻을 살려 '모습 있는 세계 마지막 하늘(色究竟天)'이라고 옮겼다. 소리로는 아가니타(阿迦尼咤)·아가니사타(阿迦尼師咤)·아가니타(阿迦膩咤)라고 옮겼다.

2) 왜 '끝없는 빛 붇다(無量光佛)'인가?

한문

佛告阿難, 无量壽佛 威神光明 冣尊第一 諸佛光明 所不能及 或有佛光[219] 照百佛世界 或千佛世界 取要言之 乃照東方 恒沙佛刹 南西北方 四維上下 亦復如是. 或有佛光 照于七尺[220] 或照[221]一由旬 二三四五由[222]旬 如是轉倍 乃至照一佛刹[223]. 是故 無量壽佛 号 無量光佛 无邊光佛 無㝵光佛 无對光佛 炎王光佛 清淨光佛 歡喜光佛 智慧光佛 不斷[224]光佛 難思光佛 无稱光佛 超日月光佛. 其有衆生 遇斯光者 三垢消滅 身意柔軟 歡喜踊躍 善心生焉. 若在三塗 勤[225]苦之處 見此光明 皆得休息 无復苦惱[226] 壽終之後 皆蒙

---

219) 대정신수대장경 주(註): [宋]·[元]·[明]본에는 '유불광(有佛光)'이 빠져 있다.
220) 대정신수대장경 주(註): [宋]·[元]본에는 척(尺)=적(赤)으로 되어 있다. 확인 결과 [元]본에는 역(亦)으로 되어 있다.
221) 대정신수대장경 주(註): [宋]·[元]·[明]본에는 조(照)가 빠져 있다.
222) 고리대장경에서는 다른 글자체를 쓰고 있다. "
223) 대정신수대장경 주(註): [流布本]에는 조일불찰(照一佛刹)=조어일불찰토(照於一佛刹土)로 되어 있다.
224) 고리대장경에서는 약자를 쓰고 있다. "
225) 대정신수대장경 주(註): [明]본에는 근(勤)=극(極)으로 되어 있다.
226) 고리대장경에서는 다른 글자체를 쓰고 있다. "

解脱. 无量壽佛 光明顯赫 照曜[227]十方 諸佛國土 莫不聞知[228] 不
但我今 稱其光明 一切諸佛 聲聞緣覺 諸菩薩衆 咸共歎譽 亦復如
是. 若有衆生 聞其光明 威神功德 日夜稱說 至心不斷 隨意所願
得生其國 為諸菩薩 聲聞大[229]衆 所共歎譽 稱其功德. 至其然後
得佛道時 普為十方 諸佛菩薩 歎其光明 亦如今也.

佛言. 我說無量壽佛 光明威神 巍巍殊妙 晝夜一劫 尚不[230]能盡.

옮긴글

붇다께서 다시 아난다에게 말씀하셨다.

"아미따바 붇다(無量壽佛)[1]가 가진 위신력과 밝고 환한 빛은 가
장 높고 으뜸이어서 모든 붇다의 빛이 따를 수가 없으니, 한 번
빛을 내면 100개 붇다나라나 1,000개 붇다나라를 비춘다. 간
추려 말하면 동녘의 강가강 모래처럼 많은 붇다나라를 비추고,
남·서·북·동북·남동·서남·북서·위·아랫녘에도 그처럼 비춘다.
붇다의 밝고 환한 빛은 7자를 비추기도 하고, 또는 1요자나(由旬)[2],
2·3·4·5요자나 하는 식으로 곱으로 늘어나 마침내 한 붇다나라
를 모두 비춘다.

그러므로 아미따바 붇다를 끝없는 빛의 붇다(無量光佛)·가없는
빛의 붇다(無邊光佛)·걸림 없는 빛의 붇다(無碍光佛)·겨룰 수 없는

---

227) 대정신수대장경 주(註): [流布本]에는 요(曜)=요(曜)로 되어 있다.
228) 대정신수대장경 주(註): [宋]·[元]·[明]본과 [流布本]에는 지(知)=언(焉)으로 되어 있다.
229) 대정신수대장경 주(註): [宋]·[元]·[明]본에는 대(大)=지(之)로 되어 있다.
230) 대정신수대장경 주(註): [宋]·[元]·[明]본과 [流布本]에는 불(不)=미(未)로 되어 있다.

빛의 붇다(無對光佛)·가장 아름다운 빛의 붇다(炎王光³⁾佛)·맑고 깨끗한 빛의 붇다(淸淨光佛)·즐겁고 기쁜 빛의 붇다(歡喜光佛)·슬기로운 빛의 붇다(智慧光佛)·끊임없는 빛의 붇다(不斷光佛)·헤아리기 어려운 빛의 붇다(難思光佛)·무게를 달 수 없는 빛의 붇다(無稱光佛)·해달을 뛰어넘은 빛의 붇다(超日月光佛)라 일컫는다.

어떤 중생이 이러한 빛을 만나면 3가지 더러움이 사라져 없어지고 몸과 마음이 부드러워져, 뛸 듯이 기뻐하며 착한 마음이 일어난다. 만일 3가지 나쁜 길이란 괴로움에 시달리는 곳에서 이 밝고 환한 빛을 보면 모두 쉴 수 있어 다시는 괴로움과 번뇌가 일어나지 않고, 목숨이 다하면 얽매임을 벗어버리게 된다.

아미따바 붇다가 내는 밝고 환한 빛은 높이 드러나 빛나며 시방의 모든 붇다나라를 비추기 때문에 듣지 못하거나 모르는 이가 없으며, 이제 내가 그 밝고 환한 빛을 기리는 것처럼 모든 붇다·제자·홀로 깨달은 분과 여러 보디쌑바들도 다 함께 그 공덕을 기려 마지않을 것이다.

만약 어떤 중생이 그 밝은 빛의 위신력과 공덕을 듣고, 밤낮으로 그치지 않고 일컬어 기리면, 바라는 대로 그 나라에 나게 되어 여러 보디쌑바·붇다 제자·대중과 함께 찬탄하며 그 공덕을 기리게 될 것이다. 그 뒤 붇다의 도를 이루게 되면, 널리 시방의 여러 붇다와 보디쌑바들과 함께 내가 지금 하는 것과 같이 그 밝고 환한 빛을 기리게 될 것이다.

붇다가 말씀하셨다.

"내가 아미따바 붇다가 내는 밝은 빛의 위신력이 드높고 빼어나고 훌륭하다는 것을 다 말하려면, 1깔빠(劫) 동안 밤낮으로 해도 다 하지 못할 것이다."

풀이

(1) 끝없는 빛의 붇다(無量光佛)와 끝없는 목숨의 붇다(無量壽佛): 아미따바 붇다를 한문 번역본에서는 모두 아미따윳(無量壽) 붇다로 옮기고 제목도 『무량수경』이라고 했다.

(2) 요자나(yojana, 由旬): 인두에서 멍에를 황소 수레에 걸고 하룻길을 가는 거리를 말하는데, 1요자나는 16리·17리·30리·32리처럼 여러 가지 설이 있다. 또는 큰·가운데·작은으로 나누어 큰 요자나는 80리, 가운데 요자나는 60리, 작은 요자나는 40리라는 설처럼 여러 가지 다른 설이 있다.

(3) 대정신수대장경 주(註): [宋]·[元]본에는 염왕광(炎王光)=광염왕(光炎王)으로 되어 있다.

3) 왜 '끝없는 목숨의 붇다(無量壽佛)'인가?

한문

佛語阿難[231] 無量壽佛 壽命長久 不可稱計 汝寧知乎. 假使十方世
界 無量衆生 皆得人身 悉令成就 聲聞緣覺 都共集會 禪思一心 竭
其智力 於百千万劫 悉共推筭 計其壽命 長遠劫[232]數 不能窮盡 知
其限極. 聲聞菩薩 天人之衆 壽命長短 亦復如是 非筭數譬喻 所能
知也 又聲聞菩薩 其數難量 不可稱說 神智洞達 威力自在 能於掌
中 持一切世界.

옮긴글

붇다가 아난다에게 말씀하셨다.

"아미따바 붇다(無量壽佛)[1]의 목숨은 길고 길어서 이루 헤아릴 수
없으니, 네가 어찌 알 수 있겠느냐. 보기를 들어, 시방세계 끝없는
중생이 다 사람 몸을 얻어 빠짐없이 (붇다의) 제자·홀로 깨달은 분
이 되어 모두 한자리에 모여서, 선정에 들어 한마음으로 그 슬기의
힘을 다 모아 백·천만 깔빠 동안 다 함께 그 목숨이 얼마나 길고
긴지 헤아려도 마지막 끝을 알아낼 수 없다. 제자·보디쌑바·하늘
신·사람들의 목숨도 그와 같아서 수로 헤아리는 방법으로는 알 수
가 없고, 또 제자와 보디쌑바의 수도 헤아리기 어려워 이루 다 말

---

231) 대정신수대장경 주(註): [宋]·[元]·[明]본과 [流布本]에는 불고아난다(佛告阿難) 다음에 우(又)
　　　자가 추가되어 있다.
232) 대정신수대장경 주(註): [宋]·[元]·[明]본과 [流布本]에는 깔빠(劫=지(之))로 되어 있다.

할 수가 없으며, 신통과 슬기가 막힘이 없이 훤히 통하고 위신력에 거침이 없어 손바닥 안에 모든 세계를 가질 수 있다."

(1) 아미따바 붇다(無量壽佛): 한문 번역본에 끝없는 목숨 붇다 (無量壽佛)이라고 했는데, 산스크리트본에서는 끝없는 빛 붇다(無 量光佛)라고 되어 있다.

4) 헤아릴 수 없이 많은 제자와 보디쌑바

佛語阿難, 彼佛初會 聲聞衆數 不可稱計 菩薩亦然 能[233]如大目 揵連[234] 百千万億 無量无數 於阿僧祇 那由他劫 乃至滅度 悉共 計挍 不能究了 多少之數. 譬如大海 深廣无量 假使有人 析[235]其 一毛 以為百分 以一分毛 沾取一滴 於意云何 其所渧者 於彼大海 何所為多.

阿難白佛, 彼所渧水 比於大海 多少之量 非巧歷籌數 言辭[236]譬類

---

233) 대정신수대장경 주(註): [宋]·[元]·[明]본과 [流布本]에는 능(能)자가 빠져 있다.
234) 대정신수대장경 주(註): [流布本]에는 대목건련(大目揵連)=금대목건련(今大目犍連)으로 되어 있다. '건(揵)'자는 [宋]·[元]·[明]본이 모두 고리대장경과 같으나 [流布本]에만 '건(犍)'자로 되어 있고, 국내 번역본 대부분이 이를 따르고 있다.
235) 고리대장경에는 다른 글자체를 쓰고 있다.
236) 고리대장경에서는 다른 글자체를 쓰고 있다.

所能知也.

佛語阿難, 如目連等 於百千万億 那由他劫 計彼初會 聲聞菩薩 所
知數者 猶如一渧 其所不知 如大海水.

붇다께서 아난다에게 말씀하셨다.

"그 붇다가 처음 설법하는 모임에 참석한 제자의 수는 헤아릴
수 없이 많고 보디쌑바 또한 그렇게 많아, 마하 마운갈랴나(大目揵
連)[1] 같은 이가 백·천만 또는 헤아릴 수 없이 많이 모여 헤아릴 수
없는 나유따[2] 깔빠(劫)나 목숨이 다할 때까지 모두 함께 헤아리고
견준다고 해도 그 수가 얼마나 되는지 알 수가 없다. 마치 어떤 사
람이 터럭 하나를 100개로 쪼갠 뒤 그 하나로 그지없이 깊고 넓은
큰 바다에서 물 한 방울을 적시는 것과 같다. 어떻게 생각하느냐?
그렇게 적신 한 방울은 그 큰 바다에 비해 어느 것이 많다고 하겠
는가?"

아난다가 붇다께 사뢰었다.

"그 적신 물은 큰 바다의 크기에 비하면 어떤 셈법으로 헤아리
고 어떤 말로 견준다고 해도 알 수가 없습니다.

붇다께서 아난다에게 말씀하셨다.

"마운갈랴나(目連) 같은 이가 백·천만·억 나유따 깔빠 동안 처
음 설법하는 모임에 참석한 제자와 보디쌑바의 수를 헤아려 아는

것은 물 한 방울과 같고, 알 수 없는 것은 마치 큰 바닷물과 같다.

(1) 마하-마운갈랴나(maudgalyāna, 大目揵連): 붇다 10대 제자 가운데 한 사람의 신통(神通)이 가장 으뜸이었다. 『법화경』과 이 『무량수경』에서는 대목건련이라고 옮겼고, 『아미따경』에서는 마하(摩訶)목건련이라고 옮겼다. 산스크리트에서 마하(摩訶)가 크다(大)는 뜻이기 때문에 같은 이름이다. 줄여서 '목건련'이라고도 하고, 다음에 보듯이 '목련'이라고 한다.

(2) 나유따(那由他 nayuta): 1000억을 말하는 것으로, 아주 많은 수를 나타낼 때 쓰는 말. 인두에서는 수(saṁkhya)를 셀 때 1에서 무수(asaṁkhya, 아쌍캬, 阿僧祇)까지 10진법으로 52수로 표시한다. 원문에 아승지(阿僧祇) 나유따라고 했는데, 무수(無數)한 나유따이므로 헤아릴 수 없는 나유따라고 옮겼다.

2. 더할 수 없이 아름답게 꾸며진 기쁨나라

1) 7보로 꾸며진 나무가 들려주는 가르침

한문

又其國土 七寶諸樹 周滿世界 金樹 銀樹 琉璃樹 頗梨[237]樹 珊瑚樹 瑪瑙[238]樹 車渠[239]樹[240] 或有二寶三寶 乃至七寶 轉共合成.

或有金樹 銀葉[241]華果, 或有銀樹 金葉華果, 或琉璃樹 頗梨[242]為葉 華果亦然, 或水精樹 琉璃為葉 華果亦然, 或珊瑚樹 瑪瑙為葉 華果亦然, 或瑪瑙樹 琉璃為葉 華果亦然, 或車渠樹 衆寶為葉 華果亦然.

或有寶樹 紫[243]金為本 白銀為莖 琉璃為枝 水精為條 珊瑚為葉 瑪瑙為華 車渠為實

---

237) 대정신수대장경 주(註): [宋]·[元]본에는 파리(頗梨)=파(頗), [明]본과 [流布本]에는 파리(頗梨)=파려(玻瓈)로 되어 있다.

238) 대정신수대장경 주(註): [宋]·[元]본에는 마노(瑪瑙)=차노(硨瑙), [明]본에는 마노(瑪瑙)=차뇌(硨磦)로 되어 있다. 아래 나오는 것도 모두 같다.

239) 대정신수대장경 주(註): [宋]·[元]·[明]본과 [流布本]에는 차거(車渠)=차거(硨磲)로 되어 있다. 우리말 사전에는 두 가지가 모두 나와 있다. 다만 고리대장경의 '거' 자는 渠자가 아니라 渠의 氵변 대신 王(玉)인데 그 글자가 옥편이나 사전에 없고 컴퓨터 내장 한자에도 없기 때문에 옥편과 사전에 있는 車渠를 쓴다. 아래 나오는 것도 모두 같다.

240) 대정신수대장경 주(註): [宋]·[元]·[明]본에는 차거(車渠) 다음에 '지(之)'자가 추가된다.

241) 고리대장경에는 다른 글자체를 쓰고 있다.

242) 대정신수대장경 주(註): [宋]·[元]본에는 파리(玻梨)=파(頗)라고 했는데, 고리대장경에는 파리(玻梨)가 아니라 파리(頗梨)로 되어 있으므로 대정신수대장경이 잘못 읽은 것으로 보인다. [明]본에는 파려(玻瓈)로 되어 있다.

243) 고리대장경에는 다른 글자체를 쓰고 있다.

或有寶樹 白銀為本 琉璃為莖 水精為枝 珊瑚為條 瑪瑙為葉 車渠
為華 紫金為實

或有寶樹 琉璃為本 水精為莖 珊瑚為枝 瑪瑙為條 車渠為葉 紫金
為華 白銀為實

或有寶樹 水精為本 珊瑚為莖 瑪瑙為枝 車渠為條 紫金為葉 白銀
為華 琉璃為實

或有寶樹 珊瑚為本 瑪瑙為莖 車渠為枝 紫金為條 白銀為葉 琉璃
為華 水精為實

或有寶樹 瑪瑙為本 車渠為莖 紫金為枝 白銀為條 琉璃為葉 水精
為華 珊瑚為實

或有寶樹 車渠為本 紫金為莖 白銀為枝 琉璃為條 水精為葉 珊瑚
為華 瑪瑙[244]為實[245]

옮긴글

또 그 나라 땅은 일곱 가지 보배로 된 갖가지 나무들이 온 세계
를 둘러싸고 있는데, 금나무·은나무·유리나무·파리나무·산호나
무·마노나무·차거나무들이 2가지 3가지 또는 7가지 보배가 함께
섞여 이루어졌다.

잎·꽃·열매가 은으로 된 금나무도 있고,

---

244)   대정신수대장경 주(註): [宋]·[元]본에는 마노(瑪瑙)=마노(碼瑙), [明]본과 [流布本]에는 마노
        (瑪瑙)=마뇌(碼碯)로 되어 있다.
245)   대정신수대장경 주(註): [流布本]에는 실(實)자 다음에 차제보수(此諸寶樹)가 추가되어 있다.

잎·꽃·열매가 금으로 된 은나무도 있고,

잎·꽃·열매가 파리로 된 유리나무도 있고,

잎·꽃·열매가 유리로 된 수정나무도 있고,

잎·꽃·열매가 마노로 된 산호나무도 있고,

잎·꽃·열매가 유리로 된 마노나무도 있고,

잎·꽃·열매가 여러 보배로 된 차거나무도 있다.

자마금[1] 밑동·백은 줄기·유리 가지·수정 잔가지·산호 잎·마노
꽃·차거 열매로 된 보배나무도 있고,

백은 밑동·유리 줄기·수정 가지·산호 잔가지·마노 잎·차거
꽃·자마금 열매로 된 보배나무도 있고,

유리 밑동·수정 줄기·산호 가지·마노 잔가지·차거 잎·자마금
꽃·백은 열매로 된 보배나무도 있고,

수정 밑동·산호 줄기·마노 가지·차거 잔가지·자마금 잎·백은
꽃·유리 열매로 된 보배나무도 있고,

산호 밑동·마노 줄기·차거 가지·자마금 잔가지·백은 잎·유리
꽃·수정 열매로 된 보배나무도 있고,

마노 밑동·차거 줄기·자마금 가지·백은 잔가지·유리 잎·수정
꽃·산호 열매로 된 보배나무도 있고,

차거 밑동·자마금 줄기·백은 가지·유리 잔가지·수정 잎·산호
꽃·마노 열매로 된 보배나무도 있다.

(1) 자마금(jambūnada, 자마금): 산-영사전에 잠부나다 (jambūnada)는 금(gold)이라고 나오고, 산스크리트 번역본들도 모두 금이라고만 옮겼다. 한문으로 옮기면서 자마금(紫磨金)·자마금 (紫金), 또는 잠부단금(閻浮檀金)이라고 했다. 잠부(jambū)는 인두에 만 있다는 나무 이름이고 나다(nada)는 강이나 바다를 뜻하고 잠부나무(閻浮檀) 밑으로 흐르는 강에서 나는 모래금(砂金)을 말한다. 붉은빛과 누른빛에 보라 불빛을 띤다고 한다. 그냥 금이라고 옮겨도 되지만 일반 금과 달라 그냥 자마금이라고 옮겼다.

行行相值 莖莖相望 枝枝相准[246] 葉葉相向 華華相順 實實相當 榮色光曜[247] 不可勝視 清風時發 出五音聲 微妙宮商 自然相和. 又無量壽佛 其道場樹 高四百万里 其夲周圍 五千[248]由旬 枝葉四布 二十万里 一切衆寶 自然合成 以月光摩尼 持海輪寶 衆寶之王 而莊嚴之. 周帀[249]條間 垂寶瓔珞 百千万色 種種異變 无量光炎 照

曜²⁵⁰⁾無極 珎妙寶網 羅覆其上 一切莊嚴 隨應而現. 微風徐動²⁵¹⁾
出²⁵²⁾妙法音²⁵³⁾ 普流十方 一切²⁵⁴⁾佛國. 其聞²⁵⁵⁾音者 得深法忍 住
不退轉 至成佛道²⁵⁶⁾ 不遭苦患. 目覩其色 耳聞其音²⁵⁷⁾ 鼻知其香
舌²⁵⁸⁾嘗其味 身觸其光 心以法緣 一切²⁵⁹⁾皆得 甚深法忍 住不退轉
至成佛道 六根清徹 無諸惱患.

옮긴글

줄과 줄이 서로 가지런하고, 줄기와 줄기가 서로 바라보고, 가
지와 가지가 서로 나란하고, 잎과 잎이 서로 마주하고, 꽃과 꽃이
서로 어우러지고, 열매와 열매가 서로 짝을 지으니, 화려한 빛깔
이 눈부시게 빛나 바라볼 수가 없으며, 맑은 바람이 불면 궁음(宮
音)·상음(商音) 같은 다섯 가지 소리¹⁾가 미묘하게 흘러나와 서로 자
연스럽게 어울린다.

---

250) 대정신수대장경 주(註): [流布本]에는 요(曜)=요(耀)로 되어 있다.
251) 대정신수대장경 주(註): [宋]·[元]·[明]본에는 동(動)자 다음에 '취제보수연(吹諸寶樹演)'이 추
    가되어 있고, [流布本]에는 '동출묘법음보류십방일체(動出妙法音普流十方一切)'=동취제지엽연
    출무량묘법음성기성유포편제(動吹諸枝葉演出無量妙法音聲其聲流布遍諸)'로 되어 있다.
252) 대정신수대장경 주(註): [宋]·[元]·[明]본에는 출(出) 다음에 무량(無量)이 추가되어 있다.
253) 대정신수대장경 주(註): [宋]·[元]·[明]본에는 음(音) 다음에 성(聲)자가 추가되어 있다.
254) 대정신수대장경 주(註): [宋]·[元]·[明]본에는 보류십방일체(普流十方一切)=기성유포편제(其聲
    流布遍諸)로 되어 있다.
255) 대정신수대장경 주(註): [宋]·[元]·[明]본에는 기문(其聞)=문기(聞其)로 되어 있다.
256) 대정신수대장경 주(註): [宋]·[元]·[明]본과 [流布本]에는 불도(佛道) 다음에 이근청철(耳根清
    徹)이 추가되어 있다.
257) 대정신수대장경 주(註): [宋]·[元]·[明]본에는 이문기음(耳聞其音)이 빠져 있다.
258) 대정신수대장경 주(註): [宋]·[元]·[明]본에는 설(舌)=구(口)로 되어 있다.
259) 대정신수대장경 주(註): [宋]·[元]·[明]본에는 일체(一切)가 빠져 있다.

또 아미따바 붇다나라에 있는 깨달음나무[2]는 높이가 400만 리, 밑동 둘레가 5,000요자나, 가지와 잎이 사방으로 20만 리까지 퍼져 있고, 갖가지 여러 보배가 섞여서 이루어졌는데, 달빛구슬[3]이나 바퀴 굴리는 왕의 보석 바퀴[4]같이 보석 가운데 가장 으뜸가는 보석으로 꾸며져 있다. 잔가지 사이사이에 드리워진 구슬치렛거리는 갖가지 서로 다른 백·천만 빛깔로 바뀌고, 끝없는 불빛이 끝없이 빛을 내, 그 위에는 드물고 훌륭한 보석 그물이 덮여 있어, 모든 꾸밈새가 빈틈없이 나타나 있다.

산들바람이 가볍게 불면, 신기하고 묘한 가르침 소리가 흘러나와 시방의 모든 붇다나라에 두루 울려 퍼지는데, 그 소리를 듣는 이는 깊은 경계를 얻고, 물러서지 않는 경계[5]에 머물며, 붇다가 될 때까지 괴로움과 근심을 만나지 않는다.[6] 눈으로 그 색깔을 보거나, 귀로 그 소리를 듣거나, 코로 그 향내를 맡거나, 혀로 그 맛을 보거나, 몸으로 그 빛을 쪼이면, 마음이 그 가르침을 만난 인연으로 깊고 깊은 경계를 모두 얻고, 물러서지 않는 경계에 머물며, 붇다가 될 때까지 6가지 감각기관이 맑고 밝으며 온갖 번뇌와 근심이 없어진다.

풀이
_____

(1) 다섯 가지 소리(五音): 음률에 5가지 음이 있는데, 궁상각치우(宮商角徵羽)이다. 여기서는 줄여서 궁음과 상음만 내세운 것이다. 궁음·상음 같은 구체적인 소리는 이 쌍가바르만(강승개) 번역본에만 나온다.

(2) 깨달음나무(bodhi-vṛkṣa, 菩提樹): 쌍가바르만은 도장나무(道場樹)라고 옮겼으나 산스크리트 원문에 깨달음나무(bodhi-vṛkṣa)라고 했고, 한문 번역본에도 보디나무(菩堤樹)라고 해서 깨달음나무(菩堤樹)로 옮겼다.

(3) 달빛구슬(月光摩尼, candra-kānta-maṇi): 짠드라와 깐따 모두 달이라는 뜻인데 짠드라-깐따(candra-kānta)는 달같이 아름다운(lovely as the moon)이란 뜻이다. 한문에서 달빛(月光)이라고 했는데 그 아름다움을 빛으로 나타낸 것도 잘 옮긴 것이라고 보아 '달빛(月光)'이라고 옮긴다. 1,000개의 손을 가진 소리 보는 보디쌑바(觀音菩薩)의 40가지 손 가운데 왼편 손에 가진 구슬인데, 열병이 들어 괴로워하는 사람이 이 구슬에 닿으면 바로 낫는다고 한다. 마니는 구슬을 말한다.

(4) 원문에는 지해륜보(持海輪寶)라고 되어 있는데, 바퀴 굴리는 왕이 가지고 있는 보석인 보석 바퀴(輪寶, cakra) 가운데 하나이다.

(5) 물러서지 않는 경계(不退轉): 수행할 때 한 번 다다른 경계에서 물러서지 않은 것을 뜻한다. 기쁨나라(極樂)나 맑은 나라(淨土)에 나게 되면 영원히 물러나지 않아 깨닫겠다는 마음을 잃어버리지 않고 반드시 깨닫게 된다는 것이 불퇴전이다. 5가지가 있으니 ① 아미따바 붇다의 큰 바램을 지니고 있어(大悲攝持不退) 깨닫겠다는 마음을 잃지 않고, ② 늘 붇다의 빛을 받고 있어(佛光照觸

不退) 깨닫겠다는 마음을 잃지 않고, ③ 늘 가르침의 소리를 듣고 있어(常聞法音不退) 깨닫겠다는 마음을 잃지 않고, ④ 어진 동무(善友)들과 함께 사니 깨닫겠다는 마음을 잃지 않고, ⑤ 목숨이 끝이 없으니(壽命無量不退) 깨닫겠다는 마음을 잃지 않는다. (『맑은나라에 대한 10가지 의문에 관한 논의(淨土十疑論)』).

(6) 청화 옮김, 『정토삼부경』에는 다음 내용이 번역되지 않고 빠졌다. "그 소리를 듣는 이는 깊은 경계를 얻고, 물러서지 않는 경계에 머물며, 붇다가 될 때까지 괴로움과 근심을 만나지 않는다." 번역문 마지막에 실린 한문 원문은 "其聞音者 得深法忍 住不退轉 至成佛道〈耳根淸徹〉 不遭苦患"이라고 나와 있는 것을 보면 인쇄 과정에서 번역문을 빼먹은 것 같다. 한문에서 고리대장경본에 없는 〈耳根淸徹〉이 더해진 것은 『대정신수대장경』에 나오는 [宋]·[元]·[明]본과 [流布本]에 따른 것이다.

한문

阿難, 若彼國[260]人天 見此樹者 得三法忍 一者音響忍 二者柔順忍 三者無生法忍. 此皆無量壽佛 威神力故 本願力故 滿足願故 明了願故 堅固願故 究竟願故.

佛告阿難, 世間帝王 有百千音樂 自轉輪聖王 乃至第六天上 伎樂音聲 展轉相勝 千億万倍. 第六天上 万種樂音 不如無量壽國 諸七

---

260) 대정신수대장경 주(註): [宋]·[元]·[明]본에는 국(國)자 다음에 토(土)자가 추가되어 있다.

寶樹 一種音聲 千億倍也. 亦有自然 万種伎樂 又其樂聲 無非法音
清暢[261]哀亮 微妙和雅 十方世界 音聲之中 最為第一. 又[262]講堂精
舍 宮殿樓觀 皆七寶莊嚴 自然化成 復以眞珠 明月摩尼衆寶 以為
交露[263] 覆盖其上.

옮긴글

아난다여, 그 나라 사람과 하늘사람이 이 나무를 보면 3가지를
여읜 경계를 얻게 되는데, 첫째 설법을 듣고 깨닫는 경계, 둘째 스
스로 진리에 순응하여 깨닫는 경계, 셋째 나지도 죽지도 않는 도
리를 깨닫는 경계이다. 이것은 모두 아미따바 붇다(無量壽佛)의 위
신력 때문이고, 과거세에 세운 바램의 힘 때문이고, 모자람이 없
는 바램 때문이고, 뚜렷한 바램 때문이고, 굳은 바램 때문이고, 마
지막 바램 때문이다.

붇다께서 아난다에게 말씀하셨다.

"일반 세상의 임금들도 백·천 가지 음악을 가지고 있고, 바퀴 굴
리는 왕(轉輪聖王)에서 여섯 번째 하늘(六天)에 이르기까지 모두 음
악(妓樂)과 음악소리를 가지고 있는데, 올라갈수록 천억·만 배씩
더 뛰어나다. 아미따바 붇다 나라에 있는 갖가지 7가지 보배나무
에서 나오는 한 가지 음악이 여섯 번째 하늘의 만 가지 음악보다

---

261) 대정신수대장경 주(註): [元]본과 [流布本]에는 창(暢)=양(揚)으로 되어 있다.
262) 대정신수대장경 주(註): [宋]·[元]·[明]본에는 우(又)=기(其)로 되어 있다.
263) 대정신수대장경 주(註): [明]본에는 교로(交露)=교락(交絡)으로 되어 있다.

천억 배나 더 뛰어나다. 저절로 울리는 음악과 음악소리가 수없이 많은데, 모두 설법하는 소리가 아닌 것이 없고, 맑고 즐겁고 구슬프고 밝고 야릇하고 묘하고 아늑하고 점잖아 시방세계 음악 가운데 가장 으뜸이다.

또 강당·절·궁전·다락집들은 모두 7가지 보석으로 꾸며졌는데, 저절로 바뀌어 이루어진 것이며, 다시 구슬·달빛마니 같은 뭇 보석으로 그물을 만들어 그 위에 덮었다.

2) 8가지 공덕의 물소리가 들려주는 가르침

한문

內外左右 有諸浴池 或十由旬 或二十三十 乃至百千由旬 縱廣深淺 各皆[264]一等 八功德水 湛然盈滿 淸淨香潔 味如甘露. 黃金池者 底白銀沙, 白銀池者 底黃金沙, 水精池者 底琉璃沙, 琉璃池者 底 水精沙, 珊瑚池者 底琥珀沙, 琥珀池者 底珊瑚沙, 車渠池者 底瑪 瑙[265]沙, 瑪瑙池者 底車渠沙, 白玉池者 底紫金沙, 紫金池者 底白 玉沙, 或[266]二寶三寶 乃至七寶 轉共合成. 其池岸上 有栴檀樹 華

---

264) 대정신수대장경 주(註): [宋]·[元]·[明]본에는 각개(各皆)=개각(皆各)으로 되어 있다.

265) 대정신수대장경 주(註): [宋]·[元]·[明]본과 [流布本]에는 마노(瑪瑙)=마뇌(碼碯)로 되어 있다. 아래 나오는 것도 모두 같다.

266) 대정신수대장경 주(註): [宋]·[元]·[明]본에는 혹(或)자 다음에 유(有)자가 추가되어 있다.

葉垂布 香氣普熏 天優鉢[267]羅華 鉢[268]曇摩華 拘物[269]頭華 分陁利
華 雜色光茂 弥覆水上. 彼諸菩薩 及聲聞衆 若入寶池意 欲令水沒
足 水即沒足 欲令至膝 即至于膝 欲令至腰 水即至腰 欲令至頸 水
即至頸 欲令灌身 自然灌身 欲令還復 水輙還復 調和冷煖 自然隨
意 開神悅體 蕩除心垢. 清明澄[270]潔 淨若無形 寶沙暎[271]徹 无深
不照 微瀾迴流 轉相灌注 安詳徐逝 不遲不疾. 波揚無量 自然妙
聲 隨其所應 莫不聞者. 或聞佛聲 或聞法聲 或聞僧聲 或寂靜聲
空无我聲 大慈悲聲 波羅蜜聲 或十力無畏 不共法聲 諸通慧聲 無
所作聲 不起滅聲 無生忍聲 乃至甘露灌頂 衆妙法聲 如是等聲 稱
其所聞 歡喜无量. 隨順清淨 離欲寂滅 真實之義 隨順三寶 力無所
畏 不共之法 隨順通慧 菩薩聲聞 所行之道 無有三塗 苦難之名 但
有自然 快樂之音 是故其國 名曰極樂[272]

옮긴글

안팎과 왼쪽과 오른쪽 곁에는 갖가지 몸을 씻는 못이 있는데,
그 너비와 깊이는 10나유따, 20·30나유따, 또는 백·천 나유따이
다. 못마다 가장 급이 높은 8가지 공덕 물(八功德水)이 가득가득 차

---

267) 대정신수대장경 주(註): [宋]·[元]·[明]본과 [流布本]에는 발(鉢)=발(盋)로 되어 있다.

268) 대정신수대장경 주(註): [宋]·[元]·[明]본과 [流布本]에는 발(鉢)=발(盋)로 되어 있다.

269) 대정신수대장경 주(註): [宋]·[元]·[明]본에는 물(物)=모(牟)로 되어 있다.

270) 대정신수대장경 주(註): [流布本]에는 징(澄)=징(激)으로 되어 있다.

271) 대정신수대장경(大正新脩大藏經)에 주(註)가 없이 영(映)자를 썼는데 영(暎)자를 잘못 읽은
것이다.

272) 대정신수대장경 주(註): [宋]·[元]·[明]본과 [流布本]에는 극락(極樂)=안락(安樂)으로 되어 있다.

있는데, 맑고 깨끗하고 향기롭고 맛이 단 이슬 같다.

황금못 바닥은 백은 모래, 백은못 바닥은 황금 모래, 수정못 바닥은 유리 모래, 유리못 바닥은 수정 모래, 산호못 바닥은 호박 모래, 호박못 바닥은 산호 모래, 차거못 바닥은 마노 모래, 마노못 바닥은 차거 모래, 백옥못 바닥은 자마금 모래, 자마금못 바닥은 백옥 모래가 깔려 있는데, 2가지 보배나 3가지 보배, 또는 7가지 보배가 섞여 이루어진 것도 있다.

그 못 가 언덕 위에는 짠다나나무(栴檀樹) 꽃과 잎이 드리워져 그 향내가 널리 퍼지고, 하늘의 우둠바라꽃, 빨마꽃[1], 꾸무다꽃[2], 뿐다리까꽃[3] 같은 갖가지 빛깔의 연꽃 빛들이 가득 차 물 위를 두루 덮고 있다.

그 나라의 여러 보디쌀바와 제자들이 보배 못에 들어가고자 할 때, 물이 발까지 잠기기를 바라면 물은 바로 발까지 잠기고, 무릎까지 잠기기를 바라면 바로 무릎까지 이르고, 허리까지 이르기를 바라면 물은 바로 허리까지 올라오고, 목까지 이르기를 바라면 물은 바로 목까지 다다르고, 몸을 씻고자 하면 저절로 몸이 씻겨지고, 처음 상태로 돌아가기를 바라면 물은 문득 처음 상태로 돌아가고, 차고 따뜻함도 뜻에 따라 저절로 이루어지니, 정신이 열리고 몸이 산뜻해지며 마음의 때를 말끔히 씻어준다.

맑고 밝고 깨끗하여 마치 물이 없는 것처럼 보배 모래가 환히 비쳐 깊은 곳도 비치지 않는 데가 없으며, 잔물결이 돌아 흘러 둥글게 돌아 들어갔다가 조용하고 천천히 흘러나오니 더디지도 빠르지도 않다.

잔물결이 피어오르며 스스로 미묘한 소리를 내니 듣고자 하는 것을 듣지 못하는 것이 없다. 붇다 소리도 들리고, 가르침 소리도 들리고, 쌍가(僧) 소리도 들리고, 싸마디 소리, 공·무아 소리, 큰 자비 소리, 빠라미타(波羅蜜) 소리나 10가지 힘·두려움 없음 같이 붇다만 갖춘 법⁴⁾이란 소리, 온갖 신통과 슬기 소리, 지은 바가 없다는 소리, 나고 죽는 것이 없다는 소리, 나고 죽음을 벗어난 경계라는 소리, 아울러 정수리에 단 이슬 뿌리는(灌頂)⁵⁾ 소리 같은 온갖 미묘한 소리가 들리니, 이러한 소리를 듣고 들리는 것을 기리면 기쁨이 그지없다.

(이 소리를 듣는 그 나라 중생은) 맑고 깨끗함을 쫓아서 탐욕을 떠나고요하고 바르고 참된 뜻에 따라 닦고, 3가지 보물, 10가지 힘·두려움 여읨 같은 붇다 만의 가르침에 따라 닦고, 슬기를 훤히 깨달은 보디쌑바·제자들이 가는 길을 따라 닦으므로 3가지 나쁜 길 같은 괴로움과 어려움이란 이름도 없고, 오로지 기쁘고 즐거운 소리만 울려 퍼진다. 그러므로 그 나라를 기쁨나라(極樂)라 부르는 것이다.

풀이

(1) 빤마(padma): 한자로는 음을 따서 발담마화(鉢曇摩華)로 옮겼는데, 연꽃(Nelumbium Speciosum)이다.

(2) 꾸무다(kumuda): 한자로는 음을 따서 구무(拘貿) 구물두(拘物頭) 따위로 옮겼는데, 하얀 수련(white water-lily, Nymphaea esculenta)이다.

(3) 뿐다리까(puṇḍarīka): 연꽃(a lotus-flower), 특히 하얀 연꽃(especially a white lotus, 白葉華, 白蓮華)을 말한다. 한자로 음을 따서 분타리화(分陁利華) 분다리가(分陀利迦) 따위로 옮겼다.

(4) 붇다만 갖춘 법(āveṇika-buddha-dharma, 不共法): 아베니까(āveṇika)는 어떤 것과 관련 없이 독립적(not connected with anything else, independent)이란 뜻으로 누구나 공통으로 갖는 것이 아니라, 붇다 만 갖춘 것이라는 뜻이다. 일반적으로 누구나 가능한 것이 아닌 붇다만 갖춘 법(不共佛法) 18가지를 말하는 것으로, 10가지 힘(十力)·4가지 두려움 없음(無畏)·3가지 마음에 새기는 것(念住)·크게 가엾어하는 마음(大悲)처럼 붇다에게만 있는 법 18(10+4+3+1)가지를 말한다.

＊ 10가지 힘(daśa balāni 十力): 발라니(balāni)는 숨쉼(breathing), 힘찬(living)을 뜻한다. ① 이(理)와 비리(非理)를 틀림없이 아는 힘(處非處智力) ② 3세의 업과 과보에 대한 인과관계를 틀림없이 아는 힘(業異熟智力) ③ 모든 선정이나 삼매의 순서나 깊고 얕음을 틀림없이 아는 힘(靜慮解脫等持等至智力) ④ 중생 근기의 높낮이를 틀림없이 아는 힘(根上下智力) ⑤ 중생의 사리분별력을 틀림없이 아는 힘(種種勝解智力) ⑥ 중생이 본디 갖추고 있는 성질을 틀림없이 아는 힘 ⑦ 천신이나 사람이 여러 세계에 태어나는 행(行)에 대한 인과를 틀림없이 아는 힘(遍趣行智力) ⑧ 과거세의 여러 가지 일을 기억해 내 틀림없이 다 아는 힘(宿住隨念智力) ⑨ 하늘눈을 통해 중생의 나고 죽는 때나 내생(來生)의 좋고 나쁜 세상 같은 것을 틀림없

이 아는 힘(死生智力) ⑩ 스스로 모든 번뇌가 다하여 다음 생(後有)을 받지 않는 것을 알고, 또 다른 사람이 번뇌를 끊은 것을 틀림없이 아는 힘(漏盡智力).

* 4가지 두려움 없음(4 vaiśāradya, 四無畏): 바이사라댜(vaiśāradya)는 지혜(wisdom), 완벽함(infallibility), 붇다의 자신에 대한 4가지 확신(Buddha's confidence in himself of four kinds)이라는 뜻인데, 그 확신이 두려움에 관계되는 것으로 한문 경전에서는 4가지 두려워하는 바가 없음(無所畏)이라고 옮겼다. 설법하면서 두려움 없이 자신 있게 할 수 있는 힘이다. ① '나는 모든 법을 깨달았다'라는 두려움 없는 자신(諸法現等覺無畏). ② '모든 번뇌를 아주 끊었다'라는 두려움 없는 자신(一切漏盡志無畏). ③ '수행에 걸림이 되는 것은 이미 다 설했다'라는 두려움 없는 자신(障法不虛決定授記無畏), ④ '괴로운 헤맴(迷妄)의 세계를 벗어나 해탈로 들어가는 길을 설했다'라는 두려움없는 자신(爲證一切具足出道如性無畏).

* 3가지 마음에 새기는 것(3 smṛty-upasthāna, 三念住): 쓰므리띠(smṛty)는 마음에 새기는 염(念)을 뜻하는데, 8가지 바른길(八正道)의 바른 념(正念), 붇다를 새기는 염불(念佛)과 같은 뜻이다. 우빳타나(upasthāna)는 '~에 머물다(staying upon or at)'는 뜻으로 마음에 새기는 곳(念住)이나 마음에 새기는 것(念處)라고 옮길 수 있다. ① 제자가 지극한 정성으로 듣고 가르침을 바르게 행하여도 가벼운 마음으로 기뻐하며 평정심(平靜心)을 잃지 않는 힘 ② 그 반대의 경우에도 근심하는 마음을 일으켜 평정심을 잃지 않는 힘 ③ 위의 두 제자가 모두 있어도 기뻐하거나 걱정하는 마음을 일으켜

평정심을 잃지 않는 힘.

* 1가지 크게 가엾게 여기는 마음(mahākaruṇā, 大悲): 까루나
   (karuṇā)는 가엾게 여김(pity), 불쌍히 여김(compassion)이라는 뜻으
   로 중생을 괴로움에서 구하려는 큰마음이다.

(5) 정수리에 물 뿌리는 의식(灌頂, abhiṣecana 또는 abhiṣeka): 계
를 받고 불문으로 들어갈 때 물이나 향수를 정수리에 뿌리는 의
식. 보디쌑바가 10번째 법운지(法雲地)에 들어갈 때 여러 붇다가
지혜의 물을 그 정수리에 뿌려 법왕이 되었음을 증명하는 것은
수직관정(受職灌頂)이라고 한다. 원래 인두에서 제왕 즉위식이나
태자를 책봉할 때 정수리에 바닷물을 뿌리는 의식이다. 기쁨나
라에서는 단 이슬(甘露)을 정수리에 뿌린다고 했다.

3. 기쁨으로만 가득 찬 나라

1) 모든 것이 갖추어진 기쁨나라

한문

阿難, 彼佛國土 諸往生者 具足如是 淸淨色身 諸妙音聲 神通功德 所處宮殿 衣服飮食 衆妙華香 莊嚴之具 猶第六天 自然之物. 若欲食時 七寶應[273]器 自然在前 金 銀 琉璃 車渠 瑪瑙 珊瑚 虎珀[274] 明月眞珠 如是衆鉢[275] 隨意而至 百味飮食 自然盈滿. 雖有此食 實无食者 但見色聞香 意以爲食 自然飽足 身心柔軟 無所味着[276] 事已化去 時至復現.

옮긴글

아난다여, 그 나라에 가서 난 사람은 모두 이처럼 맑고 깨끗한 몸·갖가지 미묘한 말소리·신통과 공덕·사는 궁전·옷과 먹을거리·온갖 미묘한 꽃향기·치렛거리들이 다 갖추어져 마치 욕망이

---

273) 대정신수대장경 주(註): [流布本]에는 응(應)=발(鉢)로 되어 있다. 확인 결과 [宋]·[元]·[明]은 〈應＝鉢〉로 되어 있고, 【布本】에는 사발 발(盌)을 썼다.

274) 대정신수대장경 주(註): [宋]·[元]·[明]본에는 호박(虎珀)이라고 되어 있다고 주를 달았는데, 고리대장경에도 호박(虎珀)으로 되어 있기 때문에 주를 달 필요가 없었다. 혹시 [宋]·[元]·[明]본에 호박(琥珀)으로 되어 있다는 것을 잘못한 것이 아닌가 하는 생각이 든다.

275) 대정신수대장경 주(註): [宋]·[元]·[明]본에는 중발(衆鉢)=제발(諸鉢)로 되어 있다. 【流布本】에는 사발 발(盌)을 썼다.

276) 대정신수대장경에 착(着)=저(著)로 되어 있는데, 주가 없는 것으로 보아 잘못 읽은 것이다.

있는 세계의 여섯 번째 하늘 환경과 같다.

만일 먹고 싶을 때는 7가지 보석으로 된 그릇이 절로 눈앞에 나타나고, 금·은·유리·차거·마노·산호·호박·달빛구슬로 만든 바리때가 바라는 대로 다다르면 온갖 맛있는 먹을거리들이 저절로 가득 차게 된다. 그러나 이런 먹거리를 실제 먹는 것이 아니라, 다만 그 색깔을 보고 향내만 맡으며 먹었다고 생각하면 저절로 배가 부르고 몸과 마음이 부드럽게 되기 때문에 맛에 집착하는 일은 없다. 먹는 일을 마치면 모두 사라져 버리고, 때가 되면 또다시 눈앞에 나타난다.

2) 하늘나라 뛰어넘는 모습과 행복

한문

彼佛國土 淸淨安隱 微妙快樂 次於無爲 泥洹之道. 其諸聲聞 菩薩人天[277] 智慧高明 神通洞達 咸同一類 形無異狀 但因順餘方故有人天[278]之名. 顏貌端正 超世希有 容色微妙 非天非人 皆受自然虛无之身 無極之體.

佛告阿難, 譬如世間 貧窮乞[279]人 在帝王邊 形貌容狀 寧可類乎.

---

277) 대정신수대장경 주(註): [宋]·[元]·[明]본과 [流布本]에는 인천(人天)=천인(天人)으로 되어 있다.
278) 대정신수대장경 주(註): [宋]·[元]·[明]본과 [流布本]에는 인천(人天)=천인(天人)으로 되어 있다.
279) 고리대장경에서는 다른 글자체를 쓰고 있다. "

阿難白佛, 假令此人 在帝王邊 羸陋醜惡 無以為喻 百千万億 不可
計倍 所以然者 貧窮乞人 底極厮²⁸⁰⁾下 衣不蔽形 食趣支命 飢寒困
苦 人理殆盡 皆坐前世 不殖²⁸¹⁾德本 積財不施 富有益慳 但欲唐得
貪求无厭 不信²⁸²⁾修善 犯惡山積. 如是壽終 財寶消散 苦身積聚²⁸³⁾
為之憂惱 於己無益 徒為他有. 無善可怙 無德可恃 是故死墮惡趣
受此長苦 罪畢得出 生為下賤 愚鄙斯²⁸⁴⁾極 示同人類. 所以世間帝
王 人中獨尊. 皆由宿世 積德所致 慈惠博²⁸⁵⁾施 仁愛兼濟 履信修善
無所違諍²⁸⁶⁾. 是以壽終 福應得昇²⁸⁷⁾ 善道上生 天上享茲福樂 積
善餘慶 今得為人 遇²⁸⁸⁾生王家 自然尊貴 儀容端正 衆所敬事 妙衣
珎膳 隨心服御 宿福所追 故能致此

옮긴글

그 붇다나라는 맑고 깨끗하고 조용하고 편안하며, 미묘하고 유
쾌하고 즐거워, 나고 죽는 것을 벗어난 니르바나의 길에 머무는 것
이다. 그 나라의 모든 제자·보디쌑바·사람·하늘신은 슬기가 아주

---

280) 대정신수대장경 주(註): [宋]·[元]·[明]본에는 시(厮)=사(斯)로 되어 있다.
281) 대정신수대장경 주(註): [明]본과 [流布本]에는 식(殖)=식(植)으로 되어 있다.
282) 대정신수대장경 주(註): [流布本]에는 신(信)=긍(肯)으로 되어 있다.
283) 대정신수대장경 주(註): [宋]·[元]·[明]본과 [流布本]에는 적취(積聚)=취적(聚積)으로 되어 있다.
284) 대정신수대장경 주(註): [流布本]에는 사(斯)=시(厮)로 되어 있다.
285) 대정신수대장경에는 박(博)자로 되어 있고 국내 번역본들도 같으나, 고리대장경에서는 박
(愽)자로 되어 있어 그대로 따른다. 같은 뜻이다.
286) 대정신수대장경 주(註): [宋]·[元]·[明]본에는 쟁(諍)=쟁(爭)으로 되어 있다.
287) 대정신수대장경 주(註): [宋]·[元]·[明]본에는 승(昇)=승(升)으로 되어 있다.
288) 대정신수대장경 주(註): [明]본에는 우(遇)=내(乃)로 되어 있고, [流布本]에는 우(遇)=적(適)으
로 되어 있다.

밝고 신통이 막힘없이 통하며, 모두 다 한 동아리로 생김새가 다르지 않다. 다만 다른 세계처럼 말하기 때문에 사람이니 하늘신이니 하는 이름이 있는 것이다. 얼굴은 바르고 얌전하여 일반 세상에서는 보기 드물게 뛰어나고, 생긴 모습은 미묘하여 하늘신이나 사람과는 달리 모두 텅 비어 실상이 없고 끝이 없는 몸을 받는다.

붇다께서 아난다에게 말씀하셨다.
"이 세상에서 가난하고 어려운 거지가 임금 곁에 있다고 보고, 그 두 사람의 얼굴과 모습을 견주어 보면 어찌 비슷하다고 할 수 있겠느냐?"

아난다가 붇다께 사뢰었다.
"만일 그런 사람이 임금 곁에 있다면 여위고 작고 지저분하고 더러워 그 차이가 백·천만 억 배라고 해도 헤아릴 수가 없습니다. 왜냐하면 그 가난하고 어려운 거지는 품위와 신분이 너무 낮아 옷은 몸을 제대로 가리지 못하고 먹는 것은 겨우 목숨을 이어가 배고프고 춥고 고달픈 것이 사람의 도리를 거의 못 하기 때문입니다. 모든 것이 전생에 가만히 앉아 좋은 뿌리를 심지 않고, 재물을 모아도 베풀지 않고, 잘 살수록 더 아끼기만 하고, 오로지 도리에 어긋난 잇속만 끝없이 챙기려 했지, 착한 일을 믿고 닦지 않아 저지른 잘못이 산더미처럼 쌓였기 때문입니다.
그러다 목숨이 다하면 재물과 보물은 사라져 없어지고 지친 몸에는 병만 쌓이고 모여 근심과 걱정거리만 되니, 자기에게는 도움이 되지 않고 모두 남의 것이 되어 버립니다. 착한 일을 한 것도 없고 덕도 없어 믿고 기댈 것이 없으니, 죽은 뒤에는 괴로움의 세계에 떨어져 오랫동안 괴로움을 받고, 죄를 끝마치고 나와도 신분이 낮고 더할 나위 없이 어리석고 못난 사람으로 나는 것입니다.

세상의 임금들이 사람들 가운데 홀로 높고 귀한 까닭은 모두 전생에 덕을 쌓아서 생긴 것으로, 자애로운 은혜와 아울러 어진 사랑을 널리 베풀었고, 믿음을 바탕으로 좋은 일을 닦아서 어기거나 다투지 않았기 때문입니다. 그러다 목숨이 다하면 쌓은 복대로 좋은 세상[1]에 태어나, 하늘나라에서 행복과 즐거움을 한껏 누리다가 쌓은 덕에 남은 것이 있어 오늘 인간 세상의 왕가에 태어났습니다. 자연히 높고 귀하고 몸가짐이 바르며, 뭇사람의 존경을 받고 훌륭한 옷과 진귀한 음식을 바라는 대로 입고 먹을 수 있으니, 모두 전생의 복덕에 따라 이루어질 수 있는 것입니다."

풀이

(1) 3가지 나쁜 길(惡道)이 지옥·아귀·축생인 데 반해, 여기서 말하는 좋은 길(善道)은 바로 인간 세상이나 하늘에 태어나는 것을 말한다.

佛告阿難, 汝言是也 計[289)]如帝王 雖人中尊貴 形色端正 比之轉輪
聖王 甚爲鄙陋 猶彼乞[290)]人 在帝王邊[291)] 轉輪聖王 威相殊妙 天
下第一 比[292)]忉利天王 又復醜惡 不得相喻 万億倍也. 假令天帝 比
第六天王 百千億倍 不相類也 設第六天王 比無量壽佛國 菩薩聲聞
光顏容色 不相及逮 百千万億 不可計倍.

佛告阿難, 無量壽國 其諸天人 衣服飲食 華香瓔珞 諸[293)]盖幢幡
微妙音聲 所居舍宅 宮殿樓閣 稱其形色 高下大小 或一寶二寶 乃
至無量衆寶 隨意所欲 應念即至. 又以衆寶妙衣 遍布其地 一切人
天[294)] 踐之而行 無量寶網 弥覆佛上[295)] 皆以金縷眞珠 百千雜寶
奇妙珍異 莊嚴絞飾[296)] 周币[297)]四面 垂以寶鈴 光色晃曜[298)] 盡極
嚴麗.

---

289) 대정신수대장경 주(註): [流布本]에는 계(計)=가(假)로 되어 있다.
290) 고리대장경에는 다른 글자체를 쓰고 있다. "
291) 대정신수대장경 주(註): [宋]·[元]·[明]본과 [流布本]에는 변(邊)자 다음에 야(也)자가 추가되어 있다.
292) 대정신수대장경 주(註): [宋]·[元]·[明]본과 [流布本]에는 비(比)자 다음에 지(之)자가 추가되어 있다.
293) 대정신수대장경 주(註): [明]본과 [流布本]에는 제(諸)=회(繪)로 되어 있다.
294) 대정신수대장경 주(註): [宋]·[元]·[明]본과 [流布本]에는 인천(人天)=천인(天人)으로 되어 있다.
295) 대정신수대장경 주(註): [宋]·[元]·[明]본과 [流布本]에는 상(上)=토(土)로 되어 있다.
296) 대정신수대장경 주(註): [宋]·[元]·[明]본에는 교(絞)=교(校)로 되어 있고, [流布本]에는 교(絞)=교(交)로 되어 있다.
297) 대정신수대장경에는 잡(帀)자로 읽었는데, 고리대장경에는 잡(币)자로 되어 있다.
298) 대정신수대장경 주(註): [流布本]에는 요(曜)=요(耀)로 되어 있다.

붇다께서 아난다에게 말씀하셨다.

"너의 말이 옳다. 그러나 비록 임금이 사람들 가운데 가장 높고 귀하며 생김새가 바르다고 해도 바퀴 굴리는 왕(轉輪聖王)과 견주면 너무 못나고 더러워 마치 저 거지가 임금 옆에 있는 것과 같고, 바퀴 굴리는 왕의 위엄 있는 모습이 뛰어나 하늘 아래 으뜸이라 해도 서른셋 하늘나라 왕과 견주면 더욱 더럽고 험상궂어 서로 다른 것이 만 억 배나 되며, 또 그 서른셋 하늘나라 왕을 욕망이 있는 세계 여섯 번째 왕과 견주면 백·천억 배나 차이가 난다. 만일 그 여섯 번째 하늘나라 왕을 아미따바 붇다나라 보디쌑바와 제자의 빛나는 얼굴과 모습에 견준다면 백·천·만억으로도 미치지 못해 몇 배나 될지 헤아릴 수가 없다."

붇다께서 다시 아난다에게 말씀하셨다.

"아미따바 붇다 나라에 사는 모든 하늘신·사람의 옷과 먹고 마실 거리·꽃 향·구슬 치렛거리·온갖 해 가리개와 깃발·미묘한 말소리·사는 집·궁전과 다락집은 그 모습 높낮이 크고 작음을 헤아려 한 가지나 두 가지 보석에서 끝없는 갖가지 보석에 이르기까지 바라는 대로 생각만 하면 바로 이루어진다. 또 그 나라 땅에는 갖가지 보배로 만들어진 아름다운 덮개가 두루 깔려 있어 모든 하늘신과 사람들이 그 위를 걸어 다니며, 붇다 위에는 끝없는 보배 그물로 덮여 있는데, 모두 금실이나 구슬 같은 백·천 가지 온갖 보배로 되어 있어 기묘하고 진기하고 특이하고 장엄하게 꾸며져 있

고, 사방에 드리워진 보배로 된 방울에서 찬란한 빛깔들이 빛을
내 더할 나위 없이 장엄하고 아름답다.

3) 가르침 따라 닦으며 누리는 편안한 기쁨

한문

自然德²⁹⁹⁾風 徐起微動 其風調和 不寒不暑 溫涼³⁰⁰⁾柔軟 不遲不疾
吹諸羅網 及衆寶樹 演發無量 微妙法音 流布万種 溫雅德香 其有
聞者 塵勞垢習 自然不起 風觸其身 皆得快樂 譬如比丘 得滅盡三
昧. 又風吹散華 遍滿佛土 隨色次第 而不雜乱³⁰¹⁾ 柔軟光澤 馨香
芬烈 足履其上 陷³⁰²⁾下四寸 隨擧足已 還復如故 華用已訖 地輒開
裂 以次化沒 清淨無遺 隨其時節 風吹散華 如是六反³⁰³⁾. 又衆寶
蓮華 周滿世界 一一寶華 百千億葉 其葉³⁰⁴⁾光明 无量種色 青色青
光 白色白光 玄黃朱紫 光色亦³⁰⁵⁾然 煒燁³⁰⁶⁾煥爛 明曜日月. 一一華
中 出三十六百千億光 一一光中 出三十六百千億佛 身色紫金 相好
殊特. 一一諸佛 又放百千光明 普爲十方 說微妙法 如是諸佛 各各

---

299) 대정신수대장경 주(註): [宋]·[元]·[明]본에는 덕(德)=득(得)으로 되어 있다.
300) 고리대장경에는 다른 글자체를 쓰고 있다. "
301) 고리대장경에는 난(亂)자를 약자인 난(乱)자로 쓰고 있다.
302) 대정신수대장경 주(註): [宋]·[元]·[明]본에는 함(陷)=도(蹈)로 되어 있다.
303) 대정신수대장경 주(註): [流布本]에는 반(反)=반(返)으로 되어 있다.
304) 대정신수대장경 주(註): [宋]·[元]·[明]본과 [流布本]에는 엽(葉)=화(華)로 되어 있다.
305) 대정신수대장경 주(註): [宋]·[元]·[明]본에는 역(亦)=혁(赫)으로 되어 있다.
306) 대정신수대장경 주(註): [流布本]에는 위엽(煒燁)=위엽(暐曄)으로 되어 있다.

安立 無量衆生 於佛正道.

無量壽經卷上[307]
己亥歲高麗國大藏都監奉勅彫造

옮긴글

저절로 생긴 바람이 천천히 일어나 조금씩 움직이며 잘 어울리니 춥지도 덥지도 않고, 따뜻하고 서늘하고 부드럽고, 느리지도 빠르지도 않다. 그런 바람이 모든 그물과 온갖 보배나무에 불면 그지없이 미묘한 가르침의 소리가 멀리 울리고, 수만 가지 따스하고 아름답고 덕스러운 향기가 퍼지는데, 그 소리를 듣는 이는 속세의 근심과 더럽혀진 버릇(習氣)이 스스로 일어나지 않고, 그 바람이 몸에 닿으면 모두 유쾌하고 즐거운 느낌을 받는 것이 마치 빅슈가 6가지 알음알이에서 생기는 마음 작용을 다 끊어 고요히 꺼진 싸마디[1]를 얻은 것과 같다.

또 바람이 불면 꽃이 흩날려 붇다나라에 두루 퍼지는데, 빛깔에 따라 제 자리를 차지하고 있어 어수선하지 않고 부드러운 빛이 나며, 향내가 부드럽고 세게 풍긴다. 발로 그 위를 밟으면 네 치쯤 들어갔다가 발을 들면 다시 본디대로 돌아가며, 꽃을 다 쓰고 나면 문득 땅이 갈라져 빠져 들어가 버리기 때문에 자취가 남지 않고 깨끗해진다. 철 따라 바람이 불어 꽃이 흩날리는데 이처럼 6번 되

---

307) 대정신수대장경 주(註): [明]본에는 (無量壽經卷上) 이 문구가 빠져 있고, [流布本]에는 무량(無量) 앞에 불설(佛說)이 추가되어 있다.

풀이한다.

또 온갖 보배로 된 연꽃이 온 세계에 가득한데, 보배 연꽃 하나하나가 백·천억 개의 잎이 달려 있다. 그 꽃잎에서 나는 빛은 빛깔이 가지가지로 그지없으니, 푸른색은 푸른빛 하얀색은 하얀빛을 내며, 검은빛 노란빛 자줏빛도 마찬가지로 빛을 내, 그 찬란한 빛이 해나 달처럼 밝게 빛난다.

하나하나의 꽃에서 삼십육 백·천억 빛줄기가 나오고, 하나하나의 빛줄기에서 삼십육 백·천억 붇다가 나투시는데, 몸은 자마금색(紫磨金色)이고 모습은 빼어나고 남다르다. 모든 붇다 한 분 한 분이 백·천 가지 밝은 빛을 내며 널리 시방세계를 위해 미묘한 가르침을 설하신다. 이처럼 모든 붇다는 저마다 그지없이 많은 중생이 붇다의 바른길에 편안히 이르게 하신다."

풀이

(1) 고요히 꺼진 싸마디(nirodha-samāpatti, 滅盡三昧): 니로다(nirodha)는 막음(suppression), 아주 없앰(destruction)이란 뜻인데, 한문 경전에서는 꺼지다(滅), 꺼져 없어지다(滅盡), 꺼져 무너지다(滅壞) 고요히 꺼지다(寂滅), 고요(寂靜)라고 옮겼다. 싸마빳띠(samāpatti)는 어떤 상태로 빠져 들어간다(falling into any state or condition)는 뜻인데, 한문 경전에서는 정(定)이라고 옮겼다. 산-영사전에서 〈불교 용어〉는 '깊은 명상의 4번째 단계(a subdivision of the fourth stage of abstract meditation)'라고 했다. 한문 경전에서는 싸마디(samādhi, 三昧)도 정(定)이라고 옮겨 거의 같은 뜻으로 쓰이

고 있다. 뜻으로 보면, 불이 완전히 꺼져 고요해진 상태의 싸마디라고 할 수 있다. 그래서 '고요히 꺼진 싸마디'로 옮긴다. 6가지 알음알이(六識)에서 일어나는 마음작용(心所)을 완전히 끊고 얻은 싸마디다.

『무량수경』 상권

  기해년(고리 고종 26년, 1239) 고리국 대장도감은 칙령을 받아 새겨 만듦.

IV.
기쁨나라(極樂)에는
어떻게 해야 갈 수 있는가?

1. 이렇게 해야 기쁨나라 갈 수 있다

1) 기쁨나라에는 붇다가 될 사람들만 간다

한문

佛告阿難.

其有衆生 生彼國者 皆悉住於 正定之聚 所以者何 彼佛國中 無諸
邪聚 及不定之[308]聚.

十方恒沙 諸佛如來 皆共讚歎 無量壽佛 威神功德 不可思議.

諸有衆生 聞其名號 信心歡喜 乃至一念 至心迴[309]向 願生彼國
即[310]得往生 住不退轉 唯除五逆 誹謗正法.

옮긴글

붇다께서 아난다에게 말씀하셨다.

"그 나라에 나는 중생은 모두 다 붇다가 될 수 있는 무리(正定聚)
속에 살게 된다. 왜냐하면 그 나라 안에는 (붇다 되는 길에서) 어긋
난 무리(邪聚)나 정해지지 않은 무리(不定聚)는 없기 때문이다. 그래
서 강가강[1) 모래 수와 같이 수없는 시방세계의 여러 붇다도 모두
한결같이 아미따바 붇다가 가진 위신력과 공덕이 헤아릴 수 없음

---

308) 대정신수대장경 주(註): [宋]·[元]·[明]본과 [流布本]에는 '之'가 없다.

309) 회(迴)=회(廻) 대정- 廻

310) 즉(即)=즉(卽) 대정- 即

을 아름답게 여기신다.

모든 중생이 그 붇다의 이름을 듣고(聞其名號) 믿는 마음으로 기뻐하고(信心歡喜), (그 이름을) 한 번만이라도 염하고(乃至一念), (그 한번 염한 것을) 마음 깊이 회향하여 그 나라에 나기를 바라면(至心廻向 願生彼國), 바로 (그 나라에) 가서 나게 되어(即得往生), 물러서지 않는 자리[2]에 머문다. 다만 5가지 큰 죄와 바른 법을 비웃고 헐뜯어 말하는 자는 셈하지 않는다.

풀이

(1) 강가강(Gaṅgā-nadi, 恆河 또는 恒河): 산스크리트본에 강가-나디(Gaṅgā-nadi), 곧 강가 강(江)이라고 되어 있다. 인두 히말라야산맥에 근원을 두고 동쪽으로 흘러 뱅골만으로 흘러 들어가는 길이 2,500㎞의 큰 강이다. 흔히 경전에서 헤아릴 수 없이 많은 단위를 이야기할 때 '항하의 모래(恆河沙)=항하사(恆河沙)'라고 표현한 강이 바로 이 강이다. 그러나 '항하'는 잘못 읽은 것이다. 현재도 인두(印度) 지도에는 이 강 이름이 '강가(Ganga)'라고 표시되어 있고, 현지에 사람들도 그렇게 부른다. 그런데 근대 인두를 지배했던 영국인들이 Ganga의 영어 복수형인 갠지스(Ganges)를 쓰면서(5강을 합해 모두 5강으로 이루어지므로 복수를 썼다) '갠지스강'으로 알려졌다. 그러므로 식민지식 발음인 '갠지스'보다는 그 민족이 자랑스럽게 쓰고 있는 '강가'를 쓰는 것이 좋다. 불교경전을 산스크리트에서 한문으로 옮길 때, 강가(Gaṅgā)를 소리 나는 대로 강가(強迦)·궁가(殑迦)·긍가(恆迦)로 옮기고, 그 뒤에 한문의 강(江)을

뜻하는 하(河)나 수(水)를 더해 긍가하(恆迦河) 또는 긍가수(恆迦水)라고 하였다. 그리고 한문의 운(韻) 때문에 긍가(恆迦)에서 1자를 줄여 긍(恆)하다가 하(河)나 수(水)를 붙여 긍하(恆河) 또는 긍수(恆水)라고 불렀다.

그렇다면 우리는 왜 긍하(恆河)를 항하(恆河)라고 불렀는가? 그것은 본디 [恆]이라는 한문 글자에는 [긍]과 [항]이라는 2가지 소리가 있고, [恆]은 산스크리트에서 옮긴 외래어이기 때문에 반드시 [긍]이라고 읽어야 하는데, 평소 많이 쓰는 [항]으로 잘못 읽었기 때문이다. 현재 한국의 옥편을 보면 [恆(恒자의 본디 글자)]자는 2가지로 읽히고 있다. '늘·언제나' 같은 뜻으로 새길 때는 항(hêng)이라고 읽고(보기: 恒常), '뻗치다·두루 미치다'는 뜻으로 새길 때는 긍(kêng)으로 읽는다. 지금 한국에서는 대부분 항하(恆河)로 읽고 있는데 잘못 읽은 것이며, 반드시 긍가(恆迦)·긍가하(恆迦河)·긍하(恆河)로 읽어야 한다(그림 참조).

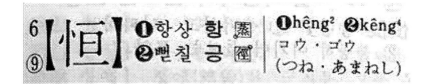

▲ 동아 새漢韓辭典 711쪽

강가강(Gaṅgā)의 실제 소릿값은 우리말의 '강가'나 '겅가'에 가깝다. 산스크리트 홀소리(母音)에서 ā는 [a]를 길게 내는 소리지만, a

는 [a]와 [ə]는 중간음으로 영어 sun(sʌn)의 [ʌ]에 가깝기 때문이다. 그리고 우리나라에서는 강 이름을 부를 때 치나(支那)처럼 하(河)를 쓰지 않기 때문에 강가강(恒迦江)이라고 읽고, 또 그렇게 옮겨야 할 것이다. 현재 아래한글이나 작은 사전에는 한자에서 '긍' 자를 치거나 찾으면 [恆]자가 나오고, '항'자를 치거나 찾으면 '恒' 자가 나오는데, 제대로 된 옥편을 보면 '[恆]자는 [恒]자의 본디 글자'라고 되어 있어 같은 글자라는 것을 알 수 있다.

   (2) 물러서지 않는 자리(avaivartika, 不退轉): 산스크리트 아바이바르띠까(avaivartika)는 '다시는 태어나지 않는(never returning for a new birth)'이라는 뜻이다. 한문번역본에는 물러서지 않는(不退轉)이라고 옮겼고, 『모든 붇다가 보살피는 아미따경』에서도 불퇴전(不退轉)이라고 똑같이 옮겼지만 산스크리트 원문은 아비니바르따니야(avinivartanīyā)로 『무량수경』과 다르다. 산스크리트의 아비니바르따니야(avinivartanīya)는 아비니바르띤(avinivartin)의 복수 주격 형용사로 아바이바르띠까(avaivartika)와 똑같이 '뒤로 돌아가지 않는(not turning back)' '(전쟁에서) 도망하지 않는(not fugitive)'다는 뜻이다. 한자로는 불퇴(不退), 불퇴위(不退位), 불퇴전(不退轉), 불퇴지(不退地)라고 옮긴다. 불도를 구하는 마음이 굳고 단단하여 나쁜 길(惡道)로 넘어가지 않는 것을 뜻하는 말로, 경전에서는 보디쌑바 경지에서 다시는 물러서지 않고 반드시 붇다가 되는 것이 결정되어 의심할 여지가 없는 자리(境地)라는 뜻으로 쓰였다. '다시는 태어나지 않는(never returning for a new birth)'이 12연기법을

그대로 설명해 주어 아주 마음에 드는 구절이지만 통일을 기하기 위해 『모든 붇다가 보살피는 아미따경』과 같이 '물러서지 않는 자리'라고 옮긴다.

2) 기쁨나라 갈 수 있는 3가지 무리의 조건

한문

佛告阿難. 十方世界 諸天人民 其有至心 願生彼國 凡有三輩. 其
上輩者 捨家棄欲 而作沙門 發菩提心 一向專念 無量壽佛 修諸功
德 願生彼國. 此等衆生 臨壽終時 無量壽佛 與諸大衆 現其人前
即[311]隨彼佛 往生其國 便於七寶 華中自然化生 住不退轉 智慧勇
猛 神通自在. 是故阿難 其有衆生 欲於今世 見無量壽佛 應發無
上 菩提之心 修行功德 願生彼國.

옮긴글

붇다께서 아난다에게 말씀하셨다.

"그 기쁨나라에 나고자 하는 시방세계의 모든 하늘신과 사람들
은 무릇 세 무리(輩)가 있다."

위 무리(上輩者)는 집을 나와 욕심을 버리고 스라마나(沙門)가 되
고[1], 깨닫겠다는 마음을 일으켜[2] 오로지 아미따바 붇다를 한결같

---

311)   대정신수대장경, 즉(即)=즉(卽).

이 마음에 새기며(念佛)³⁾, 갖가지 공덕을 닦아⁴⁾, 그 나라에 가서 나기 바라는 이들⁵⁾을 말한다. 이러한 사람이 목숨이 다할 때 아미따바 붇다가 여러 대중과 더불어 그 사람 앞에 나투시고, 그 붇다를 따라 그 나라에 가서 나게 되는데, 바로 칠보 연꽃 가운데 저절로 나게 되어, 다시 물러나지 않는 자리에 머물며, 슬기와 날램을 갖추고 마음먹은 대로 거침없이 할 수 있게 된다.

그러므로 아난다여, 이 세상에서 아미따바 붇다를 뵙고자 하는 사람은 위없는 깨달음을 얻겠다는 마음을 내고, 많은 공덕을 쌓고, 그 나라에 가서 나기를 바라야 한다.⁶⁾

풀이

(1) 이 단락은 우리가 어떻게 하면 기쁨나라에 갈 수 있는가를 구체적으로 제시하고 있어 우리에게 가장 중요하므로 좀 꼼꼼히 살펴보려고 한다. 옮긴이는 『모든 붇다가 보살피는 아미따경』 머리말 「극락에 대한 오해」라는 제목에서 기쁨나라는 하늘나라와 달리 '열심히 수행해서 붇다가 되는 대학이다'라고 정의하였다. 우리가 착한 일 하면, 하늘나라에 가서 즐거움을 누릴 수 있지만, 기쁨나라는 그렇게 즐거움을 누리려 가는 것이 아니라 수행해서 붇다가 되는 대학이라고 했다. 쉽게 위 무리(上輩)는 박사과정, 가운데 무리는 석사과정, 아래 무리는 학사과정이라고 보면 된다. 그러므로 하늘나라는 계를 지키고 착한 일을 하면 갈 수 있지만, 기쁨나라에 가려면 3~5가지 조건이 필요하다. 먼저 위 무리(上輩)에 가서 나기 위한 조건은 다음과 같은 5가지다.

❶ 위 무리(上輩)에 나기 위한 첫 조건-집을 나와 욕심을 버리고 스라마나(沙門)가 되는 것(捨家棄欲 而作沙門)이다. 『대아미따경』과 『평등각경』에서는 "집을 떠나 아내와 아들딸을 버리고 애욕을 끊고(去家捨妻子斷愛慾) 스라마나가 되어(行作沙門) 무위법을 따라야 한다(就無爲之度)"라고 좀 더 구체적으로 요구하고 있다. 그러나 『여래회』, 『장엄경』, 산스크리트본에는 모두 이 조항이 없다. 재가와 출가를 구별하지 않은 것이다.

(2) ❷ 위 무리(上輩)에 나기 위한 둘째 조건-깨닫겠다는 마음(bodhi-citta, 菩提心)을 내야 한다. 『대아미따경』과 『평등각경』에서는 깨달음이란 낱말은 쓰지 않았지만 보디쌑바의 수행을 강조하였다. 『여래회』에서는 '깨닫겠다는 마음을 내는 것(發菩提心)'이라 했고, 『장엄경』에는 이 조항이 없다. 산스크리트본에서는 보댜야 찓땀 빠리나먀 따뜨라(bodhāya cittaṁ pariṇāmya tatra)라고 했는데, 깨달은 마음을 회향한다(bodha citta pariṇāma)의 여격 단수이다. 따뜨라(tatra)는 그곳(in that place, there), 그쪽으로(thither), 그곳으로(to that place)라는 뜻인데 기쁨나라를 말한다. 그러므로 '깨닫겠다는 마음을 그곳으로 회향하면'이라고 옮길 수 있다. 처음부터 박사학위를 받겠다는 학생만 받는다는 뜻으로, 이 대학은 학사(下輩)·석사(中輩)·박사(上輩)를 한 코스로 운영하는 통합과정이다. 원효는 이 깨닫겠다는 마음을 내는 것이 가장 중요한 조건이라고 강조하였다.

(3) ❸ 위 무리(上輩)에 나기 위한 셋째 조건 - '오로지 아미따바 붇다를 한결같이 마음에 새긴다(一向專念 無量壽佛)'는 것으로, 쉽게 염불(念佛)하는 것이다. 그 나라에 가기 위해서는 가장 중요한 과목이다. 『대아미따경』에서는 마음 깊이 늘 염하고 끊이지 않는 자(常念至心不斷絶者), 『평등각경』에서는 마음 깊이 마땅히 염하고 끊이지 않는 자(當念至心不斷絶者), 『여래회』에서는 오로지 무량수불만 염하는(專念無量壽佛)이라고 했다.

한문에 끝없는 목숨의 붇다(無量壽佛)라고 했는데, 산스크리트본에는 아미따바 여래·아르한·바르고 빈틈없이 깨달은 분(amitābha tathāgata arhan samyaksaṁbuddha)이라고 했다. 그래서 '아미따바 붇다'로 옮겼다. 그리고 붇다를 염하는 염불은 마나씨까리샨띠(manasīkariṣyanti)라는 낱말을 썼다. 마나씨까리샨띠(manasīkariṣyanti)는 마나씨(manasi)-까리샨띠(kariṣyanti)의 겹씨다. 마나씨(manasi)는 마낫(manas)의 주격 이중 씨줄기(語幹)인데, 마낫(manas, 末那)은 이름씨(名詞)로 마음(mind), 생각(think)을 뜻하고, 움직씨(動詞)로는 '생각하다', '마음에 그리다', '마음에 새기다' 같은 뜻으로 쓰인다. 한자로는 주로 '헤아려 생각하다(思量)'라고 옮겼는데, 소승인 꼬샤종(俱舍宗)에서는 6식(第六識)을 다르게 부르는 이름이고, 유식종(唯識宗)에서는 7식(第七識)을 일컫는다. 까리샨띠(kariṣyanti)는 씨뿌리 √kṛ에서 갈리어 나온 것으로 3인칭 복수 미래형이다. 하다(to do), 만들다(make), 다하다(perform), 이루다(accomplish), 일으키다(cause), 가져오다(effect), 미리 마련하다(prepare), 떠맡다(undertake) 같은 많은 뜻을 가지고 있는데, 여기서는 '(붇다를) 마음에서 일으킨다(cause)'라고 옮길 수 있다. 『모든 붇다가 보살피는 아미따경』에서는 붇다-마나씨가라(buddha-manasikāra)를 염불(念佛)이라고 옮겼다. 산스크리트 사전에서 겹낱말(合成語) 마나씨-까라(manasi-kāra)는 'taking to heart'라고 나오는데, 〈take (Buddha) to heart: (붇다를) 마음에 새기다·진지하게 생각하다·통감하다〉라는 뜻이다. 그러므로 한자에서 염불(念佛)로 옮긴 붇다(buddha)+마나씨까라(manasikāra)는 'take buddha to heart', 곧 '붇다를 마음에 새기다'라는 뜻이 된다. 『기쁨나라경』에서는 까라(kāra) 대신 √kṛ의 미래형 까리샨띠(kariṣyanti)를 쓴 것이 다르지만, 모두 '붇다를 마음에 새기다'라고 옮길 수 있다.

(4) ❹ 위 무리(上輩)에 나기 위한 넷째 조건-갖가지 공덕을 닦는다(修諸功德). 『대아미따경』과 『평등각경』에서는 '보디쌀바의 길을 짓고(當作菩薩道) 6가지 빠라미따경을 받들어 행하는 자(奉行六波羅蜜經者)'가 여기에 들어 맞을 수 있고, 『여래회』에서는 '늘 많은 좋은 뿌리를 심어야 한다(恒種植衆多善根)'라고 했다. 산스크리트본에서는 꾸살라무림 아바로빠이샨띠(kuśalamūlam avaropayiṣyanti)라는 미래형을 썼다. 꾸살라(kuśala)는 좋은(good), 복지(welfare), 안녕(wellbeing), 행복(happiness)이라는 뜻이고, 물라(mūla)는 뿌리·본바탕·기반·기초·근본(root)이라는 뜻이기 때문에 좋은 일이나 복 짓는 일을 한 본바탕·뿌리를 뜻한다. 꾸마라지바는 '선근(善根)과 복덕(福德)'이라고 옮겼고, 현장은 '선근'이라고만 옮겼으며, 이 경에서 쌍가바르만(康僧鎧)은 공덕(功德)이라고 옮겼다. 아

바로빠나(avaropaṇa)는 심다(planting)라는 뜻이니 좋은 뿌리를 심는다(植功德)라고 옮길 수 있다. 『장엄경』에는 이 조항이 없다.

(5) ❺ 위 무리(上輩)에 나기 위한 다섯째 조건-그 나라에 나길 바란다(願生彼國). 『대아미따경』에서는 '지성으로 아미따바 나라에 나기를 바란다(至誠願欲生阿彌陀佛國)', 『평등각경』에서는 '지극한 정성으로 그지없이 맑고 깨끗한 붇다나라에 나길 바란다(시至精願欲生無量淸淨佛國)', 『여래회』에서는 '마음을 내 회향하며 그 나라에 나기를 바란다(發心廻向願生彼國)'라고 했다. 산스크리트본에서는 로까다따브(lokadhātāv) 우빠빨따에(upapattaye) 쁘라니다샨띠(praṇidhāsyanti)라고 되어 있다. 로까다뚜(lokadhātu)는 세계의 일부(part of the world)라는 뜻인데 '나라'라고 옮길 수 있다. 싸하세계(sahalokadhātu, 娑婆世界)처럼 '세계'로 옮길 수도 있다. 우빠빧띠(upapatti)는 태어난 것(birth)을 뜻하고, 쁘라니다나(praṇidhāna)는 빌기·기도(prayer)라는 뜻이므로, 세 낱말을 합치면 '그 나라(세계)에 나기를 빈다'라고 옮길 수 있다. 원문에서 씨끝이 다른 것은 모두 미래형을 썼기 때문이다.

『장엄경』에는 ❶❷❸❹에 해당하는 조건이 오로지 "이 경전을 듣고 받아 지녀 읽고·베껴 쓰고·이바지하면서(聞此經典受持讀誦書寫供養) ❺ 밤낮으로 이어서 그 나라에 나기를 구한다(晝夜相續求生彼刹)"라고 되어 있어, 이 문구는 이해할 수 없는 대목이 많다. ①『기쁨나라경』은 샤꺄무니 붇다가 아난다에게 말한 것을 붇다가 입멸하신 뒤 결집을 통해 기록한 것인데, 그때 이미 경전이 있어 붇다가 아난다에게 경전을 소개하는 것으로 되어 있다. ② 붇다가 입멸한 뒤 외워서 전해 내려오다 1세기 전후에 글자로 기록하였다는 것은 경전성립사에 상식이 되어 있다. 그런데 붇다시대 이미 경전이 있었고, 그것을 지니고 다니고, 읽고, 베껴 쓰기까지 한다는 것은 앞뒤가 맞지 않는 말이다. 4가지 『무량수경』 다른 번역본과 산스크리트 본에는 전혀 나오지 않은 내용으로 나중에 다른 경전에서 베껴 온 같다. 따라서 이어지는 가운데 무리나 아래 무리에서는 언급할 필요도 없다.

(6) ❷ 위없는 깨달음을 얻겠다는 마음을 내고, ❹ 많은 공덕을 쌓고, ❺ 그 나라에 가서 나기를 바라야 한다.

한문

佛語³¹²⁾阿難. 其中輩者 十方世界 諸天人民 其有至心願生彼國 雖不能行作沙門大修功德 當發無上 菩提之心 一向專念 無量壽佛多少修善 奉持齋戒 起立塔像 飯食沙門 懸繒然燈 散華燒香 以此迴³¹³⁾向 願生彼國.
其人臨終 無量壽佛 化現其身 光明相好 具如真³¹⁴⁾佛 與諸大衆 現其人前 即³¹⁵⁾隨化佛 往生其國 住不退轉 功德智慧 次如上輩者也.

---

312) 대정신수대장경 주(註): [宋]·[元]·[明]본에는 '어(語)=고(告)'로 되어 있다.
313) 대정신수대장경: 회(迴)=회(廻)
314) 대정신수대장경: 진(真)=진(眞)
315) 대정신수대장경: 즉(即)=즉(卽)

붇다께서 아난다에게 말씀하셨다.

가운데 무리(中輩)란, 시방세계의 여러 하늘신과 사람이 더할 나위 없는 마음으로 그 나라에 나기를 바라고, 비록 스라마나(沙門)가 되어 큰 공덕을 닦지는 못하더라도 반드시 위없는 깨달음을 얻겠다는 마음을 내어, 오로지 아미따바 붇다를 한결같이 마음에 새기며(念佛), 좋은 일도 좀 하고, 계를 받들어 지키고, 탑과 불상을 만들어 세우고, 스라마나에게 이바지하고, 깃대(幡) 끝에 비단 걸고 등불을 밝히며, 꽃을 뿌리고 향을 사르며, 이러한 공덕을 회향하여 그 나라에 나길 바라는 사람들을 말한다.

그 사람이 목숨이 다할 때 아미따바 붇다가 그 몸을 바꾸어 나타나시는데, 그 밝은 빛과 모습을 진짜 붇다처럼 갖추고, 여러 대중과 더불어 이 사람 앞에 나타나시면, 그 꾸민 붇다(化佛)를 따라 그 나라에 가서 나, 물러나지 않는 자리에 머물게 되니, 그 공덕과 슬기는 위 무리(上輩)의 다음간다.[1)]

(1) 가운데 무리(中輩)는 "❷ 반드시 위 없는 깨달음을 얻겠다는 마음을 내어, ❸ 오로지 아미따바 붇다를 한결같이 마음에 새기며(念佛), ❹ 좋은 일도 좀 하고, 계를 받들어 지키고, 탑과 불상을 만들어 세우고, 스라마나에게 이바지하고, 깃대(幡) 끝에 비단 걸고 등불을 밝히며, 꽃을 뿌리고 향을 사르며, 이러한 공덕을 회향하여 ❺ 그 나라에 나길 바라는 사람들을 말한다"라고 해서 ❶의 조건

이 부족하다. 다시 말해 출가를 하지 않는 사람들을 말한다. 그리고 ❹의 공덕도 수행하는 것보다 신행 생활을 열심히 하는 것이다.

佛語³¹⁶⁾阿難.

其下輩者 十方世界 諸天人民 其有至心 欲生彼國 假使不能 作諸功德 當發無上 菩提之心 一向專意 乃至十念 念無量壽佛 願生其國 若聞深法³¹⁷⁾ 歡喜信樂 不生疑惑 乃至一念 念於彼佛 以至誠心 願生其國.

此人臨終 夢見彼佛 亦得往生 功德智慧 次如中輩者也.

아래 무리(下輩)란 시방세계의 여러 하늘신과 사람들이 마음 깊이 그 나라에 나길 바라는 무리로, 여러 가지 공덕을 짓지 못했다고 하더라도 마땅히 위없는 깨닫겠다는 마음을 내고, 뜻을 오로지 하나로 합쳐 아미따바 붇다를 10번(十念)만이라도 마음에 새기면서(念佛) 그 나라에 나길 바라는 무리나, 또는 깊은 가르침을 듣고 기꺼이 믿고 즐거워하며 의혹을 일으키지 않고 단 한 생각(一念)이라도 그 붇다를 마음에 새기면서, 아주 정성 어린 마음으로 그 나라에 나길 바라는 무리이다.

---

316) 대정신수대장경 주(註): [宋]·[元]·[明]본과 [流布本]에는 '어(語)=고(告)'로 되어 있다.
317) 대정신수대장경 주(註): [宋]본에는 '법(法)=생(生)'으로 되어 있다.

이러한 사람은 목숨이 다할 때, 꿈에 그 아미따바 붇다를 뵙고 (기쁨나라에) 가서 나게 되는데, 그 공덕과 지혜는 가운데 무리(中輩) 다음간다.[1]

풀이

(1) 아래 무리(下輩)는 "❷ 반드시 위없는 깨닫겠다는 마음을 내고, ❸ 뜻을 오로지 하나로 합쳐 아미따바 붇다를 10번(十念)만이라도 마음에 새기면서(念佛), ❺ 그 나라에 가서 나길 바라는 무리"라고 해서 ❶ 출가하지 않고, ❹ 공덕을 짓지 못하더라도, ❷❸❺ 조건만 갖추면 아래 무리에 태어날 수 있다는 것이다. 여기서 우리는 하품하생을 목표로 하더라도 반드시 ❷❸❺ 조건은 갖추어야 한다는 것을 알 수 있다.

앞에서 말했듯이 기쁨나라가 대학이라면, 그 대학에 들어가기 위해서는 ❷❸❺가 최소한의 필수과목이다. 나머지 ❶❹는 대학에 들어가서 대학원 과정에서 이수하면 된다. 일반적으로 염불하는 사람들이 믿음과 바램(信願 ❺)을 바탕으로 염불(行 ❸)을 열심히 하는데, 뜻밖에 깨닫겠다는 마음을 내는 데는(發菩提心) 소홀히 한다. 깨닫는 것이 기쁨나라(極樂)에 가는 목적인데, 그냥 천국처럼 괴로움이 없이 즐거움만 있는 나라에 간다고 생각하기 때문이다. 그러나 그런 사람은 하늘나라에 가면 되고, 기쁨나라는 마침내 붇다를 이루기 위해 가는 특수학교라는 것을 알아야 한다. 그러므로 기쁨나라 가는 사람은 반드시 입학원서를 내야 하는데 그것이 '그 나라에 가서 나길 바라는 것이다.'

2. 시방세계 보디쌑바도 가서 바램을 이루는 나라

한문

佛告阿難.

無量壽佛 威神無極 十方世界 無量無邊 不可思議 諸佛如來 莫不
稱歎. 於彼東方 恒[318]沙佛國 無量無數 諸菩薩衆 皆悉往詣 無量
壽佛所 恭敬供養 及諸菩薩 聲聞大[319]衆 聽受經法 宣布道化 南西
北方 四維上下 亦復如是. 爾時世尊 而說頌曰.

옮긴글

붇다께서 다시 아난다에게 말씀하셨다.

"아난다여, 아미따바 붇다의 위신력은 끝이 없어, 헤아릴 수 없
고 가없는 여러 붇다·여래들이 칭찬하고 찬탄하지 않는 분이 없
다. 동녘의 강가강 모래처럼 많은 여러 보디쌑바도 모두 아미따바
붇다가 계신 곳에 가서 뵙고 삼가고 존경하며 이바지한다. 아울러
여러 보디쌑바·제자 같은 큰 무리가 가르침을 듣고 널리 알려 중
생을 바른길로 이끈다. 서·남·북녘과 사방 사이 및 위·아랫녘도
또한 그와 같다."

이때 붇다께서 게송으로 말씀하셨다.

---

318) 대정신수대장경 주(註): [宋]·[元]·[明]본에는 '恒+(河)'로 '하(河)'자가 추가된다.
319) 대정신수대장경 주(註): [宋]·[元]·[明]본에는 '대(大)=지(之)'로 되어 있다.

東方諸佛國 其數如恒沙 彼土諸菩薩[320] 往覲無量覺

南西北四維 上下亦復然 彼土菩薩衆 往覲無量覺

一切諸菩薩 各齎天妙華 寶香無價衣 供養無量覺

咸然奏天樂 暢發和雅音 歌歎最勝尊 供養無量覺

究達神通慧 遊入深法門 具足功德藏 妙智無等倫

慧日照[321]世間 消除生死雲 恭敬遶三匝 稽首無上尊

見彼嚴淨土 微妙難思議 因發無量[322]心 願我國亦然

應時無量尊 動容發欣笑 口出無數光 遍照十方國

迴光圍遶身 三匝從頂入 一切天人衆 踊躍皆歡喜

大士觀世音 整服稽首問 白佛何緣笑 唯然願說意

梵聲猶雷震 八音暢妙響 當授菩薩記 今說仁諦聽

十方來正士 吾悉知彼願 志求嚴淨土 受決當作佛

覺了一切法 猶如夢幻響 滿足諸妙願 必成如是刹

知法如電影 究竟菩薩道 具諸功德本 受決當作佛

通達諸法門[323] 一切空無我 專求淨佛土 必成如是刹

諸佛告菩薩 令覲安養佛 聞法樂受行 疾得淸淨處

至彼嚴淨土[324] 便速得神通 必於無量尊 受記成等覺

---

320) 대정신수대장경 주(註): [宋]·[元]·[明]본과 [流布本]에는 '제보디쌀바(諸菩薩)=보디쌀바중(菩薩衆)'로 되어 있다.

321) 대정신수대장경 주(註): [宋]·[元]·[明]본에는 '조(照)=랑(朗)'으로 되어 있다.

322) 대정신수대장경 주(註): [流布本]에는 '량(量)=상(上)'로 되어 있다.

323) 대정신수대장경 주(註): [宋]·[元]·[明]본과 [流布本]에는 '문(門)=성(性)'으로 되어 있다.

324) 대정신수대장경 주(註): [宋]·[元]·[明]본과 [流布本]에는 '토(土)=국(國)'로 되어 있다.

其佛本願力 聞名欲往生 皆悉到彼國 自致不退轉

"동녘의 여러 붇다나라는 강가강 모래처럼 많은데
그 나라 보디쌑바들 아미따바 붇다 찾아가 뵈옵고,

남·서·북, 사방 사이, 위·아랫녘도 그와 같아서
그 나라 보디쌑바들 아미따바 붇다 찾아가 뵈옵네.

모든 나라 보디쌑바들 각기 하늘나라 기묘한 꽃·보배 향·
값을 매길 수 없는 옷 가져와 아미따바 붇다께 이바지하고,

모두 하늘음악 올릴 때 어울리고 품위 있는 소리 내어
가장 높은 분 찬탄하며 아미따바 붇다께 이바지하네.

신통과 슬기 모두 꿰뚫어 깊은 가르침에 얽매임 없이 들고
공덕의 곳간 모두 갖추어 신묘한 슬기 짝할 분이 없네.

슬기의 햇빛 세간을 비추어 나고·죽음이란 구름 싹 없애니
공경하여 세 번 돌고 위없이 깨달은 분에게 머리 숙이네.

장엄한 맑은나라 보니 그 미묘함 헤아려 생각하기 어려워
헤아릴 수 없는 마음 내어 저의 나라도 그러길 바라나이다.

때맞추어 아미따바 붇다 얼굴 들어 기쁘게 웃으시니
입에서 나온 수없는 빛 시방 나라 두루두루 비추네.

도는 빛 몸을 둘러싸 3번 돌고 정수리로 들어가니
모든 하늘·사람 무리 좋아서 뛰며 모두 기뻐하네.

소리 보는 보디쌑바 옷깃 여미고 머리 숙여 묻기를
붇다께서 무슨 일로 웃으신지 일러주시기 바라나이다.

천둥 같은 맑은 목소리 8가지 소리로 기묘하게 퍼지니
이제 보디쌑바에게 수기(授記)를 주려니 잘 들을지니라.

시방에서 모인 보디쌑바들 그대 바라는바 내 아노니
장엄한 나라 찾기 바라면 수기 받아 꼭 붇다 되리.

모든 것은 꿈같고, 허깨비 같고, 메아리 같음을 깨달아
갖가지 묘한 바램 다 채우면 반드시 맑은나라 이루리.

법이란 번개나 그림자 같음을 알고 보디쌑바의 길을 다해
온갖 공덕을 모두 갖추면 반드시 수기 받아 붇다 되리.

모든 본성은 다 공이고 내가 아님을 꿰뚫어 알고
오로지 맑은 붇다나라를 구하면 꼭 그 나라 이루리.

여러 붇다 보디쌑바께 기쁨나라(安養) 붇다 뵈라 하시니
가르침 듣고 기꺼이 받아 행하면 맑고 깨끗한 나라 빨리 얻으리.

그 장엄한 맑은 나라에 이르면 바로 신통을 재빨리 얻어
반드시 아미따바 붇다 수기 받아 위없는 깨달음 이루리.

그 붇다 본디 세운 바램 따라 그 이름 듣고 가서 나길 바라면
모두 다 그 나라에 이르러 절로 물러서지 않는 자리에 이르리.

보디쌑바가 뜻과 바램을 일으켜 자기 나라도 똑같이 하려고
모든 것 뛰어넘어 널리 염하면 이름이 시방에 높이 드러나리.

수많은 붇다를 받들어 섬기고 두루 모든 세계 날아다니며
공경과 기쁨으로 갔다가 다시 기쁨나라(安養國)로 돌아오리."

한문

若人無善本³²⁵⁾ 不得聞此經 清淨有戒者 乃獲聞正法
曾更見世尊 則能信此事 謙敬聞奉行 踊躍大歡喜
憍慢弊懈怠 難以信此法 宿世見諸佛 樂聽如是教
聲聞或菩薩 莫能究聖心 譬如從生盲 欲行開導人

---

325)   대정신수대장경 주(註): [元]·[明]본에는 '본(本)=심(心)'으로 되어 있다.

如來智慧海 深廣無崖³²⁶⁾底 二乘非所測 唯佛獨明了

假使一切人 具足皆得道 淨慧如³²⁷⁾本空 億劫思佛智

窮力極講說 盡壽猶不知 佛慧無邊際 如是致清淨

壽命甚難得 佛世亦難值 人有信慧難 若聞精進求

聞法能不忘 見敬得大慶 則我善親友 是故當發意

設滿世界火 必過要聞法 會當成佛道 廣濟³²⁸⁾生死流

옮긴글
_____

좋은 뿌리 심지 못한 사람 이 가르침(此經)¹⁾ 들을 수 없고,
맑고 깨끗한 계를 지켜야 붇다의 바른 가르침 얻어들으리.

일찍이 붇다를 뵈었다면 의심 없이 이 일을 믿을 것이니
공경하고 겸손하게 듣고 행하여 기쁜 마음으로 뛰놀며 기뻐
하리.

교만하고 삿되고 게으른 사람 이 가르침 믿기 어렵고
지난 세상 붇다를 뵌 이라야 이러한 가르침 즐겨 들으리.

제자나 보디쌑바도 성인의 마음 끝까지 알아낼 수 없으니
날 때부터 눈먼 사람이 다른 사람 길 이끌려 함과 같도다.

_____

326)   대정신수대장경 주(註): [元]·[明]본과 [流布本]에는 '애(崖)=애(涯)'로 되어 있다.

327)   대정신수대장경 주(註): [宋]·[元]·[明]본과 [流布本]에는 '여(如)=지(知)'로 되어 있다.

328)   대정신수대장경 주(註): [宋]·[元]·[明]본과 [流布本]에는 '제(濟)=도(度)'로 되어 있다.

붇다의 슬기 바다 깊고 넓어서 끝도 없고 바닥도 없으며
성문·보디쌑바 헤아릴 수 없고 붇다만 홀로 밝으시네.

가령 모든 사람이 다 갖추어져 모두 다 도를 이루고
맑은 지혜로 본디 공함을 알고 억 깔빠 동안 붇다 지혜 생각하고

있는 힘 다해 설명해도 목숨 다할 때까지 알지 못하니
붇다 슬기는 가없어 이렇듯 지극히 맑고 깨끗하니라.

목숨 오래 살기 어렵고 붇다 세상 만나기도 어려우며
믿음·슬기 갖기도 어려우니 바른 법 들으면 힘써 닦으라.

가르침 듣고 잊지 않고 뵈옵고 공경하는 큰 경사 얻으면
바로 나의 좋은 친구이니 그러므로 반드시 마음을 내야 한다.

온 세계에 불길이 가득하여도 반드시 뚫고 나가 가르침 듣고
꼭 붇다 되는 길 만나 생사에 헤매는 중생을 널리 구해야 한다.

풀이

(1) 이 가르침(此經): 이 문장에서 한문으로 '이 경(此經)'이라고
했는데, '이 경전'이란 뜻이므로 경전이 있다는 것이다. 산스크리
트본과 대조해 보니 이 부분이 빠져 있어, 나중에 덧붙였을 가능
성이 크다. 그래서 경법(經法)처럼 '가르침'으로 옮겼다.

V.

기쁨나라에 가면 얻는
기쁨과 슬기

1. 32가지 모습 갖추고 나고 죽음을 벗어난다

한문

佛告阿難. 彼國菩薩 皆當究竟 一生補處 除其本願 爲衆生故 以弘
誓功德 而自莊嚴 普欲度脫 一切衆生. 阿難 彼佛國中 諸聲聞衆
身光一尋 菩薩光明 照百由旬 有二菩薩 最尊第一 威神光明 普照
三千大千世界.

阿難白佛. 彼二菩薩 其號云何.

佛言. 一名觀世音 二名大勢至 是[329]二菩薩 於此[330]國土 修菩薩
行 命終轉化 生彼佛國. 阿難 其有衆生 生彼國者 皆悉具足 三十二
相 智慧成滿 深入諸法 究暢要妙 神通無礙 諸根明利. 其鈍根者
成就二忍 其利根者 得阿僧祇[331] 無生法忍. 又彼菩薩 乃至成佛 不
更[332]惡趣 神通自在 常識宿命 除生他方 五濁惡世 示現同彼 如我
國也.

옮긴글

붇다께서 아난다에게 말씀하셨다.

"그 나라 보디쌑바들은 모두 한살이만 마치면 붇다가 되는 자리

---

329) 대정신수대장경 주(註): [宋]·[元]·[明]본에는 '시(是)=차(此)'로 되어 있다.

330) 대정신수대장경 주(註): [宋]·[元]·[明]본에는 '차(此)=시(是)'로 되어 있다.

331) 대정신수대장경 주(註): [宋]·[元]·[明]본과 [流布本]에는 '아승지(阿僧祇)=불가계(不可計)'로 되
어 있다.

332) 대정신수대장경 주(註): [宋]·[元]·[明]본에는 '경(更)=수(受)'로 되어 있다.

(一生補處)에 이르게 된다. 다만 본디 세운 바램에 따라 중생을 위한 큰 다짐이란 공덕으로 자기 나라를 꾸며 모든 중생을 이끌어 해탈시키고자 하는 보디쌑바들은 그 안에 들어가지 않는다.

아난다여, 극락세계의 모든 제자는 그 몸에서 내는 빛이 한 길(2.4~3m)이며, 보디쌑바들의 빛은 100요자나를 비추는데, 그 가운데 두 보디쌑바의 빛은 가장 높고 으뜸이어서, 헤아릴 수 없는 빛이 두루 3,000개의 큰 천세계(千世界)를 비춘다."

아난다가 붇다께 여쭈어 물었다.
"그 두 보디쌑바의 이름은 무엇입니까?"

붇다께서 말씀하셨다,
"한 분은 '소리 보는(觀世音)[1] 보디쌑바라 하고, 또 한 분은 '큰 힘을 이룬(大勢至)[2] 보디쌑바라고 한다. 이 두 보디쌑바는 일찍이 이 싸하세계(娑婆世界)[3]에서 보디쌑바행을 닦다가 목숨이 다하자 갑자기 몸이 바뀌어 저 기쁨나라에 나게 되었다.

아난다여, 누구든지 그 나라에 나는 중생은 모두 32가지 생김새(相)를 갖추고, 슬기가 가득 차 여러 가르침에 깊이 들어가 이치를 깊이 깨달아 묘법을 밝히고 신통이 걸림이 없으며, 모든 감각기관이 밝고 부드럽다. 그 가운데 근기가 무딘(鈍根) 이는 2가지 경계(忍)[4]를 얻게 되고, 근기 뛰어난(利根) 이는 나고 죽음을 여읜 경계(無生法忍)를 얻는다. 또 그 보디쌑바들은 붇다가 될 때까지 3가지 나쁜 길에 떨어지지 않고, 신통에 걸림이 없어 늘 지난 세상의 일을 알고 있다. 다만 우리나라처럼 5가지 더러움으로 물든 다른 나라에 나서 몸을 드러내 중생을 제도하려는 이는 그 안에 들어가지 않는다."

풀이

(1) 소리 보는(Avalokitasvara, 觀世音): 아발로끼따쓰바라 (Avalokitasvara)는 아발로끼따(Avalokita)와 쓰바라(svara)의 겹씨다. 아발로끼따(Avalokita)는 ~을 보다(looking at), 보는(beholding)이란 뜻이고, 쓰바라(svara)는 소리(sound)나 목소리(voice)를 뜻하므로 '소리 보는(觀音)'이라고 옮겼다. 여러 불교사전에 본디 관세음(觀世音)인데 당 태종 이름이 이세민(李世民)이라, 그 이름을 피하려고 세(世) 자를 빼고 관음(觀音)이라고 했으므로 관세음(觀世音)으로 부르는 것을 추천하고 있지만, 산스크리트 원본에 따르면 '소리를 본다(觀音)'가 완전하므로 관음보살이라고 부르는 것은 아무 문제가 없다. 관세음보살은 '소리 보는 보디쌑바'로 옮긴다.

나중에 현장(玄奘)은 거침없이 보는(Avalokiteśvara, 觀自在)이라고 옮겼다. 아발로끼따(Avalokita)+이스바라(iśvara)=아발로끼떼스바라 (Avalokiteśvara, 겹씨 만들 때 a+i=e)이다. 이스바라(iśvara)는 가능하다(able to do), 유능한·능력 있는(capable of)이란 뜻인데, 현장은 '거침없다'라는 뜻인 자재(自在)로 옮겼다. 현장의 옮김이 뛰어나 보여, 우리말로 '거침없이 보는 보디쌑바(觀自在菩薩)'로 옮긴다. 『반야심경』에서 관자재보살이라고 해서 우리에게 친근감을 준 이름이다.

(2) 큰 힘 이룬(大勢至, Mahā-sthāma-prāpta): 산스크리트에서 마하(Mahā)는 큰(large), 뛰어난(great)이란 뜻이고, 스타마(sthāma)는 세기(strength), 힘(power)이란 뜻이며, 쁘랍따(prāpta)는 어떤 목적을 이룩하거나 다다른 사람(one who has attained to or reached etc.)이므로 '큰 힘 이룬'이라고 옮길 수 있다. 한문 경전에서는 '큰 세력을 이룩한(大勢至)', '큰 세력을 얻은(得大勢)', '큰 정진(大精進)'이라고 옮기고 줄여서 세지(勢至), 세지(勢志)라고 한다. 이 보디쌑바(菩薩)는 지혜 빛을 비춰 중생이 3가지 나쁜 길에 떨어지지 않고 위없는 힘을 얻게 하고, 이 보디쌑바가 움직이면 모든 땅이 울리고 움직여 '큰 힘 이룬'이란 이름이 붙었다. 관음보살과 함께 극락세계에서 아미따바 붇다를 옆에서 모시고 있어 '서녘의 세 성인(西方三聖)'이라고 부른다.

(3) 싸하세계(Sahā-lokadhātu, 娑婆國土): 한자는 소리 나는 대로 사바(娑婆)·사하(沙訶)·사하(沙呵)·색하(索訶)라고 했고, 뜻으로는 참고 견딤(堪忍)·참는 나라(忍土)로 옮겼다. 사꺄무니 붇다가 태어난 이 세상을 말한다. 이 땅의 중생은 여러 가지 번뇌를 참고 나가야 하고, 또 성인도 이곳에서 어려움을 참고 교화해야 하므로 이 세상을 '참고 견디는 나라'라고 하였다. 우리가 흔히 '싸하세계'라고 하는데, 한자에서 사바(娑婆)와 사하(沙訶·娑呵)가 다 나오는데, 옮길 당시는 사바(娑婆)를 '사하'라고 읽었을 것이다. 홍법원 사전에는 싸하(Sahā)와 싸바(Sabhā) 두 개의 산스크리트 낱말이 다 나오는데, 불광사전에서는 싸바(Sabhā)는 나오지 않는다. 산스크

리트-영어 사전에는 싸하세계를 나타내는 낱말로 싸하(Sahā)만 들고 있고, 싸바(Sabhā)는 모임(assembly), 회합(congregation), 만남(meeting), 회의(council) 같은 뜻만 있고 '참고 견디다'는 뜻이 없다.

홍법원 사전에는 또 싸바-빠띠(Sabhā-pati)가 '싸하세계 주, 곧 범천을 말함'이라고 했는데, 산스크리트-영어사전에는 모임의 우두머리(the president of assembly)라는 뜻만 나와 있고 그런 뜻이 없다. 결과적으로 사바세계는 싸하세계라고 하는 것이 옳다고 보아, 여기서는 '싸하세계'로 옮겼다.

(4) 2가지 경계(忍): 2가지 경계(忍)는 듣고 깨닫는 소리경계(音響忍)와 스스로 진리에 순응하여 깨닫는 경계(柔順忍)를 말한다.

2. 한 끼니 사이에 시방 붇다께 이바지한다

한문

佛語³³³⁾阿難.

彼國菩薩 承佛威神 一食之頃 往詣十方 無量世界 恭敬供養 諸佛
世尊 隨心所念 華香伎樂 繒³³⁴⁾蓋幢幡 無數無量 供養之具 自然化生
應念即至 珍妙殊特 非世所有.

轉³³⁵⁾以奉散 諸佛菩薩³³⁶⁾ 聲聞大³³⁷⁾衆 在虛空中 化成華蓋 光色
晃耀³³⁸⁾ 香氣普熏 其華周圓 四百里者 如是轉倍 乃覆三千大千世界
隨其前後 以次化沒. 其諸菩薩 僉然欣悅 於虛空中 共奏天樂 以微妙
音 歌歎佛德 聽受經法 歡喜無量. 供養佛已 未食之前 忽然輕擧 還
其本國.

옮긴글

붇다께서 아난다에게 말씀하셨다,

"그 나라 보디쌀바들은 붇다의 위신력을 이어받아 한 끼니 사이

---

333) 대정신수대장경 주(註): [流布本]에는 '어(語)=고(告)'로 되어 있다.
334) 대정신수대장경 주(註): [宋]·[元]·[明]본에는 '증(繒)=의(衣)'로 되어 있다.
335) 대정신수대장경 주(註): [宋]·[元]·[明]본과 [流布本]에는 '전(轉)=첩(輒 문득 첩)'으로 되어 있다.
336) 대정신수대장경 주(註): [宋]·[元]·[明]본에는 '제불보디쌀바(諸佛菩薩)=급제보디쌀바(及諸菩薩)'로 되어 있다.
337) 대정신수대장경 주(註): [宋]·[元]·[明]본에는 '대(大)=지(之)'로 되어 있다.
338) 대정신수대장경 주(註): [宋]·[元]·[明]본과 [流布本]에는 '황요(晃耀)=욱삭(昱爍)'으로 되어 있다.

에 시방의 헤아릴 수 없는 많은 나라에 가서 여러 붇다를 공경하고 이바지한다. 그때 마음먹으면 바로 꽃·향·음악·양산·깃발 같은 헤아릴 수 없이 많은 이바지거리가 저절로 생겨나는데, 진귀하고 뛰어나 이 세상에서는 볼 수 없는 것들이다.

그 이바지를 받들어 여러 붇다·보디쌀바·제자·대중에게 뿌리면 허공에서 변하여 꽃양산이 되는데 빛깔이 밝게 빛나고 향내가 널리 퍼진다. 그 꽃은 둘레가 400리나 되는 것에서 2배씩 늘어나 3,000개의 큰 천세계(千世界)를 뒤덮을 수 있는 것까지, 순서대로 나타났다가 차례대로 변하여 사라진다.

모든 보디쌀바는 다 함께 기뻐하며 허공에서 함께 하늘음악을 연주하고, 미묘한 소리로 노래 불러 붇다의 덕을 기리고 가르침을 들으며 기뻐해 마지않는다. 붇다께 이바지하고 나면, 끼니가 끝나기 전에 가볍게 날아 재빨리 자기 나라로 돌아온다."

3. 아미따바 붇다의 가르침을 직접 듣는다

한문

佛語阿難. 無量壽佛 爲諸聲聞 菩薩大衆[339] 頌[340]宣法時 都悉集
會 七寶講堂 廣宣道教 演暢妙法 莫不歡喜 心解得道. 即時四方
自然風起 普吹[341]寶樹 出五音聲 雨[342]無量妙華 隨風周遍[343]. 自
然供養 如是不絕 一切諸天 皆齎天上 百千華香 万種伎樂 供養其
佛 及諸菩薩 聲聞大[344]衆 普散華香 奏諸音樂 前後來往 更相開避
當斯之時 熙然[345]快樂 不可勝言.

옮긴글

붇다께서 아난다에게 말씀하셨다.

"아미따바 붇다가 여러 제자·보디쌑바를 위하여 가르침을 펴실
때는 모두 다 7가지 보석으로 된 강당에 모이게 하여 도(道)와 가
르침을 널리 펴시고 훌륭한 법을 밝히시니, 기뻐하지 않은 이가
없고 마음으로 깨달아 도를 얻는다.

---

339)   대정신수대장경 주(註): [宋]·[元]·[明]본에는 '대중(大衆)=천인(天人)'으로 되어 있다.
340)   대정신수대장경 주(註): [流布本]에는 '반(頌)=반(班)'으로 되어 있다.
341)   대정신수대장경 주(註): [宋]·[元]·[明]본에는 '보취(普吹)=취칠(吹七)'로 되어 있다.
342)   대정신수대장경 주(註): [宋]·[元]·[明]본에는 '우(雨)'를 뺐다.
343)   대정신수대장경 주(註): [宋]·[元]·[明]본에는 '주편(周遍)=사산(四散)'으로 되어 있다.
344)   대정신수대장경 주(註): [宋]·[元]·[明]본에는 '대(大)=지(之)'로 되어 있다.
345)   대정신수대장경 주(註): [宋]·[元]·[明]본과 [流布本]에는 '연(然)=흡(恰)'으로 되어 있다.

이때 사방에서 저절로 바람이 일어나 보배 나무에 두루 불면, 5가지 소리가 나고 예쁜 꽃비가 수없이 내려 바람 따라 두루두루 미친다. 저절로 생긴 이바지가 이처럼 끊이지 않고, 여러 하늘신도 모든 하늘나라에서 백·천 가지 꽃과 향, 만 가지 음악으로 붇다와 보디쌑바·제자 무리에게 이바지하는데, 꽃과 향을 널리 뿌리고 갖가지 곡을 연주하며 앞뒤로 오가니, 그때 빛나는 즐거움은 말로 다 할 수 없다."

4. 깊은 싸마디와 높은 슬기로 모든 빠라미따를 이룬다

1) 붇다의 가르침을 닦아 5가지 눈을 얻는다

[한문]

佛告[346]阿難 生彼佛國 諸菩薩等 所可講說 常宣正法 隨順智慧 無違無失. 於其國土 所有万物 無我所心 無染著心 去來進止 情無所係 隨意自在. 無所適莫 無彼無我 無競無訟 於諸衆生 得大慈悲 饒益之心 柔軟[347]調伏 無忿恨心. 離蓋淸淨 無厭怠心 等心勝心 深心定心 愛法樂法 喜法[348]之心 滅諸煩惱 離惡趣心 究竟一切 菩薩所行.

具足成就 無量功德 得深禪定 諸通明慧 遊志七覺 修心佛法. 肉眼淸徹 靡不分了, 天眼通達 無量無限, 法眼觀察 究竟諸道, 慧眼見眞 能度彼岸, 佛眼具足 覺了法性. 以無礙[349]智 爲人演說 等觀三界 空無所有 志求佛法 具諸辯才 除滅衆生 煩惱之患.

---

346) 대정신수대장경 주(註): [宋]·[元]·[明]본과 [流布本]에는 '고(告)=어(語)'로 되어 있다.
347) 대정신수대장경 주(註): [宋]·[元]·[明]본에는 '연(軟)=윤(潤)'으로 되어 있다.
348) 희법(喜法)=법희(法喜)
349) 대정신수대장경 주(註): [宋]·[元]·[明]본에는 '대(大)=지(之)'로 되어 있다.

아난다여, 그 나라에 난 보디쌀바들이 익히는 길은 늘 바른 법을 말하고 슬기에 따르기 때문에 틀리거나 모자람이 없다. 그 나라에 있는 모든 물건에 대하여 내 것이라는 마음이 없고 그리로 쏠리는 마음도 없어, 가고 오고 나아가고 머무는 데 걸림이 없으니 마음대로 해도 거침이 없다. 만나서 꾀하는 바가 없고 내가 없고 남도 없어 겨루거나 다툼이 없다. 모든 중생을 크게 사랑하고 가엾게 여겨 넉넉히 이익을 주는 마음을 얻고, 부드러움이 (탐내고 성냄을) 굴복시키니 분하거나 한 맺힌 마음이 없다.

5가지 가로막음[1]을 떠나 맑고 깨끗하며, 싫어하거나 업신여김이 없는 마음, 가지런하고 뛰어난 마음, 깊고 고요한 마음, 가르침을 사랑하고 즐거워하고 기뻐하는 마음, 모든 번뇌를 없애 나쁜 길로 빠지는 길을 멀리 떠나 보디쌀바가 해야 하는 바를 끝까지 다 한다. 헤아릴 수 없는 공덕을 모두 갖추게 되고, 깊은 싸마디를 얻고, 갖가지 밝은 슬기를 꿰뚫어 뜻은 7가지 깨치는 법[2]에서 노닐며 마음과 붇다의 가르침을 닦는다.

몸의 눈(肉眼)은 맑고 밝아서 뚜렷하게 볼 수 없는 것이 없고,
하늘 눈(天眼)을 헤아릴 수 없고 가없이 볼 수 있고,
법의 눈(法眼)은 마지막까지 여러 길을 볼 수 있고,
슬기 눈(慧眼)은 진리를 보아 저 언덕으로 건너갈 수 있고,
붇다 눈(佛眼)은 모든 것 갖추어 모든 사물의 본성을 깨달았다.

걸림 없는 슬기로 사람들을 위해 중생을 위하여 불법을 연설하

며, 3가지 세계가 공하여 가질 것이 없다는 것을 빈틈없이 관하여[3], 뜻을 붇다의 가르침을 찾는 데만 두니, 모든 말재주를 갖추고 중생의 번뇌라는 병을 아주 없애 버린다.

풀이

(1) 5가지 가로막음(pañca āvaraṇānim, 五蓋)을 말하는데, 아바라나(āvaraṇa)는 덮개(covering), 장애물(obstruction), 가로막음(interruption), 벽(wall) 같은 뜻이 있다. 한문 경전에서는 덮개·뚜껑을 뜻하는 부개(覆蓋)로 옮겼고 줄여서 개(蓋)라고 썼다. 사람의 타고난 참된 마음(心性)을 덮거나 막아버린다는 뜻이다. 여기서는 설명 없이도 알 수 있는 '가로막음'으로 옮긴다. 가로막음은 다음 5가지가 있다. ① 탐내는 가로막음(rāga-āvaraṇa, 貪欲蓋), ② 성내는 가로막음(pratigha-āvaraṇa, 瞋恚蓋), ③ 게으른 가로막음(styāna-middha-āvaraṇa, 惛眠蓋): 쓰땨나(styāna)는 게으름(idleness)을 뜻하고, 믿다(middha)도 게으름(sloth, indolence)을 뜻한다. ④ 건방지고 나쁜 짓하는 가로막음(auddhatya-kaukṛtya-āvaraṇa, 掉擧惡作蓋): 아운다땨(auddhatya)는 건방짐(arrogance) 스스로 뽐냄(self-exaltation) 같은 뜻이고, 까우끄리땨(kaukṛtya)는 나쁜 짓(evil doing)·후회(repentance)같은 뜻이다. ⑤ 의심하는 가로막은(vicikitsā-āvaraṇa, 疑蓋): 비찌낃싸(vicikitsā)는 의심(doubt)이란 뜻이다.

(2) 7가지 깨치는 법(sapta bodhyaṅgāni, 七覺支): 보댱가(bodhyaṅga)는 깨달음 얻는 데 꼭 필요한 조건(a requisite for

attaining perfect knowledge)이라는 뜻으로 ① 고르는 법(擇法覺支), ② 애쓰는 법(精進覺支), ③ 기뻐하는 법(喜覺支), ④ 끊는 법(除覺支), ⑤ 떠나는 법(舍覺支), ⑥ 모으는 법(定覺支), ⑦ 새기는 법(念覺支)이 있는데, 수행 도중 상황에 따라 골라서 실천하는 법이다.

(3) 원문에 등관(等觀)이라고 되어 있는데 쌈아누빠샤띠(sam-anupaśyati, 等觀·等隨觀)를 옮긴 것으로, 쌈(sam)은 빈틈없이 (thoroughness)라는 뜻이고, 아누빠샤띠(anupaśyati)는 보는 것 (observes)이란 뜻이므로 빈틈없이 보는 것을 말한다.

2) 깊은 싸마디와 높은 슬기를 모두 갖춘다

한문

從如來生 解法如如 善知習[350]滅 音聲方便 不欣世語 樂在正論.
修諸善本 志崇佛道 知一切法 皆悉寂滅 生身煩惱 二餘俱盡 聞甚深法 心不疑懼 常能修行.

其大悲者 深遠微妙 靡不覆載 究竟一乘 至于彼岸 決斷疑網 慧由心出 於佛教法 該羅無外. 智慧如大海 三昧如山王 慧光明淨 超踰日月 清白之法 具足圓滿.

---

350) 대정신수대장경 주(註): [元]·[明]본에는 '습(習)=집(集)'으로 되어 있다.

옮긴글

여래께서 내놓은 가르침을 그대로 깨치고, 되풀이함(習)을 없애는 소리 방편을 잘 알아 세속 말에 기뻐하지 않고, 바른 논리를 즐긴다. 온갖 좋은 뿌리(善根)를 닦고 뜻은 붇다의 가르침을 받들며, 모든 것이 다 끝나는 것(寂滅)[1]임을 알아 다시 태어나는 것과 번뇌를 함께 없애고, 깊고 깊은 가르침을 들어 마음에 의심과 두려움이 없이 늘 닦을 수 있다.

(중생을) 크게 가엾어함이 깊고 뛰어나 감싸 받아들이지 않음이 없다. 마침내 일승법(一乘法)[2]으로 저 언덕에 이르러 의혹의 그물을 끊어버리면, 슬기가 마음에서 생겨나 붇다의 가르침을 제대로 갖추게 된다.

슬기는 큰 바다 같고 싸마디는 쑤메루산 같으며, 슬기 빛은 밝고 맑아 해와 달을 뛰어넘으니, 맑고 깨끗한 가르침을 원만히 갖추었느니라.

풀이

(1) 끝나는 것(vyupaśama, ℗ vūpasama, 寂滅): 뷰빠사마(vyupaśama)는 그침(cessation)·끝(end)·없앰(relief)이란 뜻이다. 한문으로 적멸이라고 옮겼는데, 적멸은 나고 죽음을 벗어나 변하지 않은 본디 모습으로 들어간 경지를 말한다. 수행을 통해 번뇌를 아주 없애 니르바나에 들어간 경지인데, 그것이 모든 것이라는 부분과 일치가 되지 않아 고심하다가 산스크리트 뷰빠사마(vyupaśama)에 끝난다는 뜻이 있어 그 뜻으로 옮겼다.

(2) 일승법(一乘法): 법화경에서는 중생의 근기가 다르므로 먼저 붇다의 제자(聲聞)·홀로 깨달은 분(緣覺)·보디쌑바(菩薩)라는 3가지 탈 것(三乘)을 설하고, 법화를 설할 때는 그 3가지 탈 것은 작은 탈 것(修行)이고 크넓은 하나의 탈 것(一乘)으로 돌아간다고 설하였다.

한문

　猶如雪山 照諸功德 等一淨故, 猶如大地 淨穢好惡 無異心故, 猶如淨水 洗除塵勞 諸垢染故, 猶如火王 燒滅一切 煩惱薪故, 猶如大風 行諸世界 無障閡[351]故, 猶如虛空 於一切有 無所著故, 猶如蓮華 於諸世間 無染污故, 猶如大乘 運載群萌 出生死故, 猶如重雲 震大法雷 覺未覺故, 猶如大雨 雨甘露法 潤衆生故, 如金剛山 衆魔外道 不能動故, 如梵天王 於諸善法 最上首故, 如尼拘類樹 普覆一切故. 如優曇鉢[352]華 希有難遇故, 如金翅鳥 威伏外道故, 如衆遊禽 無所藏積故, 猶如牛王 無能勝故, 猶如象王 善調伏故, 如師子王 無所畏故, 曠若虛空 大慈等故.

옮긴글

　마치 눈 덮인 산처럼 모든 공덕을 고르게 비추기 때문에,

　마치 넓고 큰 땅처럼 맑고 더러움과 좋고 나쁨이 다름이 없는 마음이기 때문에,

---

351)　대정신수대장경 주(註): [宋]·[元]·[明]본과 [流布本]에는 '애(閡)=애(礙)'로 되어 있다.
352)　대정신수대장경 주(註): [流布本]에는 '발(鉢)=발(盋)'로 되어 있다.

마치 맑은 물처럼 세속적 근심과 온갖 더러움을 씻어 없애주기 때문에,

마치 불의 왕처럼 모든 번뇌란 땔나무를 태워 없애주기 때문에,

마치 큰 바람처럼 여러 세계를 걸림 없이 가기 때문에,

마치 허공처럼 모든 것에 마음이 전혀 쏠리지 않기 때문에,

마치 연꽃처럼 세간에 있으면서도 더러움에 물들지 않기 때문에

마치 큰 탈것(大乘)처럼 백성 무리를 싣고서 나고 죽음에서 나올 수 있기 때문에,

마치 무거운 구름처럼 큰 가르침의 천둥을 쳐서 깨닫지 못한 이를 깨닫게 하기 때문에,

마치 큰 비처럼 단 이슬 같은 가르침의 비를 내려 중생을 적시기 때문에,

마치 다이아몬드 산처럼 마라(魔羅)의 무리와 다른 가르침을 꼼짝없이 만들기 때문에,

마치 하늘 임금처럼 온갖 좋은 가르침 가운데 가장 우두머리이기 때문에,

마치 니그로다 나무[1]처럼 모든 것을 넓게 덮기 때문에,

마치 우둠바라꽃처럼 드물어 만나기 어렵기 때문에,

금빛 날개 새(金翅鳥)[2]처럼 위엄으로 다른 교도들은 굴복시키기 때문에,

무리 지어 노니는 날짐승처럼 곳간에 쌓아두는 일이 없기 때문에,

소 왕처럼 이길 수 없기 때문에,

코끼리 왕처럼 잘 굴복시키기 때문에,

사자 왕처럼 두려워하는 것이 없기 때문에,

텅 빈 허공처럼 도타운 사랑과 같기 때문이다.

풀이

(1) 냐그로다 나무(nyagrodha, ℙ nigrodha, 尼拘律樹): 반얀나무나 인두(印度) 무화과(the Banyan or Indian fig-tree), 학명 Ficus Indica는 kṣīra- vṛkṣas-에 속하며 가지에서 섬유가 땅으로 내려와 뿌리를 내리고 새로운 줄기를 만든다(fibres descend from its branches to the earth and there take root and form new stems). 한문 경전에는 뜻으로 마디 없는(無節)·넓게 늘어진(縱廣)·뿌리 많은(多根)이라고 옮겼고, 소리 나는 대로 니구율나무(尼拘律樹)·니구타나무(尼拘陀樹)·니구루타나무(尼拘屢陀樹)·니구니타나무(尼拘尼陀樹)·니루류나무(尼拘類樹)·니구로타나무(尼俱盧陀樹)·낙구타나무(諸瞿陀樹)라고 옮겼다. 뽕나무과에 속하며 반얀나무 꼴을 하고 있으며 인두·스리랑카 같은 곳에서는 높이가 10m, 심지어 15m에 이르며, 잎은 끝이 뾰족한 긴네모꼴이고, 가지에 붙어사는 뿌리가 자라 땅에 닿아 가지와 잎이 무성하게 퍼진다. 향기가 나지만, 씨앗이 매우 작기 때문에 불교 경전에서는 작은 일로 큰 결과를 얻는 사람을 비교하는 데 자주 쓰였다.

(2) 금빛 날개 새(suparṇa, 或 suparṇin, 金翅鳥): 한문 경전에서는 소발랄니(蘇鉢剌尼)라 옮기고, 뜻으로는 황금날개새(金翅鳥), 예쁜 깃털 새(羽毛美麗)라고 옮겼고, 먹은 것을 토하듯 슬프고 괴로운

소리(食吐悲苦聲)라고도 옮겼다. 인두 신화에 나오는 새로, 가루다 (garuḍa, 蘗嚕拏)와 같다고 본다. 불교에서는 8가지 대중 가운데 하나로, 날개가 금빛인데 두 날개의 너비가 336만 리이고 쑤메루산 아래층에 산다고 한다.

3) 마침내 보디쌑바의 6가지 빠라미따를 모두 이룬다

한문

摧滅嫉心 不望[353]勝故 專樂求法 心無厭足 常欲廣說 志無疲倦. 擊法鼓 建法幢 曜慧日 除癡闇 修六和敬 常行法施 志勇精進 心不 退弱. 爲世燈明 最勝福田 常爲師導[354] 等無憎愛 唯樂正道 無餘欣 感[355] 拔諸欲刺 以安群生 功德[356]殊勝 莫不尊敬. 滅三垢障 遊諸神 通 因力緣力 意力願力 方便之力 常力善力 定力慧力 多聞之力 施‧ 戒‧忍辱‧精進‧禪定‧智慧之力 正念止[357]觀 諸通明力 如法調伏 諸 衆生力 如是等力 一切具足. 身色相好 功德辯才 具足莊嚴 無與等者 恭敬供養 無量諸佛 常爲諸佛 所共稱歎. 究竟菩薩 諸波羅蜜 修空無 相 無願三昧 不生不滅 諸三昧門 遠離聲聞 緣覺之地.

---

353) 대정신수대장경 주(註): [宋]본에는 '망(望)=요(要)', [元]‧[明]본과 [流布本]에는 '망(望)=기(忌)' 로 되어 있다.

354) 대정신수대장경 주(註): [流布本]에는 '사도(師導)=도사(導師)'로 되어 있다.

355) 대정신수대장경 주(註): [宋]‧[元]‧[明]본과 [流布本]에는 '척(感)=척(戚)'으로 되어 있다.

356) 대정신수대장경 주(註): [宋]‧[元]‧[明]본과 [流布本]에는 '덕(德)=혜(慧)'로 되어 있다.

357) 대정신수대장경 주(註): [流布本]에는 '지(止)=정(正)'로 되어 있다.

阿難 彼諸菩薩 成就如是 無量功德. 我但為汝 略言[358]之耳 若廣
說者 百千万劫 不能窮盡.

옮긴글

시기하는 마음을 꺾어 없애버려 이기려 하지 않기 때문에 가르
침을 구하는 것만 낙으로 삼고, 싫다거나 넉넉하다는 마음이 없
어 늘 널리 전하길 바라고 뜻은 지치거나 싫증 남이 없다. 가르침
의 북을 치고, 가르침의 깃발을 세우고, 슬기의 햇빛을 비추어 의
심과 어둠을 없애고, 6가지 화합과 공경(六和敬)[1]을 닦아 늘 가르침
을 베풀고, 뜻은 세차게 앞서가고 마음은 물러서거나 약해지지 않
는다.

세상을 위해 등불 밝혀 가장 뛰어난 복밭이 되고, 늘 이끌어 주
는 스승이 되어 미워하거나 사랑하는 차별이 없고, 오직 바른길만
즐기고 다른 기쁨과 시름이 없으며, 욕망의 가시를 뽑아내 중생
무리를 편안하게 하니 공덕이 뛰어나 공경하지 않을 수 없다.

(탐하고 성내고 어리석은) 3가지 가로막는 것 없애고, 온갖 신통
에서 노닐며, 인연의 힘, 뜻하고 바라는 힘, 방편의 힘, 늘 좋은
힘·선정과 지혜의 힘·가르침을 많이 듣는 힘, 보시·삼감(戒)·너그
러움(忍辱)·애씀(精進)·사마타(禪定)·슬기(智慧) 같은 (6빠라미따의)
힘, 바른 새김(正念)·그침과 찬찬히 봄(止觀)[2]·갖가지 신통의 힘, 가

---

358)   대정신수대장경 주(註): [流布本]에는 '언(言)=설(說)'로 되어 있다.

르침에 따라 여러 중생을 다스리는 힘 같은, 모든 것을 다 갖춘다.

몸빛·생김새·공덕·말솜씨를 모두 갖추고 장엄하여 견줄 이 없으며, 헤아릴 수 없는 모든 붇다를 공경하고 이바지하며, 늘 여러 붇다를 위해 함께 불러 기린다. 마침내 보디쌑바들은 빠라미따(波羅蜜)로 공(空)·상 없는(無相)·바램을 떠난 싸마디(無願三昧)³⁾와 나지도 없어지지도 않는 갖가지 싸마디를 닦아서 제자와 홀로 깨닫는 분 같은 자리를 멀리 떠났다.

아난다여, 저 보디쌑바들은 이처럼 헤아릴 수 없는 공덕을 이루었다. 나는 너만을 위해 줄여서 이야기하였지만, 만약 다 이야기한다면 백·천·만 깔빠를 해도, 다할 수 없다."

풀이

(1) 6가지 화합과 공경(六和敬): 6가지 위로법(六慰勞法), 6가지 기쁨법(六可憘法), 6가지 화합(六和)이라고도 한다. 보디 바가 수행하면서 반드시 서로 우애하고 공경해야 할 6가지 일을 말한다. 대승불교에서는 ① 몸으로 하는 화합과 공경(身和敬)-예배 등에 참석해 몸으로 지은 업을 푸는 화합과 공경. ② 입으로 하는 화합과 공경(口和敬)-염불 염송 등에 참석해 입으로 지은 업을 푸는 화합과 공경. ③ 마음으로 푸는 화합과 공경(意和敬)-믿는 마음을 가져 마음으로 지은 없을 푸는 화합과 공경. ④ 계를 지키는 화합과 공경(戒和敬). ⑤ 슬기로운 견해를 갖는 화합과 공경(見和敬), ⑥ 이득을 보는 화합과 공경(利和敬).

(2) 그침(śamatha, 止)과 찬찬히 봄(vipaśyanā, 觀): 북으로 전한 『대반열반경(大般涅槃經)』에서 사마타(śamatha)를 소리 나는 대로 사마타(奢摩他)라 하고 뜻으로 그침(止)이라 했고, 비빠샤나(vipaśyanā)를 소리 나는 대로 비파사나(毘婆舍那), 뜻으로 찬찬히 봄(觀)이라고 했다. 천태종에서도 사마타와 비빠샤나를 그침(止)과 찬찬히 봄(觀)으로 옮겨 썼는데, 그침(śamatha)은 모든 바깥 경계와 쓸데없는 것을 그치고(止) 어떤 한 가지 대상에 생각을 모으는 것을 말한다. 비빠샤나(vipaśyanā)는 바른 지혜를 일으켜 그 대상을 찬찬히 보는 것(觀)을 말한다.

(3) 3가지 싸마디(trayaḥ samādhayaḥ Ⓟ tayo samādhī, 三三昧): 3가지 삼마지(三三摩地)·3가지 등지(三等持)·3가지 정(三定)이라고도 한다. 『증일아함경』 권 16 등을 보면 다음 3가지를 말한다. ① 공(空) 싸마디(śūnyatā-samādhi, 空三昧)-모든 것이 다 공하다고 관하여 얻는 것으로, 4가지 거룩한 진리(四聖諦)의 괴로움에 관한 진리(苦諦)가 공함을 말한다. 모든 것이 다 연줄 따라 생기는 것을 관하여, 나(我)와 내것(我所)이 모두 공하다는 것을 깨달은 싸마디다. ② 상 없는 싸마디(animitta-samādhi, 無相三昧): 니밀따(nimitta)는 쓸모 있는 까닭(有效原因: instrumental cause)이란 뜻인데, 까닭이 되는 대상이 없다는 뜻이다. 모든 대상(一切諸法)은 다 생각에서 나오고 그 생각이란 없는 것이므로 볼 수 없다는 것이다. 괴로움이 사라지는 진리(滅諦)에서 없어지고(滅)·고요해지고(靜)·신묘하고(妙)·떠나는(離) 4가지 행상(行相)과 통하는 싸마디다. 보이는 것

(色)·들리는 것(聲)·냄새난 것(香)·맛 나는 것(味)·맞닿는 것(觸) 같은 5가지 대상(法, 外境), 남녀 2가지 상(相), 욕계·색계·무색계 같은 3가지 유(三有)를 합쳐 10가지 상이라고 한다. 상(相)이 없는 싸마디란 이런 10가지 상이 없다는 것을 깨달은 싸마디다. ③ 바램 떠난 싸마디(apraṇihita-samādhi, 無願三昧): 아빠라니히따(apraṇihita)는 바램에 얽매이지 않은(free from desire)이란 뜻이니 바라는 것을 완전히 여의고 떠난 싸마디를 말한다. 짓는 것이 없는 싸마디(無作三昧)·일어남이 없는 싸마디(無起三昧)라고 하는데, 모든 대상(法)에 대하여 바라고 구하는 것이 없는 싸마디를 말한다. 괴로움에 관한 진리(苦諦)의 괴로움(苦)과 덧없다(無常)는 2가지 행상(行相), 괴로움이 일어나는 진리(集諦)에서 원인(因)·모임(集)·생겨남(생)·연줄(緣) 같은 4가지 행상과 통하는 싸마디다. 덧없고 괴로운 것은 싫어하는 것이고, 수행에서 저 언덕으로 가기 위해 탄 배나 뗏목처럼 버려야 하는 것이기 때문에 바램이 없다는 이름을 붙인 것이다.

VI.

기쁨나라 가기 쉬운데,
가려는 사람이 없구나!

〈이 장에 대한 해설〉 격의불교(格義佛敎)와 『무량수경』

　이 장의 내용은 산스크리트본에는 없는 내용이다. 그러므로 이 장을 읽기 전에 격의불교에 대한 이해가 필요하다. '격의(格義)'란 낱말은 우리말대사전 올림말에 없으나 불교사에서 꽤 중요한 사안이다. 격의란 도가나 유교의 원리를 가지고 불교의 도리를 해석하는 것을 말한다. 불교가 처음 동쪽으로 전해졌을 때 지식인들은 늘 노장사상과 비슷하다고 하여 받아들였다. 또 위·진 시대(3~4세기)에는 노장사상으로 반야의 공 이치를 설명하였다. 이러한 과도기 학풍을 격의(格義)라고 하며 당시 죽림칠현이 대표적인 인물이다. 불교가 사실과 동떨어진 노장사상 논리(空理)에서 속되지 않고 고상한 이야기(淸談)에서 영향을 받아, 붇다의 가르침을 가르치고, 불교 경전의 뜻풀이를 하면서 늘 노자·장자·주역에서 낱말을 따왔다. 나중에는 유가(儒家) 사상이 붇다의 가르침에 덧붙여지면서 격의(格義)의 한 가지가 되었다.

　『무량수경』을 옮기면서 격의불교를 이해하지 않으면 제대로 옮기기 어려운 낱말이 수없이 나왔다. 특히 하권에 나오는 이른바 「5가지 나쁜 것」이란 품은 나중에 치나(支那)에서 덧붙었다는 설이 나올 정도로 『무량수경』 본론과 이질적인 부분이 많다. 당장 경전의 제목인 『무량수경』의 '무량수(無量壽)'만 해도 도교 영향이 크다는 것이다. "끝없는 목숨(無量壽)은 산스크리트 아미따윳(Amitāyus)을 옮긴 것이지만 이 번역어가 반드시 아미따윳(Amitāyus)을 옮길 때만 쓰인 것이 아니라 오히려 그지없은 빛(Amitābha, 無量光)을 옮길 때 많이 쓰인 것으로 볼 수 있다. 그렇다면 왜 아미따바(Amitābha, 無量光)를 '아미따윳(無量壽)'이라고 옮겼는가? 이 말이 도가(道家)나 도교적인 신선(神仙) 이야기를 좋아하고 오래 살고 죽지 않는 것(長生不死)을 찾는 치나(支那) 사람들 사상에 걸맞은 낱말이라고 생각했기 때문이었다. (藤田宏達, 『원시정토사상 연구 196쪽』). 실제로 『무량수경』산스크리트본은 제목이 '무량수'가 아니고 '기쁨으로만 가득 찬(Sukhāvatī, full of joy)'이고, 주인공도 아미따윳(無量壽)이 아니고 아미따바(無量光)이다. 다시 말해 산스크리트본에는 아미따바(無量光)라고 되어 있는 부분을 모두 무량수라고 옮겼다는 것이다.

나까무라(中村元)가 "당나라 이전의 번역은 치나 색깔이 강하여 불교에다 유학이나 노장사상을 조금 더한 것에 불과하다"(『東西文化 交流』, 1965)라고 한 것을 이어서 후지타(藤田宏達)는 이렇게 마무리한다. "① 『무량수경』이 치나에 들어온 처음부터 곧 『대아미따경』을 번역할 때 이미 치나화(支那化) 되었다. ② 후한에서 동진에 걸쳐 옮겨진 『대아미따경』『평등각경』『무량수경』 3권은 유학사상이나 도교사상으로 고치어 바꾼 것이 대단히 많다. ③ 일본에서 중요하게 본 것은 (수·당 이전) 초기에 한문으로 옮긴 『무량수경』이다. 그러므로 일본인에게 들어온 정토교란 것은 실은 '정토교에 유학이나 노장사상을 조금 더한 것에 지나지 않는다'라고 할 수 있다." 후지타의 이런 관점은 한국 정토계에도 유효하다고 본다. 후지타는 구체적으로 『무량수경』에서 '적선하는 (집에는 반드시) 자손

이 누리는 경사가 있다(積善餘慶)'라는『역경』에서 나오는 낱말이고, '자연', '허무'. '무극(無極)' 같은 낱말은『노자』, 『장자』, 『회남자』에서 나온 도가사상의 중요한 낱말이라고 강조한다.

1. 왜 좋고 쉬운데, 가려 하지 않는가?

한문

佛告彌勒菩薩 諸天人等.

無量壽國 聲聞菩薩 功德智慧 不可稱說 又其國土 微妙安樂 清淨
若此. 何不力爲善 念道之自然 著於無上下 洞達無邊際. 宜各勤精進
努力自求之 必得超絶去 往生安養³⁵⁹⁾國, 橫截五惡趣³⁶⁰⁾ 惡趣³⁶¹⁾自然
閉 昇道無窮極. 易往而無人. 其國不逆違 自然之所牽 何不棄世事
勤行求道德 可獲³⁶²⁾極長生 壽樂無有極.

옮긴글

붇다께서 마이뜨레야 보디쌑바¹⁾ · 하늘신 · 사람들에게 말씀하
셨다.

"아미따바 나라 제자와 보디쌑바의 공덕과 슬기는 말로 다 할
수 없고, 그 나라는 헤아릴 수 없이 미묘하고 편안하고 즐겁고 맑
고 깨끗함은 지금까지 말한 바와 같다. 그런데 (사람들은) 어찌하여
좋은 일 하지 않고, 도(道)란 자연스러운 것이라고 생각하지 않고,
위·아래가 없음을 드러내지 않고 끝 간 데가 없다는 것을 훤히 통

---

359) 대정신수대장경 주(註): [宋]·[元]·[明]본에는 '양(養)=악(樂)'로 되어 있다.
360) 대정신수대장경 주(註): [宋]·[元]·[明]본에는 '취(趣)=도(道)'로 되어 있다.
361) 대정신수대장경 주(註): [宋]·[元]·[明]본에는 '취(趣)=도(道)'로 되어 있다.
362) 대정신수대장경 주(註): [宋]·[元]·[明]본에는 '획(獲)=득(得)'로 되어 있다.

하려고 힘쓰지 않는가?

모름지기 모두 부지런히 정진하여 스스로 구하려고 애쓰면, 반드시 (윤회를) 뛰어넘어 기쁨나라(安養)에 가서 나게 되어, 5가지 나쁜 길(五惡趣)[2]을 가로로 끊고[3], 나쁜 길이 저절로 끊어지면 도에 올라 마지막(窮極)이 없어진다.

(기쁨나라) 가기 쉬운데, (가려는) 사람이 없구나! 그 나라는 막거나 멀리하지도 않아 자연히 이끌려 가게 되어 있는데, 어찌하여 세상일 버리지 않는가! 열심히 도와 덕을 구하면 더할 수 없이 오래 살아 끝없는 목숨과 즐거움을 얻을 수 있다."

풀이

(1) 마이뜨레야(Maitreya, ⓟ Metteyya, 彌勒) 보디쌑바: 마이뜨레야(Maitreya)는 성인데 한문 경전에서는 자씨(慈氏)라고 옮겼다. 이름은 아지따(Ajita, 阿逸多)인데, 정복되지 않은(not conquered), 진압되지 않은(unsubdued), 뛰어넘을 수 없는(unsurpassed), 무적의(invincible), 억누를 수 없는(irresistible)이란 뜻이다. 한문 경전에서는 이길 수 없다는 뜻인 무승(無勝)·막승(莫勝)이라고 옮겼다. 따라서 마이뜨레야 보디쌑바, 자씨 보디쌑바, 아지따 보디쌑바는 모두 같은 보디쌑바이다. 인두 브랗마나 집에서 태어나 붇다의 교화를 받고, 미래에 붇다가 될 것이라는 수기를 받은 뒤, 붇다보다 먼저 입멸하여 뚜시따(兜率天)에 올라가 하늘에서 하늘사람들을 교화하고 있다고 한다. 붇다가 열반한 뒤 56억 7천만 년을 지나면 다시 싸하세계에 나투신다고 한다. 그때 화림원(華林園) 용화

수(龍華樹) 아래서 깨달음을 얻어 3번 설법으로 붇다의 교화에서 빠진 모든 중생을 제도한다고 한다.

(2) 나쁜 길(durgati, ℗ duggati, 惡趣): 두르가띠(durgati)는 불행(misfortune), 걱정거리(distress), 가난(poverty), 지옥(hell) 같은 뜻인데 〈한문 경전〉에서는 나쁜 방향(惡), 나쁜 길(惡道)이라고 옮겼다. 일반적으로 지옥·배고픈 귀신·짐승을 3가지 나쁜 길이라고 한다. 살았을 때 성을 많이 내면(瞋恚) 지옥에 가고, 탐냄(貪慾)이 심하면 배고픈 귀신이 되고, 어리석으면(痴闇) 짐승이 된다. 3가지 나쁜 길에 아쑤라(阿修羅)를 더하면 4가지 나쁜 길이 되며, 사람과 하늘신을 더하면 6가지 나쁜 길이 된다. 고대 인두 사람들은 가장 큰 바램이 인간으로 다시 태어나지 않는 것이기 때문에 윤회를 하는 사람과 하늘신을 다 나쁜 길(惡趣)라고 여겼다. 그러므로 6가지 나쁜 길을 벗어나는 것은 윤회를 벗어나는 것을 뜻한다.

(3) 6가지 나쁜 길을 벗어나는데 계단을 올라가듯이 자기 힘으로만 하나하나 올라가는 것이 아니라, 아미따바 붇다의 도움을 받아 바로 옆으로 튀어나와 벗어나 버린다는 뜻.

2. 세상일에 얽매여 갈 마음을 못 낸다

1) 세간의 사랑과 욕망

한문

然世人薄俗 共諍不急之事. 於此劇惡 極苦之中 勤身營務 以自給濟 無尊無卑 無貧無富 少長男女 共憂錢財 有無同然 憂思適等. 屛營愁苦 累念積慮 為心走使 無有安時. 有田憂田 有宅憂宅 牛馬六畜 奴婢錢財 衣食什物 復共憂之 重思累息 憂念愁怖. 橫為非常 水火盜賊 怨家債主 焚漂劫奪 消散磨滅 憂毒忪忪 無有解時 結憤心中 不離憂惱 心堅意固 適無縱捨. 或坐摧碎 身亡命終 棄捐之去 莫誰隨者. 尊貴豪富 亦有斯患 憂懼万端 勤苦若此 結衆寒熱 與痛共俱[363]. 貧窮下劣 困乏常無 無田亦憂 欲有田 無宅亦憂 欲有宅 無牛馬六畜 奴婢錢財 衣食什物 亦憂欲有之. 適有一復少一 有是少是 思有齊等 適欲具有 便復靡散. 如是憂苦 當復求索 不能時得 思想無益 身心俱勞 坐起不安. 憂念相隨 勤苦若此亦 結衆寒熱 與痛共俱 或時坐之 終身夭[364]命 不肯為善 行道進德 壽終身死 當獨遠去 有所趣向 善惡之道 莫能知者.

---

363) 대정신수대장경 주(註): [宋]·[元]·[明]본과 [流布本]에는 '구(俱)=거(居)'로 되어 있다.
364) 대정신수대장경 주(註): [元]·[明]본에는 '요(夭)=천(天)'로 되어 있다.

그러나 세상 사람들은 풍습이 야박하여 급하지 않은 일[1]로 서로 다투고, 심한 죄악과 지독한 괴로움 속에서 부지런히 몸으로 일하여 스스로 살아가야 한다. 신분이 높거나 낮거나, 가난하거나 부유하거나, 어른이나 아이나, 남자나 여자나, 모두 돈과 재물 걱정하는 것은 있는 사람이나 없는 사람이나 똑같다. 불안하여 이리저리 뛰며 근심 걱정으로 괴로워하고, 앞일에 대한 걱정이 겹겹이 쌓여 마음과 달리 치닫게 되니 마음 편할 틈이 없다.

밭 있으면 밭 걱정, 집 있으면 집 걱정, 소나 말 같은 6가지 짐승, 사내·계집종과 돈·재물, 옷·먹거리와 살림 도구, 모두가 걱정거리가 되어 생각을 무겁게 하고 숨을 멎게 하며 근심에 빠지고 시름에 떨게 된다.

뜻밖에 물난리 나고, 불이 나고, 도둑맞고, 원한을 품은 사람이나 빚쟁이가 뜯어 가는 따위로 불타고, 떠내려가고, 빼앗겨 흩어져 없어지고, 닳아 없어지면 근심이 독이 되어 가슴이 두근거린다. 해결되지 않을 때는 마음에 괴로움이 뭉쳐 근심과 번뇌가 떠나지 않고 마음과 뜻이 단단히 굳어져 바야흐로 바로 벗어날 수가 없다.

또는 아무것도 못 하고 부서져 몸이 망해 목숨이 다하게 되면 모든 것을 버리고 떠나지만, 누구도 따르는 사람이 없다. 지위가 높아 귀하거나 재산 넉넉하고 세력 있는 사람도 그런 괴로움은 다 갖는 것이니, 근심과 두려움이 수없이 많은 갈래로 생겨나 그런 근심과 괴로움은 수많은 얼음 속이나 불 속 같은 아픔을 모두 갖추게 된다.

가난하고 천한 사람은 고달프고 힘이 없어 늘 가진 것이 없다. 밭이 없으면 근심이 되어 밭을 갖고자 하고, 집이 없으면 근심되어 집을 가지려 하고, 소나 말 같은 6가지 짐승, 사내·계집종, 돈과 재물, 옷과 먹거리, 살림 도구가 없으면, 이것도 근심이 되어 가지려고 한다. 하나가 있으면 다시 하나가 모자라고, 이것이 있으면 저것이 모자라, 모두 있어야 하겠다고 생각하고, 모두 갖추려고 하면 바로 다시 흩어져 없어져 버린다. 이처럼 근심하고 괴로워하며 다시 찾아다니지만, 얻을 수 없을 때는 머리를 써봤자 소용이 없고, 몸과 마음이 모두 힘들어 앉으나 서나 편안하지 않다.

근심이 이어서 뒤따르고, 근심과 걱정은 또 얼음 속이나 불 속 같은 괴로움과 맺어져 모든 아픔을 다 갖추게 된다. 그렇게 아무것도 안 하고 앉아 몸과 명이 다하게 되는데, 좋은 일을 한 것도 없이, 도와 덕을 행한 것도 없이 목숨이 끝나고 몸이 죽으니 홀로 멀리 떠나야 한다. 가야 하는 곳은 있지만 그것이 좋은 길인지 나쁜 길인지도 모르고 가게 된다.

(1) 급한 것은 당장 언젠가는 세상을 떠날 자신을 구하는 일인데 괴로움과 나고 죽음을 벗어날 일에 신경을 쓰지 않고, 5가지 욕망에 빠져 서로 싸우느라 시간을 보내고 있다는 뜻이다.

2) 다툼과 화냄

한문

世間人民 父子兄弟 夫婦家室 中外親屬 當相敬愛 無相憎嫉 有無相通 無得貪惜 言色常和 莫相違戾. 或時心諍 有所恚怒 今世恨意 微相憎嫉 後世轉劇 至成大怨. 所以者何 世間之事 更相患害 雖不即時 應急相[365]破 然含毒畜怒 結憤精神 自然剋識 不得相離 皆當對生 更相報復.

人在世間 愛欲之中 獨生獨死 獨去獨來 當行至趣 苦樂之地 身自當之 無有代者 善惡變化 殃福異處 宿豫嚴待 當獨趣入. 遠到他所莫能見者 善惡自然 追行所生. 窈窈冥冥 別離久長 道路不同 會見無期 甚難甚難 復[366]得相値. 何不棄衆事 各曼[367]強健時 努力勤修善精進願度世 可得極長生. 如何不求道 安所須待 欲何樂乎.[368]

---

365) 대정신수대장경 주(註): [宋]·[元]·[明]본에는 '상(相)=상(想)'으로 되어 있다.
366) 대정신수대장경 주(註): [元]·[明]본에는 '부(復)=금(今)'으로 되어 있다.
367) 대정신수대장경 주(註): [明]본에는 '만(曼)=우(遇)'로 되어 있다.
368) 대정신수대장경 주(註): [流布本]에는 '호(乎)=재(哉)'로 되어 있다.

세간 백성인 아버지와 아들, 형과 아우, 남편과 아내, 가족, 안팎 친족들은 서로 존경하고 사랑해야 하고, 서로 미워하지 말고, 있고 없는 것 서로 돌리어 쓰고, 탐하고 아까워하지 말고, 말과 얼굴빛은 늘 부드러워야지 서로 멀리하여 어그러져서는 안 된다.

어쩌다가 마음에 다툼이 있어 화를 내게 되면, 살았을 때 품은 한은 작은 미움이더라도 다음 생에서는 바뀌어 큰 원수가 된다. 왜냐하면 세상일은 서로 해를 끼치더라도 바로 관계가 깨지지 않지만, 독을 품고 성냄이 쌓이면, 분한 정신이 맺혀 저절로 의식에 새겨져 떠나지 않기 때문에 반드시 서로 짝이 되어 태어나서 서로 앙갚음을 하게 된다.

사람이란 세간의 사랑과 욕망 속에서 홀로 태어나 홀로 죽고, 홀로 가서 홀로 와, 괴로움과 즐거움의 땅에 가서 자기 몸으로 스스로 맡아 해내야지 누구도 대신해 줄 사람이 없다. 선과 악의 변화에 따라 재앙과 복이 있는 곳이 달라, 미리 엄하게 정해져 있고 반드시 홀로 가야 한다.

멀리 떨어진 다른 곳에 이르면 아무도 다시 볼 수 없으니, 좋고 나쁜 행실에 따라 저절로 생겨난 것이다. 멀고 어두운 곳으로 헤어져 오래되어도 가는 길이 다르니 서로 다시 만나기 참으로 어렵고 어렵다.

어찌하여 세상일 버리지 못하고, 각자 건강할 때 열심히 좋은 일 닦기에 힘쓰고, 정진하고 세상을 벗어나 더할 수 없이 오래 살려 하지 않는가? 어찌 도를 구해 편안함을 기대하지 않고 어떤 즐거움을 바라지 않는가?

3) 인과를 모르는 어리석음

한문

如是世人 不信作善得善 為道得道 不信人死更生 惠施得福 善惡
之事 都不信之 謂之不然 終無有是. 但坐此故 且自見之 更相瞻視
先後同然 轉相承受 父餘教令. 先人祖父 素不為善 不識道德 身愚神
闇 心塞意閉. 死生之趣 善惡之道 自不能見 無有語者 吉凶禍福 競
各作之 無一怪也. 生死常道 轉相嗣立 或父哭子 或子哭父 兄弟夫婦
更相哭泣 顛倒上下 無常根本. 皆當過去 不可常保 教語開導 信之者
少 是以生死流轉 無有休止.

如此之人 曚[369]冥抵突 不信經法 心無遠慮 各欲快意. 癡惑於[370]
愛欲 不達於道德 迷沒於瞋怒 貪狼於財色. 坐之不得道 當更惡趣苦
生死無窮已 哀哉甚可傷. 或時室家父子 兄弟夫婦 一死一生 更相哀
愍. 恩愛思慕 憂念結縛 心意痛著 迭相顧戀 窮日卒歲 無有解已. 教
語道德 心不開明 思想恩好 不離情欲 惛曚閉塞[371] 愚惑所覆. 不能

---

369) 대정신수대장경 주(註): [宋]·[元]·[明]본에는 '몽(曚)=몽(蒙)'으로, [流布本]에는 '몽(曚)=몽(矇)'
    으로 되어 있다.

370) 대정신수대장경 주(註): [宋]·[元]·[明]본에는 '어(於)'를 뺐다.

371) 대정신수대장경 주(註): [宋]·[元]·[明]본에는 '혼몽폐새(惛曚閉塞)=혼몽암새(昏蒙闇塞)'으로,
    [流布本]에   는 '혼몽(惛曚)=혼몽(昏矇)로 되어 있다.

深思熟計 心自端政³⁷²⁾ 專精行道 決斷世事 便旋至竟 年壽終盡 不能
得道 無可奈何. 總猥慣擾 皆貪愛欲 惑道者衆 悟之者寡³⁷³⁾ 世間匆
匆 無可聊賴³⁷⁴⁾ 尊卑上下 貧富貴賤 勤苦匆務 各懷殺毒 惡氣窈冥 為
妄興事. 違逆天地 不從人心 自然非惡 先隨與之 恣聽所為 待其罪
極. 其壽未盡³⁷⁵⁾ 便頓奪之 下入惡道 累世懃³⁷⁶⁾苦 展轉其中 數千億
劫 無有出期 痛不可言 甚可哀愍.

옮긴글

이처럼 세상 사람들은 착한 짓 해 좋은 것 얻고, 도 닦아 도를
얻는 것을 믿지 않고, 사람이 죽으면 다시 태어나고, 사랑을 베풀
면 복을 얻는 것을 믿지 않으며, 좋고 나쁜 것을 모두 믿지 않고
그렇지 않다고 말해, 마침내 그렇게 된 것이 없다. 아무것도 않고
앉아서 어른들이 한 것을 보고 그대로 되풀이만 하면서, 앞사람이
나 뒷사람이나 똑같이 전해주고 이어받으면서 아버지가 넉넉히 가
르쳤다고 한다.

아버지나 할아버지가 모두 좋은 일은 하지 않고 도와 덕을 몰
라, 몸은 어리석고 정신은 어둡고, 마음은 막히고, 뜻은 닫혔다.
나고 죽는 도리나 선악의 길을 스스로 볼 수 없고 말해 줄 사람도
없어, 길·흉·허물·복은 스스로 다투어 지으니 이상할 것이 하나

---

372) 대정신수대장경 주(註): [宋]·[元]·[明]본과 [流布本]에는 '정(政)=정(正)'으로 되어 있다.
373) 대정신수대장경 주(註): [宋]·[元]·[明]본에는 '과(寡)=소(少)'로 되어 있다.
374) 대정신수대장경 주(註): [流布本]에는 '료뢰(聊賴)=료뢰(憀賴)'로 되어 있다.
375) 대정신수대장경 주(註): [宋]·[元]·[明]본에는 '(終)+盡'으로 '종(終)'이 추가된다.
376) 대정신수대장경 주(註): [宋]·[元]·[明]본과 [流布本]에는 '대(懃)=근(勤)'로 되어 있다.

도 없다.

나고 죽는 떳떳한 도리는 서로 물려주고 이어받는 것인데, 아버지가 아들 때문에 울고, 아들이 아버지 때문에 울고, 형제나 부부가 서로 울어주는 것처럼 위아래가 뒤바뀌어 거꾸로 되는 것은 무상의 본바탕이다. 모든 것은 다 지나가 붙잡아 둘 수 없다는 것을 말로 가르쳐 이끌어도 믿는 사람은 적지만, 이처럼 나고 죽음이 떠돌아 쉬거나 그침이 없다.

이러한 사람은 사리에 어둡고 앞뒤 헤아리지 않고 덤비기 때문에 가르침을 믿지 않고 자기 즐거움만 바란다. 애욕 때문에 어리석음에 홀려 도와 덕에 이르지 못하고, 성냄에 홀려 빠지고, 이리처럼 재물이나 여색을 탐하게 된다. 아무것도 안 하고 앉아 도를 얻지 못하니, 나쁜 길에서 괴로워해야 하고, 나고 죽음이 끝이 없으니 불쌍하고 몹시 가엾다.

어쩌다 집안의 아버지와 아들, 형과 아우, 남편과 아내 가운데 한 사람이 죽고 한 사람은 살게 되면, 서로 가엾어하고, 은혜와 사랑을 생각해서 그리워하며, 근심에 얽혀 마음과 뜻이 아프고, 서로 돌아보며 그리워함이 날이 가고 해를 넘겨도 풀리지 않는다. 도와 덕을 가르쳐 주어도 마음이 열려 밝아지지 않고, 먼저 간 사람의 은혜와 사랑만 생각하며, 탐내고 집착하는 마음을 떠나지 못해 정신이 흐릿하고 어두우며 꽉 막혀 어리석은 홀림에 빠지게 된다.

깊이 생각하여 지혜을 짜내지 못하고, 스스로 바르고 곧은 마음으로 오로지 도를 열심히 행하지 못하고, 세상일을 결단할 수 없어 편안히 지내다가 마지막에 나이와 수명이 다하면 도를 얻을 수 없으니 어찌할 것인가?

시끄러운 세상에 살면서 모두 애욕을 탐해 길을 헤매는 사람들은 많고 깨달은 사람은 적다. 세간의 일이란 바쁘고 바빠 믿고 도움 받을만한 곳이 없어 자리가 높은 사람이나 낮은 사람이나, 윗사람이나 아랫사람이나, 가난하나 잘 사나, 귀하거나 천하거나 부지런히 일하고 수고롭게 애쓰며 바쁘게 일하지만, 모두 독살스러운 마음을 품고 악한 기운이 그윽하여 정상에서 벗어난 일을 하게 된다.

하늘과 땅을 거스르고 사람의 마음을 따르지 않으니 저절로 거짓과 나쁨을 먼저 따르게 되고, 제멋대로 할 바를 들으니 그 죄가 막바지에 이르게 된다. 그 목숨이 다하기도 전에 곧바로[1] 정신을 빼앗겨 나쁜 길로 떨어져 들어가 여러 살이 동안 괴로움을 받게 된다. 그 나쁜 길에서 돌고 돌아 여러 천억 깔빠를 지나도 벗어날 기약이 없으니 그 아픔을 말로 다할 수 없어 몹시 가엾지 않을 수 없다.

풀이

(1) 편(便)은 부사로 쓰일 때 곧(即), 바로(就)라는 뜻이 있고, 돈(頓)도 갑자기(頓時), 바로(立刻)라는 뜻이 있다. 그러므로 편돈(便頓)은 '곧바로'라고 옮길 수 있다.

3. 세상일 덧없으니 반드시 기쁨나라 가야 한다

한문

佛告彌勒菩薩 諸天人等.

我今語汝 世間之事 人用是故 坐不得道 當熟思計 遠離衆惡 擇其
善者 勤而行之. 愛欲榮華 不可常保 皆當別離 無可樂者 曼[377]佛
在世 當勤精進.

其有至[378]願 生安樂國者[379] 可得智慧明達 功德殊勝 勿得隨心
所欲 虧[380]負經戒 在人後也. 儻有疑意 不解經者 可具問佛 當為
說之.

옮긴글

붇다께서는 마이뜨레야 보디쌑바와 하늘신, 그리고 사람들에게
말씀하셨다.

"나는 지금 여러분께 세간 일을 말했다. 사람들은 그렇게 살기
때문에 가만히 앉아서 도를 얻지 못하는 것이니 깊이 생각하고 헤
아려 모든 나쁜 것을 멀리 떠나 좋은 것을 가리어 부지런히 애써
야 한다. 애욕과 세상에 드러나는 영광은 오래 지킬 수 없어 모두

---

377) 대정신수대장경 주(註): [明]본에는 '만(曼)=우(遇)'로 되어 있다.
378) 대정신수대장경 주(註): [流布本]에는 '지(至)=지심(至心)'으로 되어 있다.
379) 其有至願 生安樂國者=其有至心 願生安樂國者(대정- 59쪽 상6줄 참고)
380) 대정신수대장경 주(註): [宋]·[元]본에는 '휴(虧)=희(戲)'로 되어 있다.

떠나야 하는 것이지 즐거움일 수 없으니 붇다가 세상에 계실 때 열심히 정진해야 한다.

기쁨나라(安樂國) 가겠다고 큰 바램을 가진 사람은 슬기롭고 사리에 밝게 되고, 뛰어난 공덕을 얻게 된다. 마음 따라 바라는 바를 얻지 말고, 가르침과 계를 등지지 말고, 사람 뒤에 숨어 있어서는 안 된다. 만일 의심나는 것이 있거나 가르침에서 모르는 것이 있으면 모두 붇다에게 물으면 반드시 답해줄 것이다."

한문

彌勒菩薩 長跪白言. 佛威神尊重 所說快善 聽佛經者[381] 貫心思之. 世人實爾 如佛所言. 今佛慈愍 顯示大道 耳目開明 長得度脫 聞佛所說 莫不歡喜. 諸天人民 蠕動之類 皆蒙慈恩 解脫憂苦. 佛語教誡[382] 甚深甚善 智慧明見 八方上下 去來今事 莫不究暢. 今我衆等 所以蒙得度脫 皆佛前世 求道之時 謙苦所致 恩德普覆 福祿巍巍 光明徹照 達空無極 開入泥洹 教授典攬 威制消化 感動十方 無窮無極. 佛為法王 尊超衆聖 普為一切 天人之師 隨心所願 皆令得道. 今得值佛[383] 復聞無量壽聲[384]. 靡不歡喜 心得開明.

---

381) 대정신수대장경 주(註): [宋]·[元]·[明]본과 [流布本]에는 '자(者)=어(語)'로 되어 있다.

382) 대정신수대장경 주(註): [宋]·[元]·[明]본에는 '계(誡)=계(戒)'로 되어 있다.

383) 금득치불(今得值佛)=금득치물(今得值物)

384) 대정신수대장경 주(註): [流布本]에는 '무량수성(無量壽聲)=무량수불성(無量壽佛聲)'으로 되어 있다.

마이뜨레야 보디쌀바가 무릎을 꿇고 말씀드렸다.

"붇다의 위신은 높고 무겁고 하신 말씀은 시원하고 어질어 마음을 꿰뚫어 생각하게 합니다. 세상 사람들은 실제 붇다께서 말씀하신 대로 그렇게 삽니다. 이제 붇다께서 사랑하고 가엾게 여기서, 큰길을 나타내 보이시니 눈과 귀가 훤히 열리고 길이 해탈을 얻게 되었으니, 붇다의 말씀하신 바를 듣고 기뻐하지 않을 수 없습니다.

모든 하늘신·사람·꿈틀거리는 동물[1]까지 모두 사랑의 은혜를 입어 근심과 괴로움을 벗어날 수 있습니다. 붇다께서 말씀하신 가르침과 타이르심은 몹시 깊고 몹시 높으며, 그 슬기롭고 밝은 견해는 8방향과 위·아래, 과거·미래·현재의 일에 끝까지 통하지 않는 것이 없습니다.

이제 저희가 얽매임에서 벗어날 수 있게 된 것은 모두 붇다께서 전생에 도를 구하실 때 몸을 낮추어 고행하셨기 때문으로, 그 은혜로운 덕이 널리 뒤덮고, 복록이 높고 뛰어나고, 밝은 빛이 환히 비추어 하늘에 이르러 끝이 없고, 니르바나에 들게 하시고, 진리를 가르쳐 위엄으로 바르게 이끌었으니, 그 감동 시방에 끝도 가도 없습니다.

붇다께서는 진리의 왕이시고 뭇 성인들보다 높으시어 널리 모든 하늘신과 사람들의 스승이 되고, 마음이 바라는 바에 따라 모두 도를 얻게 하였습니다. 이제 붇다를 만나 뵙고, 또 아미따바 붇다에 관한 소리를 들으니 기쁘기 그지없고 마음이 열려 밝아짐을 얻었습니다."

(1) 꿈틀거리는 동물(蠕形動物, Vermes): 연형동물을 말하는데 몸이 좌우상칭이며 몸을 꿈틀거리는 동물의 총칭으로 편형동물(촌충 등)·유형동물(끈벌레 등)·선형동물(회충 등)·윤형동물(세이손 등)·곡형동물(방울벌레 등)·환형동물(지렁이 등)·대형동물(회충·선충 등) 등이 해당된다. (두산백과).

한문

佛告彌勒[385].

汝言是也 若有慈敬於佛者 實為大善 天下久久 乃復有佛. 今我於此世作佛 演說經法 宣布道教 斷諸疑網 拔愛欲之本 杜衆惡之源 遊步三界 無所拘閡[386]. 典攬智慧 衆道之要 執持綱維 昭然分明 開示五趣 度未度者 決正生死 泥洹之道.

彌勒當知 汝從無數劫來 修菩薩行 欲度衆生 其已久遠 從汝得道 至于泥洹 不可稱數. 汝及十方 諸天人民 一切四衆 永劫已來 展轉五道 憂畏勤苦 不可具言 乃至今世 生死不絕. 與佛相值 聽受經法 又復得聞 無量壽佛 快哉甚善. 吾助爾喜 汝今亦可 自厭生死 老病痛苦 惡露不淨 無可樂者 宜自決斷 端身正行 益作諸善. 修己

---

385) 대정신수대장경 주(註): [流布本]에는 '미륵(彌勒)=마이뜨레야 보디쌑바(彌勒菩薩)'로 되어 있다.

386) 대정신수대장경 주(註): [宋]·[元]·[明]본에는 '구애(拘閡)=괘에(罣礙)'로, [流布本]에는 '구애(拘閡)=구애(拘礙)'로 되어 있다.

潔體[387] 洗除心垢 言行忠信 表裏相應. 人能自度 轉相拯濟 精明
求願 積累善本. 雖一世勤苦 須臾之間 後生無量壽佛[388]國 快樂無
極. 長與道德合明 永拔生死根本 無復貪恚 愚癡苦惱之患. 欲壽
一劫 百劫千億万劫[389] 自在隨意 皆可得之 無為自然 次於泥洹之
道. 汝等宜各精進 求心所願 無得疑惑中悔 自為過咎 生彼邊地 七
寶宮殿 五百歲中 受諸厄也.
彌勒白佛[390]. 受佛重誨 專精修學 如教奉行 不敢有疑.

옮긴글

붇다께서 마이뜨레야 보디쌑바에게 말씀하셨다.

"그대가 말한 대로다. 만약 붇다를 사랑하고 공경한 사람이 있
다면 참으로 좋은 기회이니, 이 천하에 오랜 세월이 지난 뒤 다시
붇다가 나타났기 때문이다. 지금 나는 이 세상에서 붇다가 되어
진리와 법을 이야기하고, 도와 가르침을 펴고, 모든 의문의 그물을
끊고, 애욕의 뿌리를 뽑고, 여러 나쁜 짓의 물줄기를 막으면서 3가
지 세계를 노닐고 있지만 거리낌이 없다.

경전을 간추려 설명하는 슬기는 모든 도의 고갱이니, 그 골자를
밝고 또렷하게 밝히고, 5가지 길을 열어 보여 어리석은 사람을 이
끌고, 나고 죽음에서 니르바나의 길로 바로잡아 주고 있다.

---

387) 대정신수대장경 주(註): [元]·[明]본에는 '체(體)=정(淨)'으로 되어 있다.

388) 대정신수대장경 주(註): [宋]·[元]·[明]본에는 '불(佛)'를 뺐다.

389) 대정신수대장경 주(註): [流布本]에는 '억만(億萬)=만억(萬億)'으로 되어 있다.

390) 대정신수대장경 주(註): [宋]·[元]·[明]본에는 '불(佛)=언(言)'으로, [流布本]에는 '불(佛)=불언(佛言)'으로 되어 있다.

마이뜨레야여, 그대는 수 없는 깔빠 이전부터 보디쌑바 행을 닦아 중생을 구하려 힘쓴 지 오래되었고, 그대를 따라 니르바나에 이른 사람이 헤아릴 수 없다는 것을 알아야 한다. 그대와 시방 여러 하늘나라 사람과 모든 4가지 중생은 수없는 깔빠 이전부터 5가지 나쁜 길을 흘러 다니면서 근심하고 두려워하고 괴로워하며 오늘날에 이르기까지 나고 죽음이 끊임없이 이어지고 있다. 이제 붇다를 만나서 가르침을 듣고, 아울러 아미따바 붇다에 대하여 듣게 되었으니 기쁜 일이고, 정말 좋은 일이다.

나는 그대에게 기쁨을 주고자 하니, 그대도 이제 스스로 나고 죽고 늙어 병드는 괴로움을 싫어해야 한다. 악에 젖는 것은 즐겨할 것이 못 되니 모름지기 스스로 마음을 다잡아 몸으로 하는 짓을 바르게 하고, 여러 가지 좋은 일을 하여라. 스스로 닦아 몸을 깨끗하게 하고 마음의 때를 씻어내야 하고, 말과 행동이 믿을만하여 안팎이 같아야 한다. 사람은 먼저 자신을 건지고 나아가 남을 건지는 것이니, 꼼꼼하고 분명하게 바램을 세운 뒤 좋은 뿌리를 쌓아가야 한다.

한살이 동안 겪는 근심과 괴로움은 잠깐이지만, 나중에 아미따바 붇다 나라에 나서 얻는 기쁨과 즐거움은 끝이 없다. 오래도록 도와 덕이 함께 밝아져, 나고 죽는 바탕을 아주 뽑아버리고, 다시는 탐하고, 화내고, 어리석은 괴로움을 되풀이하지 않고, 1깔빠나, 100깔빠나, 천·억·만 깔빠를 살고 싶으면 마음대로 거침이 없이 모두 얻을 수 있고 저절로 이루어져 다음은 니르바나의 길에 들어선다.

여러분은 모름지기 각자 힘써 닦아야지, 마음이 바라는 바를 얻지 못해 의혹이 생겨나서 중간에 그만두고 후회하게 되면, 스스로 허물이 되어 기쁨나라 가장자리 땅에 있는 7가지 보석으로 된 궁전에 태어나 500살 동안 여러 재앙을 받는다.”

마이뜨레야가 붇다께 사뢰었다.

“붇다의 간곡하신 가르침을 받자오니 오로지 정성을 다하여 닦고 배우며, 붇다의 가르침대로 받들어 행하고 추호도 의심하지 않겠사옵니다.”

VII.

왜 세간을 떠나 기쁨나라(極樂)로
가야 하는가?

〈이 장에 대한 해설〉
「5가지 나쁜 것에 관한 장(五惡段)」에 관한 논란

이 장도 산스크리트본에는 없는 내용이다. 앞에서 격의불교를 보면서 불교가 처음 차나에 들어올 때 도교사상, 그리고 이어서 유교사상의 영향을 받아 많은 용어가 도교와 유교에서 왔다는 점을 보았다. 이러한 격의불교는 불교가 차나에서 뿌리를 내리는 데 크게 도움이 되었고, 거꾸로 불교사상이 도교와 유교에 크게 영향을 미치는 기틀이 되기도 했다. 그러므로 우리는 이런 격의불교를 불교적인 입장에서만 보지 말고 당시 사회에 적응하기 위해 불교는 어떤 것을 보완해야 했는지를 볼 수 있는 자료라는 점에서, 그리고 불교사상이 일반화되는 과정에서 나타나는 현상이 무엇인가를 보는 역사적 기록이란 점에서 접근할 필요가 있다. 물론 지금까지는 경전의 절대성이란 측면에서 학문적으로만 논의되고 불교 신행 생활에서는 일반화되지는 않았다. 특히 한국 불교에서는 적당히 불교 용어로 대체하는 선에서 번역이 이루어지고 금기처럼 여겨졌지만, 지금처럼 모든 정보가 쉽게 공개되는 세상에는 오히려 불교가 이 문제를 받아들여 전통 불교사상으로 다시 해석할 필요가 있다고 해서 소개하려고 한다.

『무량수경』에서 격의불교의 특성을 통째로 드러낸 것이 바로 「5가지 나쁜 것에 관한 장(五惡段)」으로 이전에 옮겨진 『대아미따경』과 『평등각경』을 합한 3가지 번역본에만 나오고, 그 뒤 옮겨진 두 가지 번역본과 산스크리트본에는 나오지 않는 내용이다. 먼저 이 장이 치나 사상을 바탕으로 만들어진 것으로 치나에서 덧붙였다고 주장하는 후지타의 의견을 본다.

"여기에는 5륜 5상(五倫五常)이란 덕목을 뚜렷이 쓰지는 않았지만, 효도(孝)·충성(忠)·공경(敬)·예절(禮)·도리(義) 같은 인륜의 길(道)을 설하고 있는 것은 분명히 유교 윤리이고, 또 임금법(王法), 하늘·땅의 도리(天道), 천하가 온화하고 순하며(天下和順) 해와 달이 맑고 밝다(日月淸明)고 하는 것은 유가(儒家)의 정치사상을 나타내는 것이다. 그보다 더 두렷하게 나타나는 것은 도가사상과 신선사상을 바탕으로 한 잣귀가 많이 나타난 것이다. 곧, '현실을 떠나 이상향으로 들어감(度世), 하늘로 올라감(上天), 오래 삶(長壽), 오래도록 삶(長生), 도(道)는 저절로 그러한 것(道之自然), 사람 힘이 더해지지 않은 그대로 자연(無爲自然), 하늘땅의 신령을 살피고 기록함(神明記識), 하늘신이 판단하여 따로 명부에 기록(天神別籍: 天神剋識別其名籍)처럼 어느 하나만 봐도 도교적인 분위기를 느낄 수 있는 낱말이 많이 쓰였다."

이와 같은 논리를 바탕으로 후지타는 "또 문헌을 봐도 옛 번역(꾸마라지바 이전의 번역) 3권에만 나오고, 다른 책에는 나오지 않는 것을 보면 본래 『무량수경』 원문에는 없었던 것인데, 치나에서 새로 덧붙인 것이라는 것이 분명하다고 할 수 있다. 지금까지 여러 학자의 견해를 보아도 대부분 이와 같은 견해이므로 학계에서 이미 굳어진 설이라고 할 수 있다"라고 결론내린다. (『원시 정토사상 연구』 201쪽, 望月信亨, 『불교경전성립사론』, 津田左右吉, 『치나 불교 연구』).

물론 이에 대한 반론도 있다. 이케모토(池本重臣, 『대무량수경 교리사 연구』)나 소노다(薗田香勳, 『무량수경 여러 다른 본 연구』) 같은 학자는 "5가지 나쁜 것에 관한 장은 초기 『무량수경』의 특이성이라고 할만한 '나쁜 것을 그만두고 좋은 것을 닦는다'는 사상을 구체적으로 나타낸 것으로 치나에서 덧붙인 것이 아니고 인두에서 지은 원본에 이미 원형이 존재하였다"라고 주장하고, "극락 가서 나는 3가지 무리(三輩往生) 내용을 보거나 맑은나라(淨土)에 사는 무리의 덕에 관해 이야기하는 내용을 보아도 아미따바 붇다의 맑은나라에 가기 위해서는 도덕적으로 좋은 일을 해야 한다는 것은 분명하다. 세존이 5가지 나쁜 것을 버리고 5가지 좋은 것을 지니라고 권유하는 것은 당연하다고 해야 한다"라고 주장하고 있다.

한때 노장사상에 깊이 빠져 있었고, 석사논문으로 「이이의 경제사상」, 박사학위 부논문으로 「공자의 경제사상」 같은 유교사상을 연구한 옮긴이도 이 장을 옮기면서 어떤 용어는 처음 보는 것들이 나와 불교적 문장보다 더 까다로운 때가 있었다. 그때는 가끔 주)에 그 용어가 도교나 유교에서 왔다는 것을 솔직히 밝히고 불교적인 해석을 한 것도 있다.

우리가 경전을 읽을 때도 중점을 두어야 할 부분이 있다. 그런 면에서 『무량수경』은 상권의 "기쁨나라(極樂)는 어떻게 만들어졌는가?"하는 것과 하권의 "어떻게 하면 기쁨나라에 갈 수 있는가?"에

중점을 두어 읽고, 시간이 나면 이어지는 "5가지 나쁜 것"을 읽는 것이 좋겠다. '5가지 나쁜 일'이 불교 교리와 동떨어지지 않았고, 실제 신행 생활에서 꼭 필요한 도리들이기 때문이다.

1. 산 것을 죽이는 나쁜 짓

한문

佛告彌勒. 汝等能於此世 端心正意 不作衆惡 甚爲至德 十方世界
最無倫匹. 所以者何 諸佛國土 天人之類 自然作善 不大爲惡 易可開
化. 今我於此 世間作佛 處於五惡五痛 五燒之中 爲最劇苦. 教化群
生 令捨五惡 令去五痛 令離五燒 降化其意 令持五善³⁹¹⁾ 獲其福德
度世長壽 泥洹之道.

佛言, 何等爲³⁹²⁾五惡 何等五痛 何等五燒 何等消化五惡 令持五善
獲其福德 度世長壽 泥洹之道.

옮긴글

붇다께서 마이뜨레야에게 말씀하셨다.

"여러분이 이 세상에서 마음과 뜻을 바르게 하고 나쁜 짓을 하
지 않으면 더할 나위 없는 공덕이 되고, 시방세계에서 누구도 맞설
수 없는 으뜸이 된다. 왜냐하면 모든 붇다나라의 하늘신과 사람들
이 저절로 좋은 일을 하고 너무 나쁜 짓을 하지 않으면 이끌어 가
기 쉽기 때문이다. 이제 내가 이 세상에서 붇다가 되었는데, 5가지
나쁜 것(五惡), 5가지 아픔(五痛), 5가지 불길(五燒) 가운데서 가장

---

391) 5가지 나쁜 일(五惡)과 5가지 좋은 일(五善): 여기서 5가지 좋은 일을 이어가 받는 결과를
복과 덕(福德)·중생 제도(度世)·오래 삶(長壽)·니르바나(泥洹)라고 했다.

392) 대정신수대장경 주(註): [宋]·[元]·[明]본과 [流布本]에는 '위(爲)'를 뺐다.

괴로운 세상에 놓여 있다. 모든 중생에게 5가지 나쁜 짓을 버리게 하고, 5가지 아픔을 없애주고, 5가지 불길을 떠나도록 중생의 뜻을 크게 고쳐, 5가지 좋은 일을 이어가 복과 덕(福德)·중생 제도(度世)¹⁾·오래 삶(長壽)·니르바나(泥洹)의 길을 얻게 하려고 한다.

붇다가 말씀하셨다.

무엇이 5가지 나쁜 것(5惡)이고, 무엇이 5가지 아픔(五痛)이고, 무엇이 5가지 불길(五燒)이며, 무엇으로 5가지 나쁜 짓을 삭혀 5가지 착한 일을 이어가 복과 덕·중생 제도(度世)·오래 삶(長壽)·니르바나(泥洹)를 얻게 하는 길인가?

풀이

(1) 원문에 도세(度世)라고 했다. 본디 도교에서 티끌 같은 세상을 벗어나 신선이 되는 것을 뜻하는데, 불교에서는 ① 니르바나에 드는 것, ② 도생(度生)과 같은 뜻으로 중생을 제도하는 것을 말한다. 여기서는 아직 깨달음을 얻기 전의 상황을 이야기하므로 중생 제도로 옮긴다.

한문

其³⁹³⁾一惡者 諸天人民 蠕動之類 欲為衆惡. 莫不皆然 強者伏弱 轉相剋賊 殘害殺戮 迭相吞噬 不知修善 惡逆無道 後受殃罰 自然

---

393)　대정신수대장경 주(註): [流布本]에는 '불언(佛言)+기(其)'로 '불언(佛言)'이 추가된다.

趣向. 神明記識 犯者不赦 故有 貧窮下賤 乞丐孤獨 聾盲瘖啞 愚癡
憋[394]惡 至有尪狂 不逮之屬 又有尊貴豪富 高才明達 皆由宿世 慈
孝修善 積德所致. 世有常道 王法牢獄 不肯畏愼 為惡入罪 受其殃
罰 求望解脫 難得免[395]出 世間有此 目前現[396]事. 壽終後世 尤深尤
劇 入其幽冥 轉生受身 譬如王法 痛苦極刑[397] 故有 自然三塗 無量苦
惱 轉貿其身 改形易道 所受壽命 或長或短 魂神精識 自然趣之. 當
獨值向 相從共生 更相報復 無有止[398]已 殃惡未盡 不得相離 展轉其
中 無有出期 難得解脫 痛不可言. 天地之間 自然有是 雖不即時卒暴
應至善惡之道 會當歸之. 是為一大惡 一痛一燒 勤苦如是 譬如大火
焚燒人身. 人能於中 一心制意 端身正行 獨作諸善 不為衆惡者 身獨
度脫 獲其福德 度世上天 泥洹之道是為一大善也.

옮긴글

"첫째 나쁜 것이란, 여러 하늘신·사람·꿈틀거리는 동물들이
온갖 나쁜 짓을 하려 하고 그렇지 않은 것이 없다. 강한 것은 약
한 것을 억누르고, 상대를 넘어뜨리고 적을 죽이고, 잔인하게 해
치고 마구 죽이며, 서로 삼키고 씹으면서 좋은 것을 닦을 줄 모
르고, 몹시 나쁘고[1] 막되어 나중에 재앙과 벌을 받게 되니 당연
한 과보이다.

---

394) 대정신수대장경 주(註): [宋]·[元]·[明]본과 [流布本]에는 '별(憋)=폐(弊)'로 되어 있다.

395) 대정신수대장경 주(註): [宋]·[元]·[明]본에는 '면(免)=면(勉)'으로 되어 있다.

396) 대정신수대장경 주(註): [流布本]에는 '현(現)=견(見)'으로 되어 있다.

397) 대정신수대장경 주(註): [宋]본에는 '형(刑)=형(形)'으로 되어 있다.

398) 대정신수대장경 주(註): [流布本]에는 '지(止)=절(絶)'로 되어 있다.

하늘과 땅의 신령(神明)이 자세히 기록하여 죄를 저지른 자는 용서하지 않기 때문에 가난하고 천한 사람, 거지·어버이 없는 어린아이·자식 없는 늙은이, 귀머거리·소경·벙어리, 어리석은 미치광이나 못된 놈, 절름발이와 미치광이까지 태어나는 것이다. 그리고 지위가 높고 귀한 자, 뛰어난 재주로 슬기롭고 사리에 밝은 자들이 있으니, 모두 전생에 자식을 사랑하고 어버이를 섬기며 좋은 일을 닦고 덕을 쌓았기 때문이다.

세상에 변치 않는 떳떳한 도리가 있고 임금님 법에도 감옥이 있으니, 옳다고 여겨 두려워하고 삼가지 않으면 나쁜 일 하여 죄를 짓고 재앙과 벌을 받는다. 풀려나 보려고 하지만 면하거나 나오기 어려운 것이니 세간이 이런 것은 우리가 지금 보고 있는 일이다.

목숨이 다해 다음 세상에서는 더 심하고 더 힘드니, 어두운 저승에 들어가 삶을 바꾸어 새 몸을 받게 되면서 마치 임금님 법에서 가장 무거운 형벌을 받는 아픔과 괴로움을 받게 된다. 3가지 진구렁[2]에 빠져 헤아릴 수 없는 괴로움을 받게 되는데, 몸 바꾸면서 생김새가 달라지고 (6가지) 길도 바뀌며, 받는 목숨도 길거나 짧아지고, 죽은 넋과 자세한 업이 저절로 그를 따른다. 홀로 그 길을 가면서 (업이 있는 사람과는) 함께 태어나 서로 앙갚음함이 그침이 없어, 재앙과 나쁜 업이 다 없어질 때까지 그 안에서 돌아다니며 나올 기약이 없고, 벗어나기 어려우니 그 아픔은 말로 다

할 수가 없다.

하늘과 땅 사이 도리가 이러하니 비록 그때 바로 받지 않는다
해도 좋고, 나쁜 과보는 반드시 모아서 돌아오게 된다. 이것이 첫
번째 큰 나쁜 일이고, 첫 번째 아픔이고, 첫 번째 불길이니, 이러
한 괴로움을 견주어 말한다면 큰불로 사람 몸을 불사르는 것과
같다.

그런 속에서도 어떤 사람은 한마음으로 뜻을 억눌러 다스리고,
몸놀림을 바르게 하여, 홀로 갖가지 좋은 업을 짓고 나쁜 짓을 하
지 않으면, 몸이 홀로 얽매임을 벗어버려 복덕·중생 제도(度世)·하
늘에 오름(上天)·니르바나(泥洹) 같은 길을 얻게 되니, 이것이 첫 번
째 큰 착한 일이다.

풀이

(1) 악역(惡逆): 도리에 어긋나는 몹시 악한 행위인데, 당나라와
명나라에서 어버이나 조부모를 때리거나 죽이려는 죄를 악역이
라 했다.

(2) 3가지 진구렁은 원문은 삼도(三塗)이다. 한문 문헌에서 불
진구렁(火途), 칼 진구렁(刀途), 피 진구렁(血途)을 뜻하는 것으로
헤어나기 어려운 구렁을 말한다. 불교에서는 이것을 3가지 나쁜
길(三惡道)과 연결하여 해석한다.

2. 도둑질하는 나쁜 짓

한문

佛言 其二惡者 世間人民 父子兄弟 室家夫婦 都無義理 不順法度
奢婬憍縱 各欲快意 任心自恣 更相欺惑 心口各異 言念無實. 佞[399]諂
不忠 巧言諛[400]媚 嫉賢謗善 陷入怨枉. 主上不明 任用臣下 臣下自在
機僞多端 踐度能行 知其形勢 在位不正 爲其所欺 妄損忠良 不當天
心. 臣欺其君 子欺其父 兄弟夫婦 中外知識 更相欺誑 各懷貪欲 瞋
恚愚癡 欲自厚己 欲貪多有 尊卑上下 心俱同然 破家亡身 不顧前後
親屬內外 坐之滅族[401]. 或時室家知識 鄕黨市里 愚民野人 轉共從事
更相剝[402]害 忿成怨結. 富有慳惜 不肯施與 愛保[403]貪重 心勞身苦
如是至竟 無所恃怙 獨來獨去 無一隨者. 善惡禍福 追命所生 或在樂
處 或入苦毒 然後乃悔 當復何及.

世間人民 心愚少智 見善憎謗 不思慕及 但欲爲惡 妄作非法 常懷
盜心 悕望他利 消散磨[404]盡 而復求索 邪心不正 懼人有色 不豫思計
事至乃悔. 今世現有 王法牢獄 隨罪趣向 受其殃罰 因其前世 不信道
德 不修善本 今復爲惡 天神剋識 別其名籍 壽終神逝 下入惡道 故有

---

399) 녕(佞)=녕(侫의 속자)
400) 대정신수대장경 주(註): [宋]본에는 '유(諛)=유(論)'로 되어 있다.
401) 대정신수대장경 주(註): [流布本]에는 '멸족(滅族)=이멸(而滅)'로 되어 있다.
402) 대정신수대장경 주(註): [宋]·[元]·[明]본과 [流布本]에는 '박(剝)=이(利)'로 되어 있다.
403) 대정신수대장경 주(註): [流布本]에는 '보(保)=보(寶)'로 되어 있다.
404) 대정신수대장경 주(註): [流布本]에는 '마(磨)=미(靡)'로 되어 있다.

自然三塗 無量苦惱 展轉其中 世世累劫 無有出期 難得解脫 痛不可
言. 是爲二大惡 二痛二燒 勤苦如是 譬如大火 焚燒人身. 人能於中
一心制意 端身正行 獨作諸善 不爲衆惡者 身獨度脫 獲其福德 度世
上天 泥洹之道 是爲二大善也.

옮긴글
_____

붇다가 말씀하셨다. 그 두 번째 나쁜 것은 세간 사람들 가운데
어버이와 아들, 형과 동생, 집안의 남편과 아내가 모두 사람으로서
지켜야 할 도리를 모르고, 법도를 따르지 않고, 음탕하고 제멋대
로 하며, 제각기 쾌락만 좇고, 마음 내키는 대로 서로 속이고 의심
하며, 마음과 입이 서로 달라 말과 생각이 참되지 않다.

아첨하면서 정성을 다하지 않고, 교묘하게 꾸며대는 말로 비위
나 맞추며 알랑대고, 어진 사람 시기하고 착한 사람 헐뜯으며, 미
워하는 마음으로 어려운 처지에 빠지게 한다. 임금이 밝지 못해
신하를 써도 그 신하는 거침없이 갖가지 거짓말로 법도를 밟고 행
하고, 그 형세를 알고 자리를 차지하고 있으면서 속여서 일을 처리
하니 충성스럽고 어진 신하들은 줄어들고 하늘의 뜻을 당할 수가
없다.

신하는 임금을 속이고, 자식은 부모를 속이며, 형과 아우·남편
과 아내·안팎의 벗들도 서로 속이고 각자 탐냄·화냄·어리석음을
품고 자기 잇속만 챙기려 너무 욕심을 부리는 것은 신분이 높거
나 낮거나 마음가짐이 모두 같으니, 집과 몸을 망치고 앞뒤 돌아
보지 않고 친족 안팎이 앉아서 끝장나 없어진다. 어떤 때에는 가

족·벗·마을의 어리석고 거친 사람들이 평소와 달리 함께 어떤 일을 일삼아서 하는데 이해관계가 생기면 서로 성을 내며 원한을 맺게 된다.

잘 살면서도 아까워 베풀려 하지 않고, 지키고 더 탐하는 것만 사랑해 몸과 마음을 힘들게 한다. 이런 지경에 이르면 믿을 것도 없고 혼자 와서 혼자 가지, 한 사람도 따르는 사람이 없다. 좋고 나쁜 것, 재난과 복은 목숨 따라 생겨나므로 즐거운 곳에 가기도 하고 괴로운 곳에 들어가기도 하니, 그 뒤에 뉘우쳐도 다시 어찌할 수가 없다.

세상 사람들은 마음이 어리석고 슬기가 적어 착한 것을 보면 미워하고 헐뜯으며, 뒤따르려 하지 않고 부질없이 나쁜 짓만 하려 해, 무릇 도리에 어긋난 짓만 하고, 늘 훔치려는 마음을 품고, 다른 사람에게 이로운 것을 바라보며 슬퍼하고, 있는 것 써버려 다 없어지면 다시 필요한 것을 찾는다. 삿된 마음이고 바르지 않기 때문에 다른 사람의 낯빛을 두려워하고, 미리 생각하여 계획하지 않고 일이 닥치면 이내 뉘우친다.

이승에 살면서는 임금님 법에 감옥이 있어 죄에 따라 벌을 받는데, 전생에 도덕을 믿지 않고 좋은 바탕을 닦지 않았기 때문에 지금 다시 나쁜 짓을 하게 된다. 하늘신이 판단하여 따로 명부에 기록하여 목숨이 다하여 혼이 떠나면 나쁜 길에 떨어지기 때문에 3가지 진구렁에서 헤아릴 수 없는 괴로움을 겪으며 떠돌아, 몇 깔빠가 지나도 나올 기약이 없고 벗어나기 어려워 그 아픔은 말로 다 할 수 없다. 이것이 두 번째 큰 나쁜 일·두 번째 아픔·두 번째 불길이니, 이러한 괴로움을 견주어 말한다면 큰불로 사람 몸을 불사르는 것과 같다.

사람은 그런 속에서도 한마음으로 뜻을 억눌러 다스리고, 몸놀림을 바르게 하여, 홀로 갖가지 좋은 업을 짓고 나쁜 짓을 하지 않으면 몸이 홀로 얽매임을 벗어버려 복덕·중생 제도(度世)·하늘에 오름(上天)·니르바나(泥洹)의 길을 얻게 되니 이것이 두 번째 큰 착한 일이다.

3. 삿된 관계하는 나쁜 짓

佛言. 其三惡者 世間人民 相因寄生 共居天地之間 處年壽命 無能幾何. 上有 賢明長者 尊貴豪富 下有 貧窮廝[405]賤 尫劣愚夫. 中有 不善之人 常懷邪惡 但念婬妷[406] 煩滿胸中 愛欲交亂 坐起不安. 貪意守惜 但欲唐得 睞睞[407]細色 邪態外逸 自妻厭憎 私妄出入[408] 費損家財 事為非法. 交結聚會 興師相伐 攻劫殺戮 強奪不[409]道 惡心在外 不自修業 盜竊趣得 欲擊[410]成事 恐勢[411]迫脅[412] 歸給妻子 恣心快意 極身作樂 或於親屬 不避尊卑 家室中外 患而苦之. 亦復不畏王法禁令. 如是之惡 著於人鬼 日月照見 神明記識 故有 自然三塗 無量苦惱 展轉其中 世世累劫 無有出期 難得解脫 痛不可言. 是為三大惡 三痛三燒 勤苦如是 譬如大火 焚燒人身. 人能於中 一心制意 端身正行 獨作諸善 不為衆惡者 身獨度脱 獲其福德 度世上天 泥洹之道

---

405) 대정신수대장경 주(註): [宋]·[元]·[明]본에는 '시(廝)=사(斯)'로, [流布本]에는 시(廝)로 되어 있다.

406) 대정신수대장경 주(註): [宋]본에는 '질(妷)=일(佚)'로, [元]·[明]본에는 '질(妷)=일(泆)'로 되어 있다.

407) 대정신수대장경 주(註): [宋]본에는 '래(睞)=[月+來]'로, [元]본에는 '래(睞)=[耳+•來]'로 되어 있다.

408) 대정신수대장경 주(註): [流布本]에는 '출입(出入)=입출(入出)'로 되어 있다.

409) 대정신수대장경 주(註): [宋]·[元]·[明]본에는 '불(不)=무(無)'로 되어 있다.

410) 대정신수대장경 주(註): [流布本]에는 '격(擊)=계(繫)'로 되어 있다.

411) 대정신수대장경 주(註): [流布本]에는 '세(勢)=열(熱)'로 되어 있다.

412) 대정신수대장경 주(註): [流布本]에는 '협(脅)=협(憎)'로 되어 있다.

是爲三大善也.

붇다께서 말씀하셨다.

"세 번째 나쁜 것이란, 세간 사람들은 하늘과 땅 사이에 함께 살면서 서로 더부살이하고 있으므로 사는 햇수가 얼마 되지 않는다. 위로는 어진 사람·경험 많은 사람·지위가 높은 사람·재산이 넉넉한 사람, 아래로는 가난하고, 천하고, 약하고, 못났고, 어리석은 사람들이 함께 사는데, 그 가운데 나쁜 짓을 하는 사람은 늘 삿되고 나쁜 마음을 품고 오로지 음란하고 방탕한 생각만 하여 번뇌가 가슴 속에 가득 차고 애욕 때문에 어지러워 앉으나 서나 불안하다.

탐하는 마음을 지키고 중하게 여겨 쓸데없이 얻으려고만 하고, (여자의) 매끈한 얼굴빛이나 곁눈질하고 간사한 몸짓을 밖으로 드러낸다. 자기 아내는 싫어하고 미워하면서 남몰래 멋대로 (다른 여자 집에) 드나들면서 집 재산을 털어먹고 도리에 어긋나는 짓을 한다.

맞는 사람끼리 패거리를 만든 뒤, 군사를 일으켜 상대를 쳐 죽이고, 도리를 어겨 억지로 빼앗는 나쁜 마음밖에 없어, 스스로 닦아 익히지 않고 훔쳐 얻어 일을 이루려 한다. 힘으로 남을 두렵게 하고 을러메서 괴롭혀, 자기 아내와 자식에게 가져다주고, 자기 기쁨만을 위해 마음 내키는 대로 온몸으로 쾌락을 즐기고, 친족에게도 자리가 높고 낮은 것을 피하지 않으니 집 안팎이 근심하고 괴로워한다. 또한 임금님이 못 하게 말리는 명령도 두려워하지 않는다.

이러한 악한 짓은 다른 사람과 귀신에게 알려지고, 해와 달이 비쳐 보고, 하늘과 땅의 신령도 자세히 기록하기 때문에 저절로 3가지 진구렁에 빠져 헤아릴 수 없는 괴로움을 받으며 그 속에서 맴돌게 되는데, 수많은 삶을 이어가며 몇 깔빠 동안 빠져나올 기약이 없고 벗어나기 어려우니 그 아픔은 말로 할 수가 없다. 이것이 세 번째 큰 나쁜 것이고, 세 번째 아픔이고, 세 번째 불길이니 이러한 괴로움을 견주어 말해보면 큰불에 사람 몸을 태워버리는 것과 같다.

사람은 그런 속에서도 한마음으로 뜻을 억눌러 다스리고, 몸놀림을 바르게 하여, 홀로 갖가지 좋은 업을 짓고 나쁜 짓을 하지 않으면 몸이 홀로 얽매임을 벗어버려 복덕·중생 제도(度世)·하늘에 오름(上天)·니르바나(泥洹)라는 길을 얻게 되니 이것이 세 번째 큰 착한 일이다."

4. 거짓말하는 나쁜 짓

佛言. 其四惡者 世間人民 不念修善 轉相教令 共為衆惡 兩舌惡口
妄言綺語 讒賊鬪亂 憎嫉善人 敗壞賢明 於傍快喜 不孝二親 輕慢師
長 朋友無信 難得誠實. 尊貴自大 謂己有道 橫行威勢 侵易於人. 不
能自知 為惡無恥 自以強健 欲人敬難 不畏天地 神明日月 不肯作善
難可降化 自用偃蹇 謂可常爾 無所憂懼 常懷憍慢. 如是衆惡 天神記
識 賴其前世 頗作福德 小善扶接 營護助之 今世為惡 福德盡滅 諸
善神鬼[413] 各去[414]離之 身獨空立 無所復依 壽命終盡 諸惡所歸 自然
迫促 共趣奪之[415]. 又其名籍 記在神明 殃咎牽引 當往趣向 罪報自
然 無從捨離. 但得前行 入於火鑊 身心摧碎 精神痛苦 當斯之時 悔
復何及. 天道自[416]然 不得蹉跌 故有 自然三塗 無量苦惱 展轉其中
世世累劫 無有出期 難得解脫 痛不可言. 是為四大惡 四痛四燒 勤苦
如是 譬如大火 焚燒人身. 人能於中 一心制意 端身正行 獨作諸善 不
為衆惡[417] 身獨度脫 獲其福德 度世上天 泥洹之道 是為四大善也.

---

413) 대정신수대장경 주(註): [宋]·[元]·[明]본과 [流布本]에는 '신귀(神鬼)=귀신(鬼神)'으로 되어 있다.
414) 대정신수대장경 주(註): [流布本]에는 '거(去)=공(共)'으로 되어 있다.
415) 대정신수대장경 주(註): [宋]·[元]본에는 '탈지(奪之)=돈핍(頓乏)'으로, [流布本]에는 '탈(奪)=
      돈(頓)'으로 되어 있다.
416) 대정신수대장경 주(註): [宋]·[元]·[明]본에는 '자(自)=경(冏)'으로 되어 있다.
417) 대정신수대장경 주(註): [流布本]에는 '악(惡)=악자(惡者)'로 되어 있다.

붇다께서 말씀하셨다.

"네 번째 나쁜 것은 세상 사람들이 좋은 것을 닦으려 생각하지 않고, 점점 서로 가르쳐 함께 나쁜 짓을 하게 되니, 이간질하고(兩舌), 욕하고(惡口), 거짓말하고(妄語), 꾸며서 말해(綺語) 하리[1]하여 해치고, 다투어 어지럽히고, 착한 사람을 미워하고 시기하며, 슬기로운 사람을 해쳐 무너뜨리고, 곁에 살면서 부부만 즐기고 어버이는 섬기지 않고, 스승이나 어른을 업신여기고, 벗에게 믿음을 잃으니 성실한 사람이 되기 어렵다.

높은 자리에 오르면 스스로 잘난 체하고, 자기만의 도가 있다며 위세를 부리고, 다른 사람에게 해를 끼치고 얕잡아본다. 스스로를 알 수 없으니 나쁜 짓하고도 부끄러워하지 않고, 스스로 실하고 굳센 것을 내세워 다른 사람을 공경하기 어려우니, 하늘·땅의 신령과 해·달을 두려워하지 않고 착한 일을 짓지 않아 설득하고 가르치기 어렵다. 스스로는 아무것도 하지 않고, 그렇게 될 것이라고 말하면서 근심이나 두려움도 없이 늘 잘난 체하고 건방지게 논다.

이러한 모든 나쁜 짓은 하늘신이 판단하여 기록하며, 전생에 지은 작은 복덕과 착함의 힘으로 떠받치며 살아가고 있지만, 이승에서 나쁜 짓을 하여 복덕이 다 없어지면 여러 착한 귀신들이 모두 떠나버리고 몸은 홀로 쓸쓸하게 서서 더 기댈 곳이 없어지니, 목숨이 끝날 때 모든 나쁜 업이 돌아와 저절로 다그치면서 함께 달려와 빼앗아 가게 된다.

그 명부 기록이 하늘·땅 신령에게 있어, 그 재앙과 허물에 끌려 바로 (나쁜 길로) 가게 되니, 죄에 대한 열매는 저절로 생겨나 버리거나 떠날 수가 없다. 무릇 전생의 업보에 따라 불가마에 들어가 몸과 마음이 부서져 정신이 괴롭고 아프게 되었을 때야 뉘우친들 어디 쓸데가 있겠는가?

하늘의 도리와 자연이란 틀어짐이 없으므로 저절로 3가지 진구렁에 빠져 헤아릴 수 없는 괴로움을 받으며 그 속에서 맴돌게 되는데, 수많은 삶을 이어가며 몇 깔빠 동안 빠져나올 기약이 없고 벗어나기 어려우니 그 아픔은 말로 할 수가 없다. 이것이 네 번째 큰 나쁜 것이고, 네 번째 아픔이고, 네 번째 불길이니 이러한 괴로움을 견주어 말해보면 큰불에 사람 몸을 태워버리는 것과 같다.

어떤 사람은 그런 속에서도 한마음으로 뜻을 억눌러 다스리고, 몸놀림을 바르게 하여, 홀로 갖가지 좋은 업을 짓고 나쁜 짓을 하지 않으면 몸이 홀로 얽매임을 벗어버려 복덕·중생 제도(度世)·하늘에 오름(上天)·니르바나(泥洹)라는 길을 얻게 되니 이것이 네 번째 큰 착한 일이다."

풀이

(1) 하리: 남을 헐뜯어 윗사람에게 일러바치는 일, 한문으로 참소(讒訴)라고 한다. (『우리말큰사전』).

5. 술 마시는 나쁜 짓

한문

佛言. 其五惡者 世間人民 徙倚懈惰 不肯作善 治身修業 家室眷屬 飢寒困苦. 父母敎誨 瞋目怒應 言令不和 違戾反逆 譬如怨家 不如無子. 取與无節 衆共患厭 負恩違義 无有報償之心 貧窮困乏 不能復得. 辜[418]較縱奪 放恣遊散 串數唐得 用自賑[419]給. 耽酒嗜美 飮食無度 肆心蕩逸 魯扈抵突 不識人情 强欲抑制 見人有善 憎[420]嫉惡之 無義無禮 無所顧錄[421] 自用職[422]當 不可諫曉. 六親眷屬 所資有無 不能憂念 不惟父母之恩 不存師友之義 心常念惡 口常言惡 身常行惡 曾無一善. 不信先聖 諸佛經法 不信行道 可得度世 不信死後 神明更生 不信作善得善 爲惡得惡. 欲殺眞人 鬪亂衆僧 欲害父母 兄弟眷屬 六親憎惡 願令其死. 如是世人 心意俱然 愚癡曚[423]昧 而自以智慧. 不知生所從來 死所趣向 不仁不順 逆惡[424]天地 而於其中 悕望僥倖 欲求長生 會當歸死. 慈心敎誨 令其念善 開示生死 善惡之趣 自然有是

---

418) 고리대장경에는 다른 글자체인 '古+羊'으로 썼다.

419) 대정신수대장경 주(註): [宋]본에는 '진(賑)＝진(振zhèn)'으로 되어 있다.

420) 대정신수대장경 주(註): [元]·[明]본에는 '증(憎)＝투(妒)'로 되어 있다.

421) 대정신수대장경 주(註): [宋]·[元]·[明]본과 [流布本]에는 '록(錄)＝난(難)'으로 되어 있다.

422) 대정신수대장경 주(註): [宋]·[元]·[明]본에는 '직(職)＝식(識)'으로 되어 있다.

423) 대정신수대장경 주(註): [宋]·[元]·[明]본에는 '몽(曚)＝몽(蒙)'으로, [流布本]에는 '몽(曚)＝몽(曚)'로 되어 있다.

424) 대정신수대장경 주(註): [宋]·[元]·[明]본과 [流布本]에는 '역악(逆惡)＝악역(惡逆)'으로 되어 있다.

而不⁴²⁵⁾信之 苦心與語 無益其人 心中閉塞 意不開解. 大命將終 悔懼交至 不豫修善 臨窮方悔 悔之於後 將何及乎. 天地之間 五道分明 恢廓窈冥⁴²⁶⁾ 浩浩茫茫 善惡報應 禍福相承 身自當之 無誰代者 數之自然 應其⁴²⁷⁾所行 殃咎追命 無得縱捨. 善人行善 從樂入樂 從明入明 惡人行惡 從苦入苦 從冥入冥 誰能知者. 獨佛知耳 教語開示 信用者少.

生死不休 惡道不絕 如是世人 難可具盡 故有 自然三塗 無量苦惱 展轉其中 世世累劫 無有出期 難得解脫 痛不可言. 是為五大惡 五痛 五燒 勤苦如是 譬如大火 焚燒人身. 人能於中 一心制意 端身正念 言行相副 所作至誠 所語如語 心口不轉 獨作諸善 不為衆惡者⁴²⁸⁾. 身獨度脫 獲其福德 度世上天 泥洹之道 是為五大善也.

![옮긴글]

붇다께서 말씀하셨다.

"다섯 째 나쁜 것이란, 세상 사람들이 너무 게을러서 좋은 일 하여 몸을 다스리고 업을 닦으려 하지 않아 가족과 딸린 식구들이 배고프고 춥고 고생스럽다. 어버이가 가르치면 눈을 부릅뜨고 화를 내며 말대꾸하고, 말하면 오히려 사이가 좋지 않게 되어 달아나고 벗어나 등지고 저버린다. 견주어 말하면 원한을 품은 사람

---

425) 대정신수대장경 주(註): [宋]·[元]·[明]본과 [流布本]에는 '이불신지(而不信之)=이불긍신지(而不肯信之)'라고 되어 있다.

426) 대정신수대장경 주(註): [流布本]에는 '명(冥)=조(窕)'로 되어 있다.

427) 대정신수대장경 주(註): [宋]·[元]·[明]본에는 '기(其)=기(期)'로 되어 있다.

428) 대정신수대장경 주(註): [宋]·[元]·[明]본에는 '자(者)'를 뺐다.

같아 자식이 없는 것만 못하다.

주고받는 데 절도가 없으니 모두 다 불안해하고 싫어한다. 은혜를 등지고 의리를 저버리고 받은 것을 갚을 마음이 없으니 가난하고 고달프고 힘이 없어져도 다시 얻을 수가 없다. 이득을 노려 제멋대로 빼앗고 건방지게 놀며 흩어버리고, 자주 남의 것을 거저 얻어 스스로를 먹여 살리는 데 쓴다.

술을 즐기고 맛있는 것을 좋아하니, 마시고 먹는 것에 절도가 없어 거리낌 없이 써서 없애버린다. 미련하게 날뛰면서 다른 사람의 마음은 모르고 힘으로 억누르려 하고, 다른 사람의 착한 것을 보면 새암을 내서 미워한다. 의리도 없고 예의도 없으며, 스스로 한 일을 돌아보지 않고 자기가 하는 것은 다 옳다고 하니, 잘못을 일러 깨우칠 수가 없다. 집안의 어버이·형과 아우·아내와 아들딸의 생활비가 있는지 없는지는 걱정하지 않고, 어버이 은혜는 생각하지 않고, 스승과 벗에 대한 의리는 없으며, 마음에는 늘 나쁜 생각을 하고, 입으로는 늘 나쁜 말을 하고 몸으로는 늘 나쁜 짓을 하여 좋은 일을 한 것이 하나도 없다.

옛 성인과 여러 불경의 가르침을 믿지 않고, 믿음과 실천으로 나고 죽음을 벗어남을 믿지 않고, 죽은 뒤 신령(神明)이 다시 태어남을 믿지 않고, 좋은 것 지으면 좋은 것 얻고 나쁜 짓하면 나쁜 것 얻는다는 것을 믿지 않는다.

참사람(眞人)[1]을 죽이려 하고 쌍가(僧伽)에서 다투어 어지럽히며, 어버이·형과 아우·딸린 식구를 죽이려 하니, 어버이·형과 아우·아내와 아들딸들이 그가 죽기를 바란다. 이처럼 세상 사람들의 마음과 뜻이 모두 그리하여, 어리석고 사리에 어두우면서 스스로는 슬기롭다고 생각한다. 태어날 때 어디서 왔으며 죽어서 어디로 가는지 모르고, 어질지 못하고 거칠어 하늘과 땅을 거스르면서, 그 가운데서 요행을 바라고 오래 살길 바라지마는 반드시 죽음으로 돌아가게 되어 있다.

사랑하는 마음으로 가르치고 이끌어 착한 것을 생각하게 하고, 나고 죽음과 좋고 나쁨에 대한 본디 뜻과 본디 있다는 것을 열어 보이지만, 믿지 않으니 애써 해준 말이 이롭거나 도움이 되지 않고, 마음이 꽉 막히고 생각이 열리지 않는다. 긴 목숨이 끝나려 할 때 뉘우침과 두려움이 번갈아 닥치지만 미리 착함을 닦지 않고 막바지에 가서야 후회하는데, 뒤늦게 후회해서 이를 어찌하겠는가!

하늘과 땅 사이에 5가지 길(五道)²⁾이 뚜렷하게 있어 크넓고 그윽하고 아득하다. 좋고 나쁜 행적에 따라 재앙이나 복을 받게 되는데, 자기가 지은 것은 스스로 받아야지 누구도 대신 해줄 수 없는 것이 자연의 도리이므로, 이미 저지른 짓에 따라 목숨을 쫓아 재앙을 내리니 떨쳐버릴 수가 없다.

착한 사람이 착한 짓을 하면 즐거움을 따라 즐거움으로 들어가고 밝음을 따라 밝음으로 들어가며, 나쁜 사람이 나쁜 짓을 하면, 괴로움을 따라 괴로움으로 들어가고 어두움을 따라 어두움으로 들어가는 것을 누가 알 수 있겠는가! 홀로 붇다 만 알아, 말로 가르침을 열어 보이지만 믿고 실천하는 사람은 적다.

나고 죽음은 그치지 않고 나쁜 길은 끊이지 않는 것이라, 이처럼 세상 사람이 온전히 끝내기 어려운 것이기 때문에 저절로 3가지 진구렁에 빠져 헤아릴 수 없는 괴로움을 받으며 그 속에서 맴돌게 되는데, 수많은 삶을 이어가며 몇 깔빠 동안 빠져나올 기약이 없고 벗어나기 어려우니 그 아픔은 말로 할 수가 없다. 이것이 다섯 번째 큰 나쁜 것이고, 다섯 번째 아픔이고, 다섯 번째 불길이니 이러한 괴로움을 견주어 말해보면 큰불에 사람 몸을 태워버리는 것과 같다.

사람은 그런 속에서도 한마음으로 뜻을 억눌러 다스리고, 몸놀림을 바르게 하여, 홀로 갖가지 좋은 업을 짓고 나쁜 짓을 하지 않으면 몸이 홀로 얽매임을 벗어버려 복덕·중생 제도(度世)·하늘에 오름(上天)·니르바나(泥洹)라는 길을 얻게 되니, 이것이 다섯 번째 큰 착한 일(大善)이다."

풀이

(1) 본디 도교에서 진리를 깨달은 사람을 뜻하였는데, 불교에서 아르한(阿羅漢)을 그렇게 비유하였다.

(2) 5가지 길(五道): 불교에서 6가지 길이라고 해서 지옥·배고픈 귀신·짐승·사람·아쑤라·하늘을 말하는데, 도교에서 이 6가지 길을 가져다 아쑤라를 빼고 5가지 길(五道)을 만들었다. 첫 길이란 정신이 하늘로 올라가 하늘신(天神)이 되는 것이고, 둘째 길이란 정신이 뼈와 살로 들어가 사람신(人神)이 되는 것이고, 셋째 길이란 정신이 날짐승과 길짐승(禽獸)으로 들어가 짐승신(禽獸神)

이 되는 것이고, 넷째 길이란 정신이 줄사철나무(薜荔)로 들어가면 배고픈 귀신(餓鬼)이라 부르고, 다섯째 길이란 정신이 니라야 (niraya, 泥黎)에 들어가면 지옥이라 부른다.

6. 5가지 나쁘고, 아프고, 불길에 둘러싸인 세계

한문

佛告彌勒. 吾語汝等 是世五惡 勤苦若此 五痛五燒 展轉相生. 但作衆惡 不修善本 皆悉自然 入諸惡趣 或其[429]今世 先被殃病 求死不得 求生不得 罪惡所招 示衆見之 身死隨行 入三惡道 苦毒無量 自相燋然. 至其久後 共作怨結 從小微起 遂成大惡 皆由貪著財色 不能施慧[430] 癡欲所迫 隨心思想 煩惱結縛 無有解已. 厚己諍利 無所省錄 富貴榮華 當時快意 不能忍辱 不務修善 威勢無幾 隨以磨滅 身生[431] 勞苦 久後大劇. 天道施張 自然糾擧 綱紀[432]羅網 上下相應 嫈嫈忪忪 當入其中 古今有是 痛哉可傷.

佛語彌勒. 世間如是 佛皆哀之 以威神力 摧滅衆惡 悉令就善 棄捐所思 奉持經戒 受行道法 無所違失 終得度世 泥洹之道.

옮김글

붇다께서 마이뜨레야에게 말씀하셨다.

"내가 여러분에게 말한 세상의 5가지 나쁜 것에서 생긴 근심과 괴로움은 위에서 본 바와 같다. 그 결과 5가지 아픔과 5가지 불길

---

429) 대정신수대장경 주(註): [明]본에는 '기(其)=유(有)'로 되어 있다.
430) 대정신수대장경 주(註): [宋]·[元]·[明]본과 [流布本]에는 '혜(慧)=혜(惠)'로 되어 있다.
431) 대정신수대장경 주(註): [宋]·[元]·[明]본과 [流布本]에는 '생(生)=좌(坐)'로 되어 있다.
432) 대정신수대장경 주(註): [明]본에는 '기(紀)=유(維)'로 되어 있다.

에서 굴러 옮겨 다니며 살아가게 된다. 다만 갖가지 나쁜 짓 하고 좋은 바탕을 닦지 않으면 모두 저절로 여러 나쁜 길로 들어가, 살아 있을 때 이미 병에 걸려 죽으려 해도 죽지 못하고 살려 해도 살지 못해 여러 사람에게 죄악이 가져다준 결과를 보여준다. 몸이 죽으면 한 짓에 따라 3가지 나쁜 길에 들어가니, 괴로움이 헤아릴 수 없고 저절로 서로 몸을 불태우게 된다.

오래 지난 뒤까지 함께 원한을 맺게 되니, 작고 적은 것부터 시작하여 마침내 큰 죄악에 이르게 된다. 모두 재물과 계집을 너무 아끼고 사랑하여 은혜를 베풀지 못한 데서 비롯된 것으로, 어리석은 욕심에 짓눌려 마음에서 나오는 생각에 따라 번뇌에 얽매이고 헤어날 수가 없다. 자기에게 너그럽고 이익을 다투면서 돌이켜 살펴보는 바가 없고, 잘살고 지위가 높고 명예가 빛날 때는 기뻐하지만 너그럽지 못하고 착한 것을 닦지 않으므로, 그 위세도 얼마 안 가서 없어져, 몸으로 힘쓰고 애써도 오래 가면 거칠고 사나워진다.

하늘의 도리는 널리 전해져 저절로 죄를 드러내니, 법과 풍속을 모두 따져 높고 낮음에 따라 벌을 주기 때문에 홀로 놀라서 그 속에 들어가야 하는 것은 옛날이나 지금이나 마찬가지로 안타깝고 가슴 아픈 일이다.

붇다께서 마이뜨레야에게 말씀하셨다.

"세상이 이와 같으니, 붇다가 모두 불쌍히 여겨 위신력으로 모든 나쁜 것을 막아 없애고 모두 착함을 이루도록 하셨다. 생각하

는 바를 버리고 경과 계를 받들어 지니고 도법을 받아 닦아 어기
거나 잃지 않으면, 마침내 나고 죽음을 벗어나 니르바나의 길을
얻게 된다."

7. 좋은 길로 이끌기 위한 붇다의 가르침

한문

佛言. 汝今 諸天人民 及後世人 得佛經語 當熟思之 能於其中 端
心正行. 主上爲善 率化其下 轉相敕令 各自端守 尊聖敬善 仁慈博愛
佛語教誨 無敢虧負 當求度世 拔斷生死 衆惡之本 永[433]離三塗 無量
憂畏[434] 苦痛之道. 汝等於是 廣殖[435]德本 布恩施慧[436] 勿犯道禁 忍
辱精進 一心智慧 轉相教化 爲德立善. 正心正意 齋戒淸淨 一日一夜
勝在無量壽國 爲善百歲. 所以者何 彼佛國土 無爲自然 皆積衆善 無
毛髮之惡. 於此修善 十日十夜 勝於他方 諸佛國中[437] 爲善千歲 所以
者何 他方佛國 爲善者多 爲惡者少 福德自然 無造惡之地. 唯此間多
惡 無有自然 勤苦求欲 轉相欺殆[438] 心勞形困 飮苦食毒 如是匆[439]
務 未嘗寧息.

吾哀汝等 天人之類 苦心誨喩 教令修善 隨器[440]開導 授與經法
莫不承用 在意所願 皆令得道. 佛所遊履 國邑丘聚 靡不蒙化. 天
下和順 日月淸明 風雨以時 災厲不起 國豐民安 兵戈無用 崇德興

---

433) 대정신수대장경 주(註): [宋]·[元]·[明]본과 [流布本]에는 '영(永)=당(當)'으로 되어 있다.
434) 대정신수대장경 주(註): [宋]·[元]·[明]본에는 '외(畏)=포(怖)'로 되어 있다.
435) 대정신수대장경 주(註): [宋]·[元]·[明]본과 [流布本]에는 '식(殖)=식(植)'으로 되어 있다.
436) 대정신수대장경 주(註): [流布本]에는 '혜(慧)=혜(惠)'로 되어 있다.
437) 대정신수대장경 주(註): [流布本]에는 '중(中)=토(土)'로 되어 있다.
438) 대정신수대장경 주(註): [流布本]에는 '태(殆)=태(紿)'로 되어 있다.
439) 대정신수대장경 주(註): [宋]·[元]·[明]본에는 '총(匆)=악(惡)'로 되어 있다.
440) 대정신수대장경 주(註): [宋]·[元]·[明]본에는 '기(器)=의(宜)'로 되어 있다.

仁 務修禮讓.

붇다께서 말씀하셨다.

"여러분, 이제 여러 하늘신과 사람들, 그리고 후세 사람들은 불경[1] 말씀을 얻어듣고 깊이 생각해야 하며, 그 속에서 마음이 바르고 행동이 얌전해야 한다. 임금은 좋은 일 하여 아랫사람을 거느리고 교화해야 하고, 더욱더 서로 타이르고 조심하여 각자 바르게 지켜야 하고, 성인을 우러러보고 좋은 것을 받들어야 하고, 어질게 대하고 널리 사랑해야 한다. 붇다의 말씀과 가르침을 감히 등지거나 헐뜯어서는 안 되고 반드시 얽매임을 벗어나려 해야 하고, 나고 죽음을 끊고 3가지 진구렁(三塗)과 헤아릴 수 없는 근심·두려움·괴로움의 길을 떠나야 한다.

여러분은 널리 덕의 뿌리를 심어야 하고, 은혜를 베풀고, 도(道)가 금하는 것을 저지르면 안 되고, 참고 열심히 닦아, 한마음과 슬기로 더욱 서로 가르쳐 이끌어야 하고, 어질게 행하여 좋은 것을 이루어야 한다. 바른 마음과 바른 뜻으로 하루라도 맑고 깨끗하게 계를 지키면, 아미따바 나라에서 100년 동안 착한 일 하는 것보다 낫다. 왜냐하면 그 붇다나라에서는 저절로 이루어지고 모두가 좋은 것만 쌓고 털끝만큼 나쁜 것도 없기 때문이다.

이처럼 열흘 동안 좋은 것을 닦으면 다른 여러 붇다나라에서 1,000년 동안 좋은 것을 닦는 것보다 낫다. 왜냐하면 다른 붇다나라에는 좋은 일 하는 이들이 많고 나쁜 일 하는 이는 적고, 복덕이 절로 생겨나 나쁜 것을 짓는 일이 없는 땅이기 때문이다.

오직 이 세상만 나쁜 것이 많아서 저절로 되지 않아 부지런히 일하고 힘들게 얻으려고 하지만 더욱더 서로 속이고 해치니, 마음이 괴롭고 몸은 지쳐서 마시는 것은 쓰고, 먹는 것은 독과 같다. 이처럼 모든 일이 편안하지 않고 쉴 틈이 없다.

나는 여러 하늘신과 사람들을 가엾게 여겨 가르쳐 깨우치도록 애쓰고, 좋은 것을 닦도록 가르치고, 그릇에 따라 깨우치어 이끌고, 경의 가르침(經法)을 주니 받들어 행하지 않는 이가 없고, 마음의 바램에 따라 모두 도를 얻게 하니, 붇다가 돌아다니며 발을 밟은 나라나 읍내나 마을이나 교화를 입지 않은 곳이 없다.

천하가 부드럽고 순하고, 해와 달이 맑고 밝으며, 때맞추어 바람 불고 비가 내리며, 재난과 돌림병이 일어나지 않고, 나라는 넉넉하고 백성은 편안하며, 군대와 무기가 쓸모없고, 덕을 받들어 어진 마음이 일어나며, 힘써 예를 지켜 사양하는 것을 닦는다.”

풀이

(1) 득불경어(得佛經語)- 불경 말씀을 듣고: 내가 말하는 불법을 잘 듣고(청화), 불타의 가르침을 얻어(충담), 내가 말하는 법을 가지고(태원), 내가 말하는 불법을(보광), 붇다의 경전(經) 말씀(이와나미 서점『정토삼부경』)

佛言. 我哀愍汝等 諸天人民 甚於父母念子 今吾[441]於此世作佛 降
化五惡 消除五痛 絶滅五燒 以善攻惡 拔生死之苦 令獲五德 昇[442]無
爲之安. 吾去世後 經道漸滅 人民諂僞 復爲衆惡 五燒五痛 還如前法
久後轉劇 不可悉說 我但爲汝 略言之耳.

佛告[443]彌勒. 汝等各善思之 轉相教誡 如佛經法 無得犯也.

於是 彌勒菩薩 合掌白言 佛所說甚善.[444] 世人實爾. 如來 普慈哀
愍 悉令度脫 受佛重誨 不敢違失.

붇다께서 말씀하셨다.

"내가 여러분, 곧 여러 하늘신과 사람들을 가엽게 여기는 것은
어버이가 아들딸을 생각하는 것보다 깊다. 이제 내가 이 세상에서
붇다가 되어 5가지 나쁜 것을 억누르고, 5가지 아픔을 지워버리고,
5가지 불길을 아주 없애버리겠다. 좋은 것으로 나쁜 것을 쳐서, 나
고 죽는 괴로움을 빼버리고, 5가지 덕을 지키게 하여 저절로 편안
해지도록 하겠다.

내가 세상을 떠난 뒤 경(經)과 도(道)가 조금씩 없어지고 백성들
이 알랑거리고 속이면서 다시 여러 가지 나쁜 것(衆惡), 5가지 불길

---

441) 대정신수대장경 주(註): [宋]·[元]·[明]본과 [流布本]에는 '오(吾)=아(我)'로 되어 있다.
442) 대정신수대장경 주(註): [宋]·[元]·[明]본에는 '승(昇)=승(升)'으로 되어 있다.
443) 대정신수대장경 주(註): [宋]·[元]·[明]본과 [流布本]에는 '고(告)=어(語)'로 되어 있다.
444) 대정신수대장경 주(註): [流布本]에는 '선(善)=고(苦)'로 되어 있다.

(五燒), 5가지 아픔(五痛)[1]이 이전 법으로 돌아가고, 오래 지난 뒤에는 더욱 심해질 것은 말로 다 할 수가 없지만 나는 다만 그대에게 줄여서 말하였다."

붇다께서 마이뜨레야에게 알리셨다.

"여러분은 각자 잘 생각하여 한껏 가르치고 삼가 붇다의 가르침처럼 행하고, 서로 내가 말한 가르침을 자세히 생각하고, 한껏 서로 깨우치며 불법이 가르치는 대로 행하여 어긋나서는 안 된다."

이에 마이뜨레야 보디쌑바는 합장하고 붇다께 사뢰었다.

"붇다께서 말씀하신 바는 참으로 옳습니다. 세상 사람들은 실제 그렇습니다. 여래께서 널리 사랑하시고, 불쌍히 여기시고, 가엾어하시어, 모두 얽매임에서 벗어나게 하시니, 붇다의 무거운 가르침 결코 어기거나 잃어버리지 않겠습니다."

풀이

(1) 앞에서 나온 5가지 나쁜 것(五惡), 5가지 아픔(五痛), 5가지 불길(五燒)이 여기서는 여러 가지 나쁜 것(衆惡)으로 바꾸었고, 5가지 아픔과 5가지 불길의 순서가 바뀌었다. 『신수대장경』에서도 이 부분은 주를 달지 않았는데 청화·보광·태주 번역본은 모두 이전 순서로 바꾸어 옮겼다. 여기서는 경전 원문대로 옮겼다.

VIII.

아난다가 직접 본 아미따바 붇다와 기쁨나라(極樂)

1. 아난다가 아미따바 붇다를 직접 뵙다

한문

佛告阿難. 汝起更整衣服 合掌恭敬 禮無量壽佛 十方國土 諸佛
如來 常共稱揚 讚歎彼佛 無著無閡.[445] 於是阿難 起整衣服 正身西
向[446] 恭敬合掌 五體投地 禮無量壽佛.

白言世尊. 願見彼佛 安樂國土 及諸菩薩 聲聞大衆.

說是語已 即時 無量壽佛 放大光明 普照一切 諸佛世界. 金剛圍山
須彌山王 大小諸山 一切所有 皆同一色. 譬如劫水 彌滿世界 其中万
物 沈沒不現 滉瀁浩汗 唯見大水 彼佛光明 亦復如是 聲聞菩薩 一切
光明 皆悉隱蔽 唯見佛光 明耀顯赫.

爾時阿難 即見無量壽佛 威德巍巍 如須彌山王 高出一切 諸世界上
相好光明 靡不照耀. 此會四衆 一時悉見 彼見此土 亦復如是.

옮긴글

붇다께서 아난다에게 말씀하셨다.

"그대는 일어나 옷매무시를 바르게 한 뒤 손을 모으고 우러러보
며 아미따바 붇다[1]께 절을 올려라. 시방의 모든 나라 붇다·여래들
도 늘 함께 집착 없고 걸림 없는 저 붇다를 일컬어 기리고 아름답
게 여긴다."

---

445) 대정신수대장경 주(註): [宋]·[元]·[明]본과 [流布本]에는 '애(閡)=애(礙)'로 되어 있다.
446) 대정신수대장경 주(註): [宋]·[元]·[明]본과 [流布本]에는 '향(向)=면(面)'으로 되어 있다.

그러자 아난다는 일어서서 옷매무시를 바로 하고 서쪽을 바라보며 우러러 합장하고 땅에 엎드려 아미따바 붇다께 절[2]을 올렸다.

(아난다가) 붇다께 사뢰었다.

"저 붇다가 계시는 기쁨나라(安樂) 땅과 여러 보디쌑바와 제자, 그리고 대중들을 뵙고 싶습니다."[3]

이 말을 마치자마자 바로 아미따바 붇다[4]께서 크게 밝고 환한 빛을 내서 모든 붇다나라를 두루 비추었다. 다이아몬드 두른 산(金剛圍山), 쑤메루산왕(須彌山王) 같은 크고 작은 모든 산들이 다 같은 빛깔이었다.

견주어 말하자면 깔빠(劫) 단위처럼 많은 물에 가득 찬 세계에 있는 모든 것은 물에 잠겨 보이지 않고, 깊고 넓은 물만 흐르고 있어 크넓은 물만 보이는 것처럼, 그 붇다의 밝고 환한 빛도 마찬가지다. 제자나 보디쌑바의 모든 밝은 빛들이 다 숨겨지고 오로지 붇다의 빛만 밝게 빛나고 두드러지게 드러났다.

그때 아난다가 바로 뵙는 아미따바 붇다는 위엄과 덕망이 높고 높아 마치 쑤메루산왕이 여러 세계의 모든 산 위에 우뚝 솟아 있는 것 같았고, 생김새와 맑고 환한 빛이 두루 비치지 않는 곳이 없었다. 이 모임에 있던 4가지 무리[5] 모두 함께 볼 수 있었으며, 그 나라에서 우리나라를 보는 것도 마찬가지였다.

풀이

(1) 아미따바 붇다(無量光佛): 산스크리트 원문에는 "amitābhas

tathāgato 'rhan samyaksaṁbuddhas"라고 되어 있다. "아미따바(無量光) 여래(如來)·아르한(應供)·바르고 빈틈없이 깨달은 분(正等覺)에게"라는 뜻이다. 초기경전을 비롯하여 산스크리트본은 대부분 여래의 10가지 이름 가운데 '여래(如來)·아르한(應供)·바르고 빈틈없이 깨달은 분(正等覺)'이라는 3가지 이름을 함께 쓰는 경우가 가장 많다. 한문 번역본들은 이를 간단히 줄여 붇다나 여래로 옮겼다. 이 번역본에서는 붇다(佛陀·佛)로 통일하였다.

(2) 한문 번역에 오체투지(五體投地) 예(禮)라고 되어 있다. 5개 몸 자리를 땅에 던진다는 뜻으로 "처음에 두 무릎을 땅에 꿇고, 다음에 두 손을 땅에 대고, 머리를 땅에 대고 절하면 몸의 5가지 부분이 땅에 닿는 것이다. 예(禮)는 예배한다는 뜻으로 절을 하여 존경을 표하는 것인데 여기서는 몸의 5가지 부분을 땅에 대며 절하는 것을 말한다.

(3) 이 부분과 맞는 산스크리트 원문은 이렇다. 세존이시여, 저는 저 아미따바(끝없는 빛, 無量光)·아미따쁘라바, 아미따윳(끝없는 목숨 붇다, 無量壽) 여래·아르한·바르고 빈틈없이 깨달은 분께 좋은 뿌리(善根)를 심는 저 보디쌀바·마하쌀바들을 뵙고 싶습니다(icchāmy ahaṁ bhagavantaṁ tam amitābham amitaprabham amitāyuṣaṁ tathāgatam arhantaṁ samyaksaṁbuddhaṁ draṣṭum, tāṁś ca bodhisattvān mahāsattvān). 이 문장에서 보면 아미따바와 아미따윳 말고 아미따쁘라바(amitaprabha)라는 이름이 하나 더 나온

다. 최봉수 옮김 『양본 극락장엄경』(388쪽)에서는 이 낱말을 옮기지 않고 그냥 소리 나는 대로 '아미타브라바'라고 했다. 산스크리트 사전에 보면 아미따쁘라바(amitaprabha)는 없지만 쁘라바(prabhā)가 빛(light), 빛남(splendour, radiance), 아름다운 생김새(beautiful appearance)라는 뜻이 있어 아미따쁘라바는 아미따바와 같은 뜻인 끝없는 빛이라는 것을 알 수 있다. 무량수 대신 아미따바 붇다로 쓴다.

(4) 아미따바 붇다(無量光佛): 여기도 원문에는 아미따바(無量光) 여래(amitābha tathāgata)라고 되어 있으나 한문 번역은 끝없는 목숨(無量壽) 붇다라고 옮겼다. 앞에서 보았지만, 이 경이 번역될 당시 도교의 영향을 많이 받았는데 도교에서는 오래 사는 것(長壽)이 수행의 고갱이었다.

(5) 4가지 대중(catasraḥ parṣadaḥ ⓟ catasso parisā, 四衆): 4가지 제자인 빅슈(比丘)·빅슈니(比丘尼)·우빠싸까(upāsaka, 優婆塞)·우빠씨까(upāsikā. 優婆夷)를 함께 부르는 이름.

2. 왜 기쁨나라(極樂)에서 태(胎)로 태어나는가?

한문

爾時 佛告阿難及慈氏菩薩.[447] 汝見彼國 從地已上 至淨居天 其中
所有 微妙嚴淨 自然之物 為悉見不. 阿難對曰. 唯然已見. 汝寧復聞
無量壽佛大音 宣布一切世界 化衆生不. 阿難對曰. 唯然已聞. 彼國
人民 乘百千由旬 七寶宮殿 無所障閡[448] 遍至十方 供養諸佛 汝復見
不. 對曰 已見. 彼國人民 有胎生者 汝復見不. 對曰 已見. 其胎生者
所處宮殿 或百由旬 或五百由旬 各於其中 受諸快樂 如忉利天[449] 亦
皆自然.

옮긴글

이때 붇다께서는 아난다와 아지따[1] 보디쌑바에게 말씀하셨다.

"그대들이 그 나라를 볼 때 땅 위에서부터 위로 올라가 맑은 분
이 사는 하늘(淨居天)[2]까지, 그 안에 있는 미묘하고 엄숙하고 깨끗
한 자연에 있는 것들을 모두 보았는가, 못 보았는가?"

아난다가 대답하여 말했다.

"네, 이미 다 보았습니다."

---

447) 산스크리트 원문에는 이 장에서는 아난이 나오지 않고 마이뜨레야 보디쌑바에게만 묻고
　　 답한다.

448) 대정신수대장경 주(註): [流布本]에는 '애(閡) = 애(礙)'로 되어 있다.

449) 대정신수대장경 주(註): [宋]·[元]·[明]본과 [流布本]에는 '天+상(上)'으로 추가 된다.

"여러분은 또 아미따바 붇다의 큰 소리가 모든 세계에 널리 알려져 중생을 가르쳐 이끄시는 것을 들었는가 못 들었는가?"

아난다가 대답하여 말했다.

"네, 이미 들었습니다."

"그 나라 백성들이 백·천 요자나가 되는 7가지 보석으로 된 궁전을 타고 걸리는 바 없이 시방을 두루 다니며 여러 붇다에게 이바지하는 것을 보았는가 못 보았는가?"

대답하여 말했다.

"이미 보았습니다."

"그 나라 백성 가운데 태로 태어나는(胎生) 이[3]가 있는 것을 보았는가 보지 못했는가?"

대답하여 말했다.

"이미 보았습니다. 태로 태어난 이들이 사는 궁전은 100요자나 또는 500요자나인데, 모두 그 안에서 온갖 유쾌하고 즐거운 것을 누리는데 33하늘나라에 사는 것과 같으며, 여기도 모두 저절로 이루어지는 것입니다."

풀이

(1) 아지따(Ajita, 慈氏):『무량수경』에는 자씨보살(慈氏菩薩)이라고 했는데, 마이뜨레야 보디쌑바(彌勒菩薩)의 다른 이름이다. 모든 중생이 산 것을 죽이려는 마음이 일어나지 않고, 중생의 고

기를 먹지 않기를 바라는 크넓은 사랑(慈)의 마음을 가졌기 때문에 '자씨(慈氏)'라는 이름이 붙었다고 한다. 산스크리트본에는 아지따(Ajita)라고 되어 있으므로 아지따 보디쌑바라고 옮겼다. 아지따(Ajita)는 정복되지 않는(not conquered), 억누를 수 없는(unsubdued), 능가할 자 없는·뛰어난(unsurpassed), 이길 수 없는(invincible), 저항할 수 없는(irresistible) 같은 뜻으로, 한문으로는 항복하지 않는(未降); 이루지 않는(未熟); 이기지 않는(無勝), 이길 수 없는(無能勝), 붙잡을 수 있는 사람(能逮者) 따위로 옮겼고, 소리 나는 대로 아일(阿逸), 아일다(阿逸多), 아씨다(阿氏多), 아기다(阿嗜多)라고 옮겼다. (마이뜨레야(Maitreya, ℙ Metteyya, 彌勒)에 대한 주를 볼 것).

한문 번역본에는 이미 앞 장에서 마이뜨레야 보디쌑바가 나오지만, 산스크리트본은 여기서 처음으로 마이뜨레야 보디쌑바가 나온다.

(2) 맑은 분이 사는 하늘(Śuddhāvāsa, 淨居天): 숟다바사(Śuddhāvāsa)는 맑은 사는 곳(pure abode), 특별한 하늘나라(a particular region of the sky)라는 뜻이다. 업을 완전히 맑힌 성인이 사는 하늘나라라는 뜻이다. 한문 경전에서는 뜻으로, 맑은 분이 사는 하늘(淨居天), 맑은 곳(淨處), 맑은 집(淨舍), 맑은 궁(淨宮), 맑은 빛 하늘(淨光天), 소리 나는 대로 사타수타(私陀首陁), 수타회천(首陀會天)이라고 옮겼다.

모습이 있는 하늘나라(色界)의 5가지 하늘 가운데 가장 위에 있는 5번째 하늘을 말하며, 붇다 제자가 얻는 세 번째 열매인 안아가민(anāgāmin, 阿那含)를 얻은 성인들이 사는 곳이다. 곧 다시는 태어나지 않고 깨달음을 얻을 수 있는 열매(不還果)를 얻은 맑은 분들이 사는 곳으로, 다음 단계는 깨달음인 아르한이 된다. 맑은 분이 사는 하늘은 5가지가 있어 5가지 돌아오지 않는 하늘(不還天), 5가지 맑은 분이 사는 곳(五淨居處), 5가지 안아가민(阿那含) 하늘이라고 한다.

① 아브리하 하늘(Avṛha, 無煩天): 괴로움과 즐거움이 모두 없어진 단계. 곧 번뇌가 없는 하늘(無煩天)이다. ② 아따빠 하늘(Atapa, 無熱天): 극심한, 곧 '타는 괴로움(熱惱)'이 없는 곳. ③ 쑤드리사 하늘(Sudṛśa, 善見天): 선정과 지혜 속에서 오는 하늘로, 시방세계가 두루 맑은 것을 보고 모든 속세의 티끌이 없어진 곳. ④ 쑤다르사나 하늘(Sudarśana, 善現天): 앞일을 살피어 알게 되고, 공하여 거칠 것이 없는 곳. ⑤ 아까니스타 하늘(Akaniṣṭha, 色究竟天): 갖가지 모습이 거의 사라진 곳으로 모습이 있는 세계(色界)에서 가장 으뜸인 곳이다.

(3) 태로 태어난(胎生) 백성: 이 문제는 일본 학계에서 꽤 논란이 된 문제이고 중요한 것이기 때문에 찬찬히 보고 가기로 한다. 옮긴이는 『아미따경』과 이 경전을 옮기면서 처음에 '태어난다'라는 낱말로 번역했던 것을 모두 '나다'로 바꾸는 데 꽤 시간이 걸렸다. 우리말에 '나다'라는 말이 있고 사람과 짐승이 태로 태어나는 것을 '태어나다'·'태나다'라는 표현을 쓴다는 것을 알았기 때문이다. 다시 말해 '태어나다'는 '태(胎)'에서 나다'라는 뜻이다. 그런

면에서 기쁨나라에도 '태로 나는 무리'가 있다는 것은 크게 중요한 것이다.

'태어나다(胎生)'는 초기 번역본인 『대아미따경』과 『평등각경』에는 나오지 않는다. 『무량수경』에서 처음 '태로 태어난다(胎生)'고 하였고 『장엄경』에서 그대로 표현했으며 『여래회』에서는 '태에서 산다(住胎)'라고 했다. ① 『무량수경』: 그나라 백성 가운데 태로 태어난 자를 그대는 보았느냐 못보았느냐? (彼國人民 有胎生者 汝復見不). ② 『여래회』: 그대는 극락세계 사람이 태에서 사는 것을 보았느냐 못 보았느냐? (汝見極樂世界人住胎不). ③ 『장엄경』: 기쁨나라에 태로 태어나는 이가 있느냐 없느냐? (極樂國中有胎生不). 그런데 태에서 태어나려면 태를 가진 어머니가 있어야 하고, 태에서 살고 있다면 그것은 어머니 배 속이어야 하는데, 논리적으로 크게 의문이 간다. 태로 태어나 7보 궁전에 산다면 그 궁전에는 아이를 낳는 어머니들도 함께 있어야 한다는 모순도 생긴다.

그렇다면 산스크리트본에는 어떻게 되어 있을까? 원문은 이렇다. bhagavān āha: paśyasi punas tvam ajita tatra sukhāvatyāṁ lokadhātāv ekeṣāṁ manuṣyāṇām udāreṣu padmeṣu garbhāvāsam. 이 문장에 대한 3명의 해석을 보면 약간씩 차이가 나지만 태에서 태어난다고 하지 않았다. ① 〈최봉수〉 또한 아지타야, 너는 저곳 극락 세계에 있는 어떤 사람들은 고귀한 연꽃 속에서 그것을 태(胎)로 삼아 거주하는 것을 보는가? ② 〈Fujita(藤田)〉 아지따여, 또, 그대는 이 극락세계에서 약간의 인간들이 광대한 여러 연꽃의 안쪽(內奧) 사는 곳(住處)에 있는 것을 보았는가? ③

〈Byodo(平等)〉 아지따여, 극락세계 연꽃의 꽃의 꽃받침(尊) 안에 그들 사람이 사는 것을 보았는가?

3명의 해석은 ① "연꽃 속에서 그것을 태로 삼아 거주", ② "연꽃 안쪽 사는 곳", ③ "연꽃의 꽃받침 안에서 산다"라고 해서 약간 차이는 나지만 모두 연꽃에서 산다는 것은『무량수경』에서 "극락 변두리 7보 궁전"에서 산다는 것과 크게 다르고, 최봉수가 "연꽃을 태로 삼아 거주한다"라고 했지만『무량수경』처럼 태로 태어난다는 뜻은 없다. 산스크리트본의 관련 문장에서 빨메수 가르바바쌈(padmeṣu garbhāvāsam)의 해석 차이에서 나온 것이다. padmeṣu는 padma(연꽃)의 처격 복수이다. 모두 연꽃에서 살고 있다는 것은 같은 이유이다. 다만 연꽃 어디서 어떻게 사느냐는 가르바바사(garbhāvāsa)의 뜻이 여러 가지이기 때문이다.

■ garbha: ① the womb-아기집(子宮)·(아기 배는) 배·태 안(胎內)·안 부분(內部); ② 안쪽(the inside), 한 가운데(middle), 어떤 것의 안쪽(interior of anything), (연꽃의) 꽃받침(calyx-as of a lotus). (겹씨 만들 때) (in fine compositi or 'at the end of a compound'). ③ ~안에 갖고 있는(having in the interior), 담고 있는(containing), ~로 채우다(filled with); 안의 아파트(an inner apartment), 잠자는 방(sleeping-room); 안방(any interior chamber), 안채(adytum)나 신전의 성스러운 곳(sanctuary of a temple); 뱃속아이(a fetus, embryo, 胎兒), 아이(child), 병아리(brood)나 (새의) 새끼(offspring).

■ āvāsa: 사는 곳(abode), 집(residence·dwelling·house).

최봉수는 연꽃 안에 살지만, ① 아기집(子宮)·태 안(胎內)을 적당히 섞어서 해석하였는데『무량수경』의 영향을 받았다고 볼 수 있다. 후지타는 ①②③ 모두가 갖고 있는 안(內)이란 뜻과 아바싸(āvāsa)의 사는 곳(abode)이란 뜻을 더해 연꽃 '안쪽 사는 곳'이라고 옮겼다. 뵤도는 ② 꽃받침을 가지고 옮겼는데, 꽃받침 위에는 이미 연꽃이 자리 잡고 있어 후지타의 해석보다 설득력이 떨어진다.

끝으로 이 논란에 대한 후지타의 논리를 옮겨본다. 〈그러나 (태생설)이 의문이라고 하는 것은 이 '태로 태어난다(胎生)'는 말은 여러 다른 본에서는 위의 한문 번역본에만 이야기하고 있으므로『무량수경』본래의 설이라고 이야기하기 어렵고, 또 앞에서 본 '4가지 태어남' 가운데 사람이나 짐승이 태어나는 방법을 나타내는 '태로 태어남(胎生)'과 같다고 할 수 없기 때문이다. 이것은 위의 산스크리트 문장을 비추어 보면 아마 연꽃 '안쪽(=胎)의 사는 곳(住所) (garbhāvāsa)'에 태어나는 것을 '태로 태어난다(胎生)'라고 옮긴 것에 지나지 않는 것일 것이다. 이렇게 보면, 극락에 나는 방법에 '4가지 태어남'에서 말하는 '태로 태어남'이 있다는 것은 사리에 맞다고 할 수 없다. 붇다의 지혜에 대한 의혹·불신으로 극락 연꽃 속이나 그 안쪽의 사는 곳(住所), 또는 궁전 같은 곳에 태어나는 것도『대아미따경』이나『평등각경』에서 말하는 것처럼 역시 '저절로 바뀌어 나는 것(化生)'이라고 보아야 할 것이다.『법화경』에서도 붇다나라에 나는 분을 '저절로 바뀌어 태어난

다(aupapāduka, upapāduka, 化生)고 부른다. (藤田宏達, 『原始淨土思想
の研究』, 岩波書店, 1970, 524~525쪽).〉

爾時 慈氏菩薩 白佛言. 世尊 何因何緣 彼國人民 胎生化生. 佛告
慈氏. 若有衆生 以疑惑心 修諸功德 願生彼國 不了佛智 不思議智
不可稱智 大乘廣智 無等無倫 最上勝智. 於此諸智 疑惑不信 然猶信
罪福 修習善本 願生其國 此諸衆生 生彼宮殿 壽五百歲 常不見佛 不
聞經法 不見菩薩 聲聞聖衆 是故於彼國土 謂之胎生. 若有衆生 明信
佛智 乃至勝智 作諸功德 信心迴向 此諸衆生 於七寶華中 自然化生
加[450]趺而坐 須臾之頃 身相光明 智慧功德 如諸菩薩 具足成就.

이때 아지따 보디쌀바가 붇다께 여쭈었다.

"세존이시여, 어떤 인연으로 그 나라는 태(胎)에 태어나는 백성
이 있고, 저절로 바뀌어 나는(化生)[1] 백성이 있습니까?"

붇다께서 아지따에게 알려 주셨다.

"만일 어떤 중생이 의심하는 마음을 가진 채 갖가지 공덕을 닦
아 그 나라에 나고자 했지만, 붇다의 슬기(佛智)는 헤아려 생각할
수 없고 말로 설명할 수 없는 대승의 넓은 슬기이고, 짝이 없고 견

---

450)　대정신수대장경 주(註): [宋]·[元]·[明]본과 [流布本]에는 '가(加)=가(跏)'로 되어 있다.

줄 데 없는 가장 높고 뛰어난 슬기라는 것을 깨닫지 못했기 때문이다.

이처럼 여러 슬기에 대해 의심하며 믿지 않았지만, 죄와 복은 믿어 좋은 바탕을 닦아 그 나라에 나길 바라면, 그런 중생은 그 궁전에 태어나 500살 동안 붇다를 뵙지 못하고, 가르침을 듣지 못하고, 보디쌑바·제자·거룩한 대중들을 보지 못하기 때문에 그 나라에서는 태에서 났다(胎生)고 한다.

어떤 중생이 붇다 슬기에서 뛰어난 슬기까지 의심하지 않고 뚜렷하게 믿고, 갖가지 공덕을 지어 믿는 마음을 회향하면, 그런 중생은 7가지 보석으로 된 꽃 속에 저절로 바뀌어 나 책상다리로 앉아, 마침내 잠깐 사이에 몸의 생김새는 빛을 내고 슬기와 공덕은 모든 보디쌑바처럼 다 갖추게 된다."

풀이

(1) 저절로 바뀌어 나다(upapādukā-yoni, ⓟ opapāeika, 化生): 초기불교에서 이미 4가지 태어남(catasso yomiyo, 四生)이 나오고 그 뒤에도 많이 나온다. 4가지 '나는 것' 가운데 하나이다. 4가지 남(catasro-yonayaḥ ⓟ catasso yoniyo, 四生)이란 3가지 세계(三界) 6가지 길(六道)의 존재(有情)들이 나는 방법을 말한다. 『꼬샤론(俱舍論)』 권8에 따르면 다음 4가지다. (1) 알로 남(aṇḍaja-yoni, ⓟ 같음, 卵生)-알 껍데기를 깨고 나오므로 '알로 난다(卵生)'라고 한다. 거위, 공작, 닭, 뱀, 물고기, 개미 따위. (2) 태어남(jarāyujā-yoni, ⓟ jalābu-ja, 胎生): '배에서 남(腹生)'이라고도 하는데 어머니 태에서 나는 것을

말한다. 사람, 코끼리, 말, 소, 돼지, 나귀 따위. (3) 축축한 곳에서
남(梵 Saṃsvedajā-yoni, ⓟ saṃseda-ja, 濕生): 쌈스베아자(Saṃsvedajā)
는 벌레처럼 습기 있는 열에서 태어남(produced from moist heat-as
vermin)을 뜻한다. 물길, 더러운 화장실, 썩은 음식물, 풀밭 같은
젖어서 질척한 곳에서 태어난다. 모기, 파리, 벌레 따위. (4) 저절
로 바뀌어 남(upapādukā-yoni, ⓟ opapāeika, 化生): 어떤 것에 기대
지 않고 저절로 바뀌어 나는 것. 하늘·지옥·중유(中有)의 존재인
데 과거의 업에 따라 저절로 변하여 나는 것으로 중생 가운데 그
수가 가장 많다. 초기 경전이나 다른 경전은 저절로 변하여 나는
것이 주로 하늘나라와 지옥 중생을 이야기했으나『기쁨나라경(無
量壽經)』에서는 기쁨나라(極樂)에서도 "연꽃에 책상다리를 하고 난
다"라고 하였다.

한문

復次慈氏 他方(佛國[451]) 諸大菩薩 發心欲見 無量壽佛 恭敬供養 及
諸菩薩 聲聞之[452]衆 彼菩薩等 命終得生 無量壽國 於七寶華中 自然
化生. 彌勒當知 彼化生者 智慧勝故. 其胎生者[453] 皆無智慧 於五百
歲中 常不見佛 不聞經法 不見菩薩 諸聲聞衆 無由供養於佛 不知菩
薩法式 不得修習功德 當知此人 宿世之時 無有智慧 疑惑所致.

---

451) 대정신수대장경 주(註): [流布本]에는 '他方+불국(佛國)'으로 불국(佛國)이 추가되어 있다.

452) 대정신수대장경 주(註): [宋]·[元]·[明]본과 [流布本]에는 '지(之)=성(聖)'으로 되어 있다.

453) 대정신수대장경 주(註): [宋]·[元]·[明]본에는 '자(者)'를 뺐다.

佛告彌勒. 譬如轉輪聖王 別有宮室 七寶莊飾[454] 張設床帳 懸諸繪幡[455] 若有諸小王子 得罪於王 輒內彼宮[456]中 繫以金鎖 供給飲食[457] 衣服床蓐[458] 華香伎樂 如轉輪王 無所乏少. 於意云何 此諸王子 寧樂彼處不. 對曰. 不也 但種種方便 求諸大力 欲自勉[459]出.

佛告彌勒. 此諸衆生 亦復如是 以疑惑佛智[460] 生彼宮殿[461] 無有形[462]罰 乃至 一念惡事 但於五百歲中 不見三寶 不得供養 修諸善本. 以此為苦 雖有餘樂 猶不樂彼處. 若此衆生 識其本罪 深自悔責 求離彼處 即[463]得如意 往詣無量壽佛[464]所 恭敬供養 亦得遍至 無量無數 諸如來[465]所 修諸功德. 彌勒當知 其有菩薩 生疑惑者 為失大利 是故應當 明信諸佛 無上智慧.

---

454) 대정신수대장경 주(註): [宋]·[元]·[明]본에는 別有宮室七寶莊飾(別有宮室七寶莊飾)=유칠보뢰옥종종장엄(有七寶牢獄種種莊嚴)'으로, [流布本]에는 '별유칠보궁실보장식(別有宮室七寶莊飾)=별유칠보궁실종종장엄(別有七寶宮室種種莊嚴)'으로 되어 있다.

455) 대정신수대장경 주(註): [元]·[明]본에는 '번(幡)=개(蓋)'로 되어 있다.

456) 대정신수대장경 주(註): [宋]·[元]·[明]본에는 '궁(宮)=옥(獄)'로 되어 있다.

457) 대정신수대장경 주(註): [宋]·[元]·[明]본에는 '공급음식(供給飲食)=공양반식(供養飯食)'로 되어 있다.

458) 대정신수대장경 주(註): [流布本]에는 '욕(蓐)=욕(褥)'으로 되어 있다.

459) 대정신수대장경 주(註): [流布本]에는 '면(勉)=면(免)'로 되어 있다.

460) 대정신수대장경 주(註): [宋]·[元]·[明]본과 [流布本]에는 '佛智+(故)'로 불지(佛智) 다음에 '고(故)'를 추가했다.

461) 대정신수대장경 주(註): [宋]·[元]·[明]본에는 '(七寶)+宮殿'으로 궁전(宮殿) 앞에 七寶를 추가했다.

462) 대정신수대장경 주(註): [元]·[明]본과 [流布本]에는 '형(形)=형(刑)'로 되어 있다.

463) 즉(即)=즉(卽)

464) 대정신수대장경 주(註): [宋]·[元]·[明]본에는 '불(佛)'을 뺐다.

465) 대정신수대장경 주(註): [宋]·[元]·[明]본과 [流布本]에는 '여래(如來)=여불(餘佛)'로 되어 있다.

"그리고 또, 아지따여, 다른 붇다나라의 여러 큰 보디쌑바들도
마음을 내서 아미따바 붇다를 뵈려고 공경하여 이바지를 올리고
아울러 여러 보디쌑바와 제자들에게도 그렇게 하면, 그 보디쌑바
들이 목숨이 다하면 아미따바 나라에 나서, 7가지 보석으로 된 꽃
속에 저절로 바뀌어 나게 된다."

"마이뜨레야여, 그렇게 저절로 난 이들은 슬기가 뛰어나기 때문
인 것을 알아야 한다. 태로 태어난 이들은 모두 슬기가 없어 500
살 동안 붇다를 뵙지 못하고, 경법을 듣지 못하고, 보디쌑바와 여
러 제자를 보지 못하고, 붇다에게 이바지할 수 없고, 보디쌑바의
법식을 모르고, 공덕을 배워 익힐 수 없게 되는데, 이런 사람은
전생에 슬기가 없어 의심하였기 때문인 것을 알아야 한다."

붇다께서 마이뜨레야게 알려 주셨다.
"견주어 말하면, 바퀴 굴리는 임금(轉輪聖王)이 따로 지은 궁실을
7가지 보석으로 꾸미고, 침상과 휘장을 베풀고, 여러 비단 깃발을
건다. 만일 어린 왕자가 왕에게 죄를 지으면 바로 그 궁전에 집어
넣어 금 사슬로 매 놓고, 먹을거리·옷·침상과 깔개·꽃과 향·춤과
음악을 주고, 바퀴 굴리는 임금처럼 부족함이 없다고 하자. 어떻
게 생각하느냐? 왕자들은 그곳에서 편안하게 즐기려고 하겠느냐,
그렇지 않겠느냐?"
대답하여 말했다.

"그렇지 않습니다. 갖가지 수단으로 여러 가지 큰 힘을 찾아 빠져나오려고 할 것입니다."

붇다께서 마이뜨레야에게 알려주셨다.

"이 모든 중생도 마찬가지로 붇다의 슬기를 의심하면 그 궁전에 태어나서 벌을 받거나 한 생각 나쁜 일도 없지만, 500살 동안 3가지 보물을 못 보고, 이바지하거나 갖가지 좋은 바탕을 닦지 못하게 된다. 이것이 괴로움이 되어 비록 넉넉하고 남을 만큼 즐거움이 있지만 그곳에서 즐기려 하지 않을 것이다.

만약 이 중생이 그 본 바탕 죄를 알고 스스로 깊이 뉘우치고 꾸짖어 그곳을 떠나려고 하면, 바로 뜻대로 되어 아미따바 붇다 계시는 곳에 가서 뵙고 공경하며 이바지를 올리고, 헤아릴 수 없이 수많은 여러 여래가 계시는 곳에 가서도 공덕을 쌓을 수가 있다.

마이뜨레야여, 어떤 보디쌑바가 의혹을 갖는 것은 큰 공덕을 잃는 것이니 반드시 여러 붇다의 위없는 슬기를 분명하게 믿어야 한다."

3. 다른 나라 보디쌑바들도 기쁨나라로 간다

한문

彌勒菩薩 白佛言. 世尊 於此世界 有幾所 不退菩薩 生彼佛國.

佛告彌勒. 於此世界 有[466]六十七億 不退菩薩 往生彼國. 一一菩薩 已曾供養 無數諸佛 次如彌勒者也. 諸小行菩薩 及修習少功德者 不可稱計 皆當往生.

佛告彌勒. 不但我刹 諸菩薩等 往生彼國 他方佛土 亦復如是. 其第一佛 名曰遠照 彼有百八十億菩薩 皆當往生. 其第二佛 名曰寶藏 彼有九十億菩薩 皆當往生. 其第三佛 名曰無量音 彼有二百二十億菩薩 皆當往生. 其第四佛 名曰甘露味 彼有二百五十億菩薩 皆當往生. 其第五佛 名曰龍勝 彼有十四億菩薩 皆當往生. 其第六佛 名曰勝力 彼有万四千菩薩 皆當往生. 其第七佛 名曰師子 彼有五百億[467]菩薩 皆當往生. 其第八佛 名曰離垢光 彼有八十億菩薩 皆當往生. 其第九佛 名曰德首 彼有六十億菩薩 皆當往生. 其第十佛 名曰妙德山 彼有六十億菩薩 皆當往生. 其第十一佛 名曰人王 彼有十億菩薩 皆當往生. 其第十二佛 名曰無上華 彼有無數 不可稱計 諸菩薩衆 皆不退轉 智慧勇猛 已曾供養 無量諸佛. 於七日中 即能攝取 百千億劫 大士所修 堅固之法 斯等菩薩 皆當往生. 其第十三佛 名曰無畏 彼有七百九十億 大菩薩衆 諸小菩薩 及比丘等 不可稱計 皆當往生.

---

466) 대정신수대장경 주(註): [宋]·[元]·[明]본에는 '유(有)'를 뺐다.
467) 대정신수대장경 주(註): [宋]·[元]·[明]본에는 '억(億)'를 뺐다.

佛語彌勒. 不但此 十四佛國中 諸菩薩等 當往生也 十方世界 無量
佛國 其往生者 亦復如是 甚多無數. 我但說 十方諸佛名號 及菩薩比
丘 生彼國者 晝夜一劫 尚未能竟[468] 我今為汝 略說之耳.

옮긴글

마이뜨레야 보디쌑바가 붇다께 여쭈었다.

"세존이시여, 이 (싸하) 세계에는 얼마나 많은 '물러서지 않는 자
리에 오른 보디쌑바'가 있어 그 붇다나라에 가서 날 수 있습니까?"

붇다께서 마이뜨레야에게 알려 주셨다.

"이 (싸하) 세계에는 67억 물러서지 않는 자리에 오른 보디쌑바
들이 있어 그 나라에 가서 나게 될 것이다. 그 보디쌑바들은 모두
수없는 여러 붇다께 이바지하였으니, 여기 있는 마이뜨레야 같은
보디쌑바이다. 그밖에 수행을 많이 하지 않았거나[1] 공덕을 적게
닦은 보디쌑바는 일컬어 헤아릴 수가 없는데, 모두 가서 나게 될
것이다.

붇다께서 마이뜨레야 보디쌑바에게 알려 주셨다.

"나의 나라에 있는 보디쌑바만 그 나라에 가서 나는 것이 아니
라 다른 붇다나라에서도 또한 그와 같다.[2]

첫째, 멀리 비추는 붇다(遠照佛) 나라에서는 180억 보디쌑바가
모두 가서 나게 될 것이고,

둘째, 보석 간직한 붇다(寶藏佛) 나라에서는 90억 보디쌑바가 모

---

468) 대정신수대장경 주(註): [宋]·[元]·[明]본에는 '경(竟)=진(盡)'로 되어 있다.

두 가서 나게 될 것이고,

셋째, 끝없는 소리 붇다(無量音佛) 나라에서는 220억 보디쌑바가 모두 가서 나게 될 것이고,

넷째, 단이슬 맛 붇다(甘露味佛) 나라에서는 250억 보디쌑바가 모두 가서 나게 될 것이고,

다섯째, 용을 이긴 붇다(龍勝佛) 나라에서는 14억 보디쌑바가 모두 가서 나게 될 것이고,

여섯째, 뛰어난 힘을 가진 붇다(勝力佛) 나라에서는 1만 4천 보디쌑바들이 모두 가서 나게 될 것이고,

일곱째, 사자 붇다(師子佛) 나라에서는 500억 보디쌑바가 모두 가서 나게 될 것이고,

여덟째, 티끌 여윈 빛 붇다(離垢光佛) 나라에서는 80억 보디쌑바가 모두 가서 나게 될 것이고,

아홉째, 으뜸 어진 붇다(德首佛) 나라에서는 60억 보디쌑바가 모두 가서 나게 될 것이고,

열째, 뛰어난 덕의 산 붇다(妙德山佛) 나라에서는 60억 보디쌑바가 모두 가서 나게 될 것이고,

열한째 인간 왕 붇다(人王佛) 나라에서는 10억 보디쌑바가 모두 가서 나게 될 것이고,

열두째, 위없는 꽃 붇다(無上華佛) 나라에서는 헤아릴 수 없이 많은 보디쌑바가 모두 물러나지 않는 자리를 얻고 슬기롭고 용맹하며, 이미 헤아릴 수 없이 많은 여러 붇다에게 이바지했다. 그들은 7일이면 큰 보디쌑바들이 백·천 깔빠 동안 닦아야 할 단단한 법

을 이룰 수 있다. 그런 보디쌑바가 모두 가서 나게 될 것이고,

열셋째, 두려움 없는 붇다(無畏佛) 나라에서는 790억이나 되는 큰 보디쌑바와 작은 보디쌑바 및 빅슈들이 헤아릴 수 없이 많은데, 모두 가서 나게 될 것이다.

마이뜨레야여, 위에서 말한 14개 붇다나라에서만 가서 나는 것이 아니라, 시방세계 헤아릴 수 없는 붇다나라에서도 기쁨나라에 가서 나는 이들이 앞에서 본 나라들과 같이 정말 수없이 많다. 내가 시방의 여러 붇다 이름과 그곳에 가서 나게 되는 보디쌑바 및 빅슈만 말하려 해도 밤낮 1깔빠가 걸려도 다할 수 없으므로, 지금 그대에게 줄여서 말하는 것이다.

풀이

(1) 원문에 소행보살(小行菩薩)이라고 했는데, 청화 스님은 "작은 공덕을 닦는 소승(小乘) 수행자"라고 옮겼는데, 보디쌑바 수행은 소승(小乘)의 수행이 아니기 때문에 보디쌑바 가운데 마이뜨레야처럼 물러서지 않는 자리에 오르지 못한 보디쌑바라는 뜻으로 옮겼다. 『무량수경』에는 소승에 관한 언급은 없다.

(2) 이 『무량수경』에는 사꺄무니가 머무는 싸하세계를 빼고, 모두 13개 다른 붇다나라에서 수많은 보디쌑바가 기쁨나라로 가서 나게 된다는 것을 설하고 있다. 옥스퍼드에서 나온 Sukhā-vati vyūha(1883) 원문을 바탕으로 옮긴 뵤도(平等)와 인두 마틸라연구

소 본을 사용한 최봉수는 15곳의 붇다나라를 들었고, 그뒤 후지타(藤田) 교정본을 쓴 후지타(藤田) 번역본과 이와나미서점의『정토삼부경』에서는 14곳의 붇다나라를 들었다. 1883년 처음 나온 텍스트에 ⑧번 '사자(siṁha) 여래'가 2번 겹쳐 있었기 때문이다. 다른 한문 번역본과 티베트어 번역본도 모두 14곳 붇다나라를 들고 있다. 산스크리트본과 견주어 볼 때, 이『무량수경』에 나온 붇다 숫자와 다르고, 이름이 일치한 것도 많지만 정확하게 일치하지 않고 완전히 다른 것도 있어, 산스크리트 원본에 나온 붇다 이름만 소개하고, 『무량수경』에 나온 붇다 이름은 한문을 우리말로 옮겼다.

① duṣprasaha(참기 어려운) 여래. ② ratnākara(보석 만드는) 여래. ③ jyotiṣprabha(불꽃 같은 빛을 가진) 여래. ④ amitaprabha(헤아릴 수 없는 빛을 내는) 여래. ⑤ lokapradīpa(세간 등불을 가진) 여래. ⑥ nāgābhibhu(용을 쳐 이긴) 여래. ⑦. virajaprabha(티끌 없는 빛을 가진) 여래. ⑧ siṁha(사자) 여래. ⑨ śrīkūṭa(좋은 조짐 봉우리) 여래. ⑩ narendrarāja(인간의 왕 가운데 왕) 여래. ⑪ balābhijña(힘 센 신통을 가진) 여래. ⑫ puṣpadhvaja(꽃 깃발을 가진) 여래. ⑬ jvalanādhipati(타는 불의 주인) 여래. ⑭ vaiśāradyaprāpta(두려움 없는 경계를 얻은) 여래.

IX.

마무리

1. 얻기 어려운 법, 가르침에 맞게 닦아라

佛語[469] 彌勒.

其有得聞 彼佛名號 歡喜踊躍 乃至一念 當知此人 為得大利 則是
具足 無上功德. 是故彌勒 設有大火 充滿三千大千世界 要當過此 聞
是經法 歡喜信樂 受持讀誦 如說修行 所以者何 多有菩薩 欲聞此經
而不能得 若有衆生 聞此經者 於無上道 終不退轉 是故應當 專心信
受 持誦說行.

吾[470]今 為諸衆生 說此經法 令見無量壽佛 及其國土 一切所有 所
當為者 皆可求之, 無得以我 滅度之後 復生疑惑. 當來之世 經道滅
盡 我以慈悲哀愍 特留此經 止住百歲[471] 其有衆生 值斯經者 隨意所
願 皆可得度.

佛語彌勒. 如來興世 難値難見 諸佛經道 難得難聞 菩薩勝法 諸波
羅蜜 得聞亦難 遇善知識 聞法能行 此亦為難. 若聞斯經 信樂受持
難中之難 無過此難. 是故我法 如是作 如是說 如是教 應當信順 如
法修行.

---

469) 대정신수대장경 주(註): [宋]·[元]·[明]본에는 '어(語)=고(告)'로 되어 있다.

470) 대정신수대장경 주(註): [流布本]에는 '(佛言)+吾'로 '오(吾)' 앞에 '불언(佛言)'을 추가 했다.

471) 明註曰恭讀無量清淨平等覺經云般泥洹去後經道留止千歲千歲後留是經法止住百歲詳繹慈旨
百歲前尚有千歲經在 後百歲中留止經法

붇다께서 마이뜨레야에게 말씀하셨다.

"그 붇다 이름을 듣고 기뻐서 뛰며 한 번만이라도 염하는 사람이 있으면, 이 사람은 큰 이익을 얻고 위없은 공덕을 다 갖춘다는 것을 알아야 한다.

마이뜨레야여, 그러므로 큰불이 3,000개 큰 천세계(千世界)를 다 덮어도, 반드시 그 불을 지나가 이 경의 가르침(經法)을 듣고, 기쁨과 믿음 속에 받아 지녀 읽고,[1] 말씀대로 닦아야 한다. 왜냐하면 많은 보디쌑바가 이 경을 듣고 싶어도 들을 수 없기 때문이다. 만일 어떤 중생이 이 경을 듣게 되면 위없는 도(道)에서 끝까지 물러서지 않는 자리에 오르게 될 것이므로 반드시 온 마음을 기울여 믿고 받아들여, 지니고 외우고, 설하고, 행해야 한다."

"내가 이제 여러 중생을 위하여 이 경의 가르침(經法)을 설하고 아미따바 붇다(無量壽佛)와 그 나라에 있는 모든 것을 보여주었으니, (그 나라 가기 위해) 꼭 해야 할 것을 모두 찾을 수 있을 것이다. 내가 니르바나에 든 뒤 다시 의혹을 가져서는 안 된다. 미래 세상에 경(經)과 도(道)가 완전히 없어진다 해도, 나는 사랑하고 불쌍히 여기고 가엽게 여겨 특별히 이 경을 100년 동안 더 남아있게 할 터이니, 이 경을 만난 사람은 바라는 마음대로 모두 깨달음을 얻을 것이다."

붇다께서 마이뜨레야에게 말씀하셨다.

"여래가 세상에 나오는 것은 만나기 어렵고 보기 어려우며, 여러 붇다의 경(經)과 도(道)는 얻기 어렵고 듣기 어려우며, 보디쌑바의 뛰어난 법과 여러 빠라미다(波羅蜜)를 듣는 것도 어려우며, 좋은 동무(善知識) 만나 가르침을 듣고 닦을 수 있는 것 또한 어려운 것이다. 만일 이 경을 듣고, 믿고 기뻐하며 받아 지니는 것은 어려운 일 가운데 어려운 일이라, 이보다 더 어려운 일은 없다. 그러므로 나는 법을 이렇게 마련하고, 이렇게 말하고, 이렇게 가르치니, 반드시 믿고 따라 가르침에 맞게 닦도록 하여라."

풀이

(1) 이 경의 가르침(經法)을 듣고, 기쁨과 믿음 속에 받아 지녀 외어 읽고(聞是經法 歡喜信樂 受持讀誦)라고 했다. 독송(讀誦)이란 ① 소리 내어 읽음, ② 외어 읽음 같은 2가지 풀이가 있는데, 붇다가 가르침을 펼 때는 책이 없었으므로 ②로 옮겼다.

2. 이 가르침이 가져다준 깨달음과 기쁨

한문

爾時 世尊 說此經法 無量衆生 皆發無上 正覺之心 万二千·那由他
人 得淸淨法眼 二十二億 諸天人民 得阿那含⁴⁷²⁾ 八十万⁴⁷³⁾比丘 漏盡意
解 四十億菩薩 得不退轉 以弘誓功德 而自莊嚴 於將來世 當成正覺.

爾時 三千大千世界 六種震動 大光普照 十方國土 百千音樂 自然
而作 無量妙華 芬芬⁴⁷⁴⁾而降. 佛說經已 彌勒菩薩 及十方來 諸菩薩衆
長老阿難 諸大聲聞 一切大衆 聞佛所說⁴⁷⁵⁾靡不歡喜.

옮긴글

이때 세존께서 이 경의 가르침을 말씀하시자 헤아릴 수 없는
중생이 모두 위없는 바른 깨달음을 얻겠다는 마음을 내었다. 1만
2천 나유따 사람들이 맑고 깨끗한 법눈(法眼)¹⁾을 얻었고, 22억 여
러 하늘나라 백성들이 안아가민(阿那含)²⁾을 얻었고, 80만 빅슈가
더할 나위 없는 곧바른 힘³⁾을 얻었고, 40억 보디쌑바가 물러나지
않는 자리를 얻고 넓은 다짐과 공덕으로 스스로를 꾸몄으니 미래
세상에 반드시 바른 깨달음을 얻게 되었다.

---

472) 대정신수대장경 주(註): [宋]·[元]·[明]본과 [流布本]에는 '阿那含+(果)'로 '아나함(阿那含) 뒤로
        과(果)를 추가했다.

473) 만(万)=만(萬)

474) 대정신수대장경 주(註): [流布本]에는 '분분(芬芬)=분분(紛紛)'으로 되어 있다.

475) 대정신수대장경 주(註): [宋]·[元]·[明]본에는 '문불소설(聞佛所說)'을 뺐다.

이때 3,000개 큰 천세계가 여섯 가지로 흔들렸고[4], 크고 밝은 빛이 시방세계를 두루 비추고, 백·천가지 음악이 스스로 울렸으며, 헤아릴 수 없이 많은 신기한 꽃들이 향기롭게 내렸다.

붇다께서 경을 다 설하시자, 마이뜨레야를 비롯한 시방에서 온 여러 보살들, 아난다 어른 같은 큰 제자들과 모든 대중이 붇다의 말씀을 듣고 기뻐하지 않은 이가 없었다.

無量壽經[5] 卷下 끝
『기쁨나라경』 하권 끝

풀이

(1) 법눈(dharma-cakṣu, ⓟ dhamma-cakkhu, 法眼): 불법을 닦아가는 과정에서 얻는 5가지 눈 가운데 하나로 불법의 바른 이치를 훤히 꿰뚫는 슬기 눈을 가리킨다.

(2) 안아가민(anāgāmin, 阿那含): 아가민(āgāmin)은 오다(coming), 가까워지고 있는(approaching)이란 뜻인데, 반대와 부정을 나타내는 앞가지 /an-/를 붙인 안-아가민(anāgāmin)은 돌아오지 않는(not coming), 이르지 않는(not arriving), 미래가 아닌(not future), 돌아오는 것을 목적으로 하지 않는(not subject to returning)이란 뜻을 가진다. 다시 태어나지 않고 살아있는 이승에서 깨달음을 얻는 자리를 말한다. 한문으로 아나가미(阿那伽彌), 아나가미(阿那伽迷), 줄여서 아나함(阿那含), 나함(那含)이라고 옮겼고, 뜻으로는 돌아오지

않는(不還), 오지 않는(不來), 오지 않는 상(不來相)이라고 옮겼다. 붇다 제자(聲聞)들이 가르침을 닦아 얻는 4가지 열매 가운데 3번째 열매를 얻은 성인이다.

(3) 더할 나위 없는 곧바른 힘(漏盡意解): 누진통(漏盡通)과 같은 뜻으로 모든 번뇌를 끊고 마음에서 해탈은 얻은 상태로, 아르한 열매를 얻은 것을 말한다.

(4) 6가지 흔들림(六種震動): 『대품반야경(大品般若經)』에는 동쪽이 솟고 서쪽이 가라앉고(東涌西沒), 서쪽이 솟고 동쪽이 가라앉고(西涌東沒), 남쪽이 솟고 북쪽이 가라앉고(南涌北沒), 북쪽이 솟고 남쪽이 가라앉고(北涌南沒), 가장자리가 솟고 가운데가 가라앉고(邊涌中沒), 가운데가 솟고 가장자리가 가라앉는(中涌邊沒) 6가지 흔들림을 말한다. 『신화엄경』 등에는 움직이고(動), 일어나고(起), 솟아오르고(涌), 떨고(震), 울고(吼), 흔들리는(擊·搖) 6가지 흔들림을 말한다.

(5) 대정신수대장경 주(註): [明]본과 [流布本]에는 '(佛說)+無量壽經'으로 『무량수경』(無量壽經) 앞에 '불설(佛說)'을 추가했다.

　無量壽經[476] 卷下 끝
　『기쁨나라경』하권 끝

──────────

476)　無量壽